बड़े-बुज़ुर्ग

कहानियाँ रिश्तों की

अखिलेश

जन्म : 1960, सुल्तानपुर (उ.प्र.)।

शिक्षा : एम.ए. (हिन्दी साहित्य), इलाहाबाद विश्वविद्यालय।

कृतियाँ :

कहानी-संग्रह : आदमी नहीं टूटता, मुक्ति, शापग्रस्त, अँधेरा। *उपन्यास :* अन्वेषण, निर्वासन। *सृजनात्मक गद्य :* वह जो यथार्थ था। *आलोचना :* श्रीलाल शुक्ल की दुनिया (सं.)। *सम्पादन :* वर्तमान साहित्य, अतएव पत्रिकाओं में समय-समय पर सम्पादन। आजकल प्रतिष्ठित साहित्यिक पत्रिका तद्भव के सम्पादक। 'एक कहानी एक किताब' शृंखला की दस पुस्तकों के शृंखला सम्पादक। 'दस बेमिसाल प्रेम कहानियाँ' का सम्पादन।

अन्य : देश के महत्त्वपूर्ण निर्देशकों द्वारा कई कहानियों का मंचन एवं नाट्य रूपान्तरण। कुछ कहानियों का दूरदर्शन हेतु फिल्मांकन। टेलिविजन के लिए पटकथा एवं संवाद लेखन। अनेक भारतीय भाषाओं में रचनाओं के अनुवाद प्रकाशित।

पुरस्कार/सम्मान : श्रीकांत वर्मा सम्मान, इन्दु शर्मा कथा सम्मान, परिमल सम्मान, वनमाली सम्मान, अयोध्या प्रसाद खत्री सम्मान, स्पन्दन पुरस्कार, बाल कृष्ण शर्मा नवीन पुरस्कार, कथा अवार्ड।

सम्पर्क : 18/201, इंदिरानगर, लखनऊ-226016 (उ.प्र.)।

प्रियदर्शन

जन्म : 24 जून, 1968 को राँची में।

शिक्षा : राँची विश्वविद्यालय से अंग्रेजी में एम.ए.। राँची से ही पत्रकारिता की शुरुआत। अलग-अलग विषयों पर बहुवर्णी लेखन और नियमित प्रकाशन।

अनुवाद : *आधी रात की सन्तानें* (सलमान रुश्दी), *कत्लगाह* (रॉबर्ट पेन), *बहुजन हिताय* (अरुन्धती रॉय), *पर्यावरण प्रहरी* (लेख संग्रह), *पीटर स्कॉट की जीवनी*।

पुस्तकें : *उसके हिस्से का जादू* (कहानी-संग्रह), *इतिहास गढ़ता समय* (लेख-संग्रह)।

सम्मान : कहानी के लिए पहला 'स्पन्दन सम्मान'।

सम्पर्क : ई-4, जनसत्ता सोसाइटी, सेक्टर 9, वसुन्धरा, गाजियाबाद।

आवरण : पूजा आहूजा

पूजा आहूजा ने ललित कलाओं में अपनी शिक्षा सोफिया कान्वेंट, मुम्बई से प्राप्त की। आप पेंगुइन बुक्स इंडिया में मैनेजिंग ग्राफिक डिजाइनर रही हैं। फिलहाल स्वतंत्र रूप से कार्य कर रही हैं।

शृंखला की अन्य पुस्तकें

रिश्तों के रंग अनेक

प्रेम

दाम्पत्य

परिवार

माँ

पिता

सहोदर

दादा-दादी नाना-नानी

दोस्त

गाँव-घर

मानवता

शृंखला सम्पादक : अखिलेश

बड़े-बुज़ुर्ग

कहानियाँ रिश्तों की

सम्पादक

प्रियदर्शन

राजकमल पेपरबैक्स में
पहला संस्करण : 2014

राजकमल पेपरबैक्स : उत्कृष्ट साहित्य के जनसुलभ संस्करण

राजकमल प्रकाशन प्रा. लि.
1-बी, नेताजी सुभाष मार्ग, दरियागंज
नई दिल्ली-110 002
द्वारा प्रकाशित

शाखाएँ : अशोक राजपथ, साइंस कॉलेज के सामने, पटना-800 006
पहली मंज़िल, दरबारी बिल्डिंग, महात्मा गांधी मार्ग, इलाहाबाद-211 001
36 ए, शेक्सपियर सरणी, कोलकाता-700 017

वेबसाइट : www.rajkamalprakashan.com
ई-मेल : info@rajkamalprakashan.com

बी.के. ऑफसेट
नवीन शाहदरा, दिल्ली-110 032
द्वारा मुद्रित

मूल्य : ₹ 150

आवरण : पूजा आहूजा

KAHANIYAN RISHTON KI : BADE-BUJURG
Series Editor by Akhilesh
Edited by Priyadarshan

ISBN : 978-81-267-2543-4

प्रकाशकीय

'कहानियाँ रिश्तों की' पुस्तक श्रृंखला की योजना सहसा नहीं बनी। यह अनुभव किया जा रहा है कि विभिन्न आर्थिक, सामाजिक और व्यक्तिगत कारणों से सम्बन्धों की अन्त:सलिला क्षीण हो रही है। सम्बन्ध वे सतरंगी सूत्र हैं जिनसे मनुष्यता का इन्द्रधनुषी पट बुना और बना है। व्यापक स्तर पर कहें, तो समग्र सृष्टि ही सम्बन्धों के सतत चक्र का प्रतिफल है। हमारा ध्यान हिन्दी कहानियों की ओर गया जिनमें सम्बन्धों की एक समृद्ध मंजूषा मौजूद है। साहित्य की यही विशेषता है कि वह विस्मृति का धुँधलका दूर कर पाठक को मनुष्यता की नई सुबह के लिए जाग्रत करता है।

इस सन्दर्भ में अनेक रचनाकारों और मित्रों से चर्चा हुई। उन्हें भी यह योजना अच्छी लगी। तय किया गया कि इस पुस्तक श्रृंखला में कुछ चुनिन्दा सम्बन्धों पर पुस्तकें प्रकाशित हों। फलत: जिन सम्बन्धों पर पुस्तकें प्रकाशित की जा रही हैं वे है—प्रेम, दाम्पत्य, परिवार, माँ, पिता, सहोदर, दादा-दादी नाना-नानी, बड़े-बुजुर्ग, दोस्त, गाँव-घर, मानवता। ये पुस्तकें पाठकों की संवेदना व भावना को प्रशस्त करेंगी, ऐसी हमारी मंगलाशा है।

हमारी हार्दिक इच्छा है कि सुधी पाठक इन पुस्तकों को पढ़कर अपनी प्रतिक्रियाओं से हमें अवगत कराएँ। पुस्तकों में सम्मिलित कहानियों पर अपनी राय देते हुए यह सुझाव भी दें कि इन सम्बन्धों पर और किन कहानियों को शामिल किया जा सकता है। यह भी बताएँ कि क्या कुछ और ऐसे सम्बन्ध हैं जिनको केन्द्र में रखकर लिखी गई कहानियों को इस श्रृंखला में रखा जाना अपेक्षित है। पाठकों की सहभागिता से ही शब्दों का लोकतंत्र मजबूत होता है।

‘कहानियाँ रिश्तों की’ शृंखला की पुस्तकें विभिन्न अवसरों पर भेंट की जा सकती हैं।...या कोई भी व्यक्ति इन्हें पढ़ते हुए अपने रिश्तों का कोई गुमनाम...लापता सिरा हासिल कर सकता है। यह भी जाना जा सकता है कि समय और समाज की गति-मति रिश्तों में व्याप्त आत्मीयता को किस तरह तीव्र अथवा क्षीण करती चलती है। एक संक्रमणशील समाज में सम्बन्धों के भास्वर भविष्य को समर्पित है यह पुस्तक शृंखला-‘कहानियाँ रिश्तों की’।

रिश्तों की बुनियाद पर

सम्बन्धों पर आधारित कहानियों की यह शृंखला पाठकों, शोधार्थियों, समाजशास्त्रियों और सामाजिक चिन्तकों के लिए सादर प्रस्तुत है।

यूँ तो हर अच्छी कहानी, सभी अच्छे किस्से इनसानी रिश्तों की बुनियाद पर ही रचे जाते हैं किन्तु कहानियों के हमारे इन संकलनों की नाभि में रिश्तों को सबसे प्रमुख कारक मानने के पीछे कुछ अन्य वजहें भी हैं जिनकी चर्चा यहाँ अनुचित नहीं होगी।

भारतीय समाज में रिश्तों को जितनी मजबूती, आत्मीयता और ऊर्जा हासिल रही है, वह विरल है। एक तरह से कहा जा सकता है कि इस देश के यथार्थ को रिश्तों की समझ के बगैर जाना-समझा नहीं जा सकता है। माँ-पिता, भाई-बहन, दोस्त, दादी-नानी, बाबा-नाना, मामा, मौसा-मौसी, बुआ-फूफा, दादा, चाचा, दोस्ती—अनगिनत सम्बन्ध हैं जो लोगों के अनुभव-संसार में जीवन्त हैं और जिनसे लोगों का अनुभव-संसार बना है। इसीलिए हमारे देश की विभिन्न भाषाओं में लिखी गई कहानियों, उपन्यासों आदि में ये रिश्ते बार-बार समूची ऊष्मा, जटिलता और गहनता के साथ प्रकट हुए हैं। न केवल लेखकों, कवियों, कलाकारों बल्कि सामाजिक चिन्तकों के लिए भी ये रिश्ते एक तरह से लिट्मस पेपर हैं जिनसे वे अपने अध्ययन क्षेत्र के निष्कर्षों, स्थापनाओं, सिद्धान्तों की जाँच कर सकते हैं। अत: रिश्तों पर रची गई कहानियों की यह शृंखला हमारी दुनिया का अंकन होने के साथ-साथ हमारी दुनिया को पहचानने और उसकी व्याख्या करने की परियोजना के लिए सन्दर्भ कोश के रूप में भी ग्रहण की जा सकती है।

कहना जरूरी है कि हमारे देश में विभिन्न प्रकार के नजदीकी मानव सम्बन्धों का स्वरूप कोई स्थिर चीज नहीं रहा है। तरह-तरह के सामाजिक, आर्थिक, सांस्कृतिक परिवर्तनों के सापेक्ष उसमें बदलाव होते रहे हैं। इस शृंखला की विभिन्न कड़ियों में कहानियों के चयन के समय इस बात का ध्यान रखा गया है कि वे किसी एक खास अवधि या कालखंड की न होकर समूची हिन्दी कहानी के खजाने से चुनी जाएँ। अत: इन कहानियों के पाठ से गुजरना आधुनिक समाज के परिवर्तन, विकास

और इनके मानव आत्मा पर पड़नेवाले असर को समझने में भी मददगार हो सकता है। यहाँ उल्लेखनीय है कि कहानियाँ सामाजिक अध्ययन की खुराक भर न हों, इनके होने की बुनियादी और अपरिहार्य शर्त इनका कहानी के रूप में भी सार्थक और विशिष्ट होना है। इसलिए आप इस श्रृंखला के विभिन्न संकलनों में हिन्दी के वरिष्ठ एवं नए कथाकारों की प्रसिद्ध कहानियों को पढ़ सकते हैं।

इस योजना के सम्पादन के सन्दर्भ में यह कहना आवश्यक है कि इसके प्रत्येक संकलन के अलग-अलग सम्पादक हैं जिनकी समकालीन रचनाशीलता में अपनी ठोस उपस्थिति है। सम्पादन और चयन का वास्तविक कार्य उन्होंने ही किया है। अत: इस आयोजन में जो कुछ अच्छा और स्वीकार्य है वह उन्हीं के कारण है। जो कमियाँ हैं, अन्तर्विरोध हैं यदि वो हैं तो बतौर श्रृंखला सम्पादक मेरी त्रुटियों, सीमाओं के कारण हैं, उनके लिए मैं आपसे यही अनुरोध करूँगा कि मुआफ करते हुए रिश्तों के इस कथा-संसार में सम्मिलित हों।

आखिर में, मैं राजकमल प्रकाशन के प्रबन्ध निदेशक श्री अशोक महेश्वरी जी का आभारी हूँ कि उन्होंने इस परियोजना के लिए अपनी स्वीकृति दी और श्रृंखला सम्पादक के रूप में मुझे कार्य करने का न केवल अवसर प्रदान किया बल्कि काम करने की प्रक्रिया में हर तरह की स्वतन्त्रता और सहूलियतें दीं।

भूमंडलीकरण और संचार क्रान्ति के बाद दुनिया काफी बदल गई है। भारतीय समाज के विषय में विचार करें तो कह सकते हैं कि उक्त बदलाव का सर्वाधिक असर यहाँ इनसानी रिश्तों पर ही पड़ा है। उस पर इतने आघात, इतने घाव हुए हैं कि उसके विगत चेहरे को पहचानना नामुमकिन हो चुका है। रिश्तों के मध्य की गरमजोशी, संवेदना, विश्वास, एका आदि के तार छिन्न-भिन्न हो रहे हैं। हम कह सकते हैं कि रिश्तों का यह भरा-पूरा संसार छूट रहा है, बिछड़ रहा है। जब कोई चीज हमसे दूर होती है, छूटती है तभी शायद हमें उसकी सर्वाधिक जरूरत होती है। ये कहानियाँ जड़ों से कटते जा रहे अकेले, निहत्थे आज के आदमी की इस दिशा में कुछ मदद कर सकें, उसके सरोकार और जज्बातों को थोड़ी ताकत दे सकें, यही हमारी आकांक्षा है।

—अखिलेश

सम्पादकीय

जब पहली बार अखिलेश ने फोन पर कहानी श्रृंखला की योजना बताई और मुझे वृद्ध लोगों पर केन्द्रित कहानियों का संग्रह तैयार करने की जिम्मेदारी सौंपी तो मैं असमंजस में पड़ गया। एक तरफ मेरे अपने अध्ययन की सीमाएँ दिख रही थीं दूसरी तरफ हिन्दी कहानी का वह विराट परिदृश्य, जिसमें लगभग हर विषय पर इतनी सारी और इतनी अच्छी कहानियाँ प्रकाशित हो चुकी हैं कि उनके बीच कुछ गिनी-चुनी कहानियों का चुनाव एक बहुत जोखिम भरा काम है। ज़िसमें बहुत सारी दूसरी कहानियों को छूट जाना है। इसलिए बस मैं इतना कह सकने की हालत में हूँ कि मैंने वृद्ध लोगों या बुढ़ापे पर केन्द्रित कुछ अच्छी कहानियों के चुनाव की कोशिश की है लेकिन मेरा यह दावा नहीं है कि यह बुढ़ापे की कहानियों का प्रतिनिधि संग्रह है। खुद मुझे द्विजेंद्रनाथ मिश्र 'निर्गुण' से लेकर सेरा यात्री तक की कुछ कहानियों का खयाल आ रहा है जो इस संग्रह में हो सकती थीं, लेकिन नहीं हैं। इसी तरह कुछ लेखकों की दो कहानियों में से किसी एक को चुनने की मजबूरी ने दूसरी अच्छी कहानी किनारे कर दी।

बहरहाल, यह संग्रह तैयार करते हुए पहला सवाल मेरे सामने यही उठा कि हम बड़े-बुजुर्ग किसे मानें! जाहिर है, उम्र बुढ़ापे की एक कसौटी होती है लेकिन अन्तिम कसौटी नहीं। खिलाड़ियों के जीवन में 40 साल में बुढ़ापा आ जाता है, लेखक 60 साल तक युवा बने रहने की जिद पाले रहते हैं। कई वृद्ध ऐसे हैं जो साठ पार भी घर चला रहे हैं। अमरकान्त की कहानी 'डिप्टी कलक्टरी' के पिता बूढ़े हैं लेकिन घर के मुखिया हैं।

तो फिर हमारे लिए बुढ़ापे का मतलब क्या हो? क्या वे लाचार जिन्दगियाँ जो बैसाखियों पर चल रही हैं, क्या वे बेसहारा लोग, जिन्हें अपने बेटे-बेटियों के घर गुजारा करने की मजबूरी है।

निश्चय ही बुढ़ापा कहीं-न-कहीं इस लाचारी के आसपास बनता है, लेकिन लाचारी बुढ़ापे की मजबूरी है, उसका स्वभाव नहीं। एक बूढ़ा आदमी तन से लाचार हो सकता है, उसकी सामाजिक भूमिका सीमित होती जा सकती है, लेकिन मन के

स्तर पर शायद उसके भीतर कई रंग होते हैं। हो सकता है, इनमें जरूरतों का रंग ज्यादा गाढ़ा हो या उपेक्षा का रंज ज्यादा तीखा हो, लेकिन बुढ़ापा सिर्फ जीवन के अन्त की कातर प्रतीक्षा नहीं है। उसकी दूसरी प्रतीक्षाएँ और कामनाएँ भी हो सकती हैं। कहीं ज्यादा तीव्र और मार्मिक क्योंकि बुढ़ापे को पता होता है कि उम्र नाम की सीमेंट उसके जिस्म से धीरे-धीरे झर रही है और उसके पास ज्यादा समय नहीं है। दूसरी बात यह कि बुढ़ापे को अकसर अपने पुराने, गुजारे गए दिनों से एक लड़ाई लड़नी पड़ती है—अपनी आदतों से, दूसरों की अपेक्षाओं से और सबसे ज्यादा अपनी कमजोर पड़ती सामर्थ्य और हैसियत से।

दरअसल बुढ़ापा कोई स्वतंत्र प्रत्यय नहीं है। बूढ़े लोगों में माँ भी होती है, पिता भी और भी बहुत सारे ऐसे दूसरे लोग भी जो रिश्तों की अलग-अलग डोर से हमसे बँधे होते हैं। शायद इनमें साझा बस यही चीज होती है कि वे धीरे-धीरे पीछे छूटते जाते हैं। हम उनकी पहले से कम परवाह करते हैं, हम पर उनका पहले से कम वश चलता है, जबकि दूसरी तरफ उनके अनुभवों की, उनकी स्मृतियों की पोटली बड़ी होती जाती है और इसी के साथ यह दुख भी कि कितनी सारी चीजें छूटती चली गईं, कितनी सारी चीजें बदलती चली गईं। विस्थापन, बेदखली और तीव्र परिवर्तन के हमारे दौर में इस बुढ़ापे की त्रासदी और बड़ी हो जाती है।

बहरहाल, हिन्दी कहानियों के संसार में इस बुढ़ापे को तलाशते हुए सहसा यह खयाल मुझे आता रहा कि ज्यादातर कहानियाँ शुरुआतों की होती हैं, युवावस्था की होती हैं, प्रेम की होती हैं, स्मृतियों की होती हैं तो अच्छे दिनों की भी होती हैं। बुढ़ापे की कहानी में जो सबसे प्रत्यक्ष होता है वह सबसे आसानी से लिख दिया जाता है—यानी उपेक्षा और लाचारी का किस्सा। हालाँकि यह किस्सा भी जरूरी है क्योंकि उसमें हमारी मनुष्यता का वह पक्ष दिखता है जिस पर घर और परिवार के भीतर हमारी सबसे कम नजर जाती है।

ऐसी कहानियाँ याद करते हुए सबसे पहले ध्यान आता है प्रेमचन्द की 'बूढ़ी काकी' का जहाँ उम्र, आस्वाद और अमानवीयता जैसे एक-दूसरे से लोहा लेते रहते हैं। उदय प्रकाश की कहानी 'छप्पन तोले का करधन' बूढ़ी काकी की कथा का अगला कदम है जिसे एक ढह और सड़-गल रही सभ्यता के प्रतीकात्मक आशयों के बीच भी पढ़ा जा सकता है। भीष्म साहनी की 'चीफ की दावत' की माँ ऊपर की दोनों कहानियों की माँ की तरह भयावह उपेक्षा की शिकार भले न हो, लेकिन उसकी अवहेलना कहीं ज्यादा क्रूर है और भीष्म साहनी ने बहुत मार्मिक ढंग से एक माँ की भावनाएँ उकेरी हैं।

वैसे इस बुढ़ापे की और भी तहें हैं जिसमें नई पीढ़ी से संवाद भी शामिल है, परम्परा का संचय, साझा और विस्तार भी। कृष्णा सोबती की कहानी 'दादी माँ'

और सुधा अरोड़ा की कहानी 'काँसे का गिलास' इस लिहाज से पठनीय कहानियाँ हैं। रवीन्द्र कालिया की 'बुढ़वा मंगल' एक वृद्ध कामना की चुलबुली और प्यारी-सी कहानी है तो कविता की 'उलटबाँसी' याद दिलाती है कि बुढ़ापा अगर अपने लिए कुछ चाहने लगे, वह जीवन को नए सिरे से जीने का कोई रास्ता खोजे तो दुनिया किस तरह नाराज हो सकती है। निश्चय ही इस कहानी का एक स्त्री सन्दर्भ भी है जो इसे और भी पठनीय बनाता है।

दरअसल यह संग्रह तैयार करते हुए इस बात पर भी नजर गई कि हिन्दी के युवा कथाकारों ने बुढ़ापे पर किस मार्मिकता के साथ कहानियाँ लिखी हैं। पंकज मित्र की 'पड़ताल', हरि भटनागर की 'मेज, कुर्सी, तख्ता, टाट', शशि भूषण द्विवेदी की 'एक बूढ़े की मौत', तरुण भटनागर की 'फोटो का सच', राजीव कुमार की 'इच्छा मृत्यु' और सारा राय की 'भूलभुलैया'। अपने-अपने ढंग से राग-विराग और उपेक्षा-अनुराग की अलग-अलग तहें खोलनेवाली कहानियाँ हैं। इन सबके बीच काशीनाथ सिंह की 'अपना रास्ता लो बाबा' जैसी कहानियाँ हैं जो अपने खाने खुद बनाती हैं। बूढ़े सिर्फ लाचार नहीं होते, वे अपनी तरह की जिद की प्रतिमूर्ति भी हो सकते हैं, यह याद दिलाती है अलका सरावगी की कहानी 'ये रहगुजर न होती।'

फिर दुहराने की जरूरत है कि हिन्दी में बुढ़ापे को लेकर ऐसी और भी कहानियाँ होंगी जो कई वजहों से–ज्यादातर मेरे अध्ययन की सीमाओं के चलते–अलक्षित रह गई होंगी। लेकिन मुझे भरोसा है कि यह संग्रह भी पाठकों को अपनी तरह से एक मुकम्मिल आस्वाद दे पाएगा। निश्चय ही इस चयन का जिम्मेदार मैं हूँ, लेकिन इसमें अखिलेश का बड़ा सहयोग रहा है। कई कहानियों की तरफ उन्होंने ध्यान खींचा है। प्रभात रंजन ने भी कई नई-पुरानी कहानियों की याद दिलाई और कुछ की प्रतियाँ मुहैया कराईं। उनके सहयोग को लेकर जितना आभार महसूस करता हूँ उतना ही आत्मीय अधिकार भी।

उम्मीद करता हूँ, यह संग्रह आपको पसन्द आएगा।

–प्रियदर्शन

अनुक्रम

बूढ़ी काकी

प्रेमचन्द

1

बुढ़ापा बहुधा बचपन का पुनरागमन हुआ करता है। बूढ़ी काकी में जिह्वा-स्वाद के सिवा और कोई चेष्टा शेष न थी और न अपने कष्टों की ओर आकर्षित करने का रोने के अतिरिक्त कोई दूसरा सहारा ही। समस्त इन्द्रियाँ, नेत्र, हाथ और पैर जवाब दे चुके थे। पृथ्वी पर पड़ी रहतीं और घरवाले कोई बात उनकी इच्छा के प्रतिकूल करते, भोजन का समय टल जाता या उसका परिणाम पूर्ण न होता अथवा बाजार से कोई वस्तु आती और न मिलती तो ये रोनी लगती थीं। उनका रोना-सिसकना साधारण रोना न था, वे गला फाड़-फाड़कर रोती थीं।

उनके पतिदेव को स्वर्ग सिधारे कालान्तर हो चुका था। बेटे तरुण हो-होकर चल बसे थे। अब एक भतीजे के अलावा और कोई न था। उसी भतीजे के नाम उन्होंने अपनी सारी सम्पत्ति लिख दी। भतीजे ने सारी सम्पत्ति लिखाते समय खूब लम्बे-चौड़े वादे किए, किन्तु वे सब वादे केवल कुली-डिपो के दलालों के दिखाए हुए सब्जबाग थे। यद्यपि उस सम्पत्ति की वार्षिक आय डेढ़-दो सौ रुपए से कम न थी तथापि बूढ़ी काकी को पेट भर भोजन भी कठिनाई से मिलता था। इसमें उनके भतीजे पंडित बुद्धिराम का अपराध था अथवा उनकी अर्द्धांगिनी श्रीमती रूपा का, इसका निर्णय करना सहज नहीं। बुद्धिराम स्वभाव के सज्जन थे किन्तु उसी समय तक जबकि उनके कोष पर आँच न आए। रूपा स्वभाव से तीव्र थी सही, पर ईश्वर से डरती थी अतएव बूढ़ी काकी को उसकी तीव्रता उतनी न खलती थी जितनी बुद्धिराम की भलमनसाहत।

बुद्धिराम को कभी-कभी अपने अत्याचार का खेद होता था। विचारते कि इसी सम्पत्ति के कारण

मैं इस समय भलामानुष बना बैठा हूँ। यदि भौतिक आश्वासन और सूखी सहानुभूति से स्थिति में सुधार हो सकता हो, उन्हें कदाचित् कोई आपत्ति न होती, परन्तु विशेष व्यय का भय उनकी सुचेष्टा को दबाए रखता था। यहाँ तक कि यदि द्वार पर कोई भला आदमी बैठा होता और बूढ़ी काकी उस समय अपना राग अलापने लगतीं तो वह आग हो जाते और घर में आकर उन्हें जोर से डाँटते। लड़कों को बुड्ढों से स्वाभाविक विद्वेष होता ही है और फिर जब माता-पिता का यह रंग देखते तो वे बूढ़ी काकी को और सताया करते। कोई चुटकी काटकर भागता, कोई इन पर पानी की कुल्ली कर देता। काकी चीख मारकर रोतीं परन्तु यह बात प्रसिद्ध थी कि वह केवल खाने के लिए रोती हैं, अतएव उनके सन्ताप और आर्तनाद पर कोई ध्यान नहीं देता था। हाँ, काकी क्रोधातुर होकर बच्चों को गालियाँ देने लगतीं तो रूपा घटनास्थल पर आ पहुँचती। इस भय से काकी अपनी जिह्वा-कृपाण का कदाचित् ही प्रयोग करती थीं, यद्यपि उपद्रव-शान्ति का यह उपाय रोने से कहीं अधिक उपयुक्त था।

सम्पूर्ण परिवार में यदि काकी से किसी को अनुराग था तो वह बुद्धिराम की छोटी लड़की लाडली थी। लाडली अपने दोनों भाइयों के भय से अपने हिस्से की मिठाई-चबैना बूढ़ी काकी के पास बैठकर खाया करती थी। यही उसका रक्षागार था और यद्यपि काकी की शरण उनकी लोलुपता के कारण बहुत महँगी पड़ती थी तथापि भाइयों के अन्याय से सुरक्षा कहीं सुलभ थी तो बस यहीं। इसी स्वार्थानुकूलता ने उन दोनों में सहानुभूति का आरोपण कर दिया था।

2

रात का समय था। बुद्धिराम के द्वार पर शहनाई बज रही थी और गाँव के बच्चों का झुंड विस्मयपूर्ण नेत्रों से गाने का रसास्वादन कर रहा था। चारपाइयों पर मेहमान विश्राम करते हुए नाइयों से मुक्कियाँ लगवा रहे थे। समीप खड़ा भाट विरुदावली सुना रहा था और कुछ भावज्ञ मेहमानों की 'वाह-वाह' पर ऐसा खुश हो रहा था मानो इस 'वाह-वाह' का यथार्थ में वही अधिकारी है। दो-एक अंग्रेजी पढ़े हुए नवयुवक इन व्यवहारों से उदासीन थे। वे इस गँवार मंडली में बोलना अथवा सम्मिलित होना अपनी प्रतिष्ठा के प्रतिकूल समझते थे।

आज बुद्धिराम के बड़े लड़के मुखराम का तिलक आया है। यह उसी का उत्सव है। घर के भीतर स्त्रियाँ गा रही थीं और रूपा मेहमानों के लिए भोजन में व्यस्त थी। भट्टियों पर कड़ाह चढ़ रहे थे। एक में पूड़ियाँ-कचौड़ियाँ निकल रही थीं, दूसरे में अन्य पकवान बनते थे। एक बड़े हंडे में मसालेदार तरकारी पक रही थी। घी और मसाले की क्षुधावर्धक सुगन्धि चारों ओर फैली हुई थी।

बूढ़ी काकी अपनी कोठरी में शोकमय विचार की भाँति बैठी हुई थीं। यह स्वाद मिश्रित सुगन्धि उन्हें बेचैन कर रही थी। वे मन-ही-मन विचार कर रही थीं, सम्भवत: मुझे पूड़ियाँ न मिलेंगी। इतनी देर हो गई, कोई भोजन लेकर नहीं आया। मालूम होता है सब लोग भोजन कर चुके हैं। मेरे लिए कुछ न बचा। यह सोचकर उन्हें रोना आया, परन्तु अपशकुन के भय से वह रो न सकीं।

'आहा...कैसी सुगन्धि है! अब मुझे कौन पूछता है! जब रोटियों के ही लाले पड़े हैं तब ऐसे भाग्य कहाँ कि भरपेट पूड़ियाँ मिलें?' यह विचार कर उन्हें रोना आया, कलेजे में हूक-सी उठने लगी। परन्तु रूपा के भय से उन्होंने फिर मौन धारण कर लिया।

बूढ़ी काकी देर तक इन्हीं दुखदायक विचारों में डूबी रहीं। घी और मसालों की सुगन्धि रह-रहकर मन को आपे से बाहर किए देती थी। मुँह में पानी भर-भर आता था। पूड़ियों का स्वाद स्मरण करके हृदय में गुदगुदी होने लगती थी। किसे पुकारूँ, आज लाडली बेटी भी नहीं आई। दोनों छोकरे सदा दिक दिया करते हैं। आज उनका भी कहीं पता नहीं। कुछ मालूम तो होता कि क्या बन रहा है!

बूढ़ी काकी की कल्पना में पूड़ियों की तस्वीर नाचने लगी। खूब लाल-लाल, फूली-फूली, नरम-नरम होंगी। रूपा ने भली-भाँति मोयन किया होगा। कचौड़ियों में अजवायन और इलायची की महक आ रही होगी। एक पूड़ी मिलती तो जरा हाथ में लेकर देखती। क्यों न चलकर कड़ाह के सामने ही बैठूँ। पूड़ियाँ छन-छनकर तैयार होंगी। कड़ाह से गरम-गरम निकालकर थाल में रखी जाती होंगी। फूल हम घर में भी सूँघ सकते हैं परन्तु वाटिका में कुछ और बात होती है। इस प्रकार निर्णय करके बूढ़ी काकी उकड़ूँ बैठकर हाथों के बल सरकती हुई बड़ी कठिनाई से चौखट से उतरीं और धीरे-धीरे रेंगती हुई कड़ाह के पास जा बैठीं। यहाँ आने पर उन्हें उतना ही धैर्य हुआ जितना भूखे कुत्ते को खानेवाले के सम्मुख बैठने में होता है।

रूपा उस समय कार्यभार से उद्विग्न हो रही थी। कभी इस कोठे में जाती, कभी उस कोठे में, कभी कड़ाह के पास जाती, कभी भंडार में जाती। किसी ने बाहर से आकर कहा, 'महाराज ठंडई माँग रहे हैं।' ठंडई देने लगी। इतने में फिर किसी ने आकर कहा, 'भाट आया है, उसे कुछ दे दो।' भाट के लिए सीधा निकाल रही थी कि एक तीसरे आदमी ने आकर पूछा—'अभी भोजन तैयार होने में कितना विलम्ब है? जरा ढोल, मजीरा उतार दो।' बेचारी अकेली स्त्री दौड़ते-दौड़ते व्याकुल हो रही थी, झुँझलाती थी, कुढ़ती थी परन्तु क्रोध प्रकट करने का अवसर न पाती थी। भय होता, कहीं पड़ोसिनें यह न कहने लगें कि इतने में उबल पड़ीं। प्यास से स्वयं कंठ सूख रहा था। गरमी के मारे फुँकी जाती थी परन्तु इतना अवकाश न था कि जरा पानी पी ले अथवा पंखा लेकर झले। यह भी खटका था कि जरा आँख हटी और चीजों

की लूट मची। इस अवस्था में उसने बूढ़ी काकी को कड़ाह के पास बैठी देखा तो जल गई। क्रोध न रुक सका। इसका भी ध्यान न रहा कि पड़ोसिनें बैठी हुई हैं, मन में क्या कहेंगी। पुरुषों में लोग सुनेंगे तो क्या कहेंगे। जिस प्रकार मेढक केंचुए पर झपटता है, उसी प्रकार वह बूढ़ी काकी पर झपटी और उन्हें दोनों हाथों से झटककर बोली–ऐसे पेट में आग लगे, पेट है या भाड़? कोठरी में बैठते हुए क्या दम घुटता था? अभी मेहमानों ने नहीं खाया, भगवान को भोग नहीं लगा, तब तक धैर्य न हो सका? आकर छाती पर सवार हो गई। जल जाए ऐसी जीभ। दिन भर खाती न होती तो जाने किसकी हाँड़ी में मुँह डालती? गाँव देखेगा तो कहेगा कि बुढ़िया भरपेट खाने को नहीं पाती तभी तो इस तरह मुँह बाए फिरती है। डायन न मरे न माँचा छोड़े। नाम बेचने पर लगी है। नाक कटवाकर दम लेगी। इतनी ठूँसती है न जाने कहाँ भस्म हो जाता है! भला चाहती हो तो जाकर कोठरी में बैठो, जब घर के लोग खाने लगेंगे, तब तुम्हें भी मिलेगा। तुम कोई देवी नहीं हो कि चाहे किसी के मुँह में पानी न जाए परन्तु तुम्हारी पूजा पहले ही हो जाए।

बूढ़ी काकी ने सिर उठाया, न रोईं न बोलीं। चुपचाप रेंगती हुई अपनी कोठरी में चली गईं। आवाज ऐसी कठोर थी कि हृदय और मस्तिष्क की सम्पूर्ण शक्तियाँ, सम्पूर्ण विचार और सम्पूर्ण भार उसी ओर आकर्षित हो गए थे। नदी में जब कगार का कोई वृहद् खंड कटकर गिरता है तो आस-पास का जल-समूह चारों ओर से उसी स्थान को पूरा करने के लिए दौड़ता है।

3

भोजन तैयार हो गया है। आँगन में पत्तलें पड़ गईं, मेहमान खाने लगे। स्त्रियों ने जेवनार-गीत गाना आरम्भ कर दिया। मेहमानों के नाईं और सेवकगण भी उसी मंडली के साथ किन्तु कुछ हटकर भोजन करने बैठे थे, परन्तु सभ्यतानुसार जब तक सब-के-सब खा न चुकें कोई उठ नहीं सकता था। दो-एक मेहमान जो कुछ पढ़े-लिखे थे, सेवकों के दीर्घाहार पर झुंझला रहे थे। वे इस बन्धन को व्यर्थ और बेकार की बात समझते थे। बूढ़ी काकी अपनी कोठरी में जाकर पश्चात्ताप कर रही थीं कि मैं कहाँ-से-कहाँ आ गई। उन्हें रूपा पर क्रोध नहीं था। अपनी जल्दबाजी पर दुख था। सच ही तो है जब तक मेहमान लोग भोजन न कर चुकेंगे, घरवाले कैसे खाएँगे। मुझसे इतनी देर भी न रहा गया। सबके सामने पानी उतर गया। अब जब तक कोई बुलाने नहीं आएगा, न जाऊँगी।

मन-ही-मन इस प्रकार का विचार कर वह बुलाने की प्रतीक्षा करने लगीं। परन्तु घी की रुचिकर सुवास बड़ी धैर्य-परीक्षक प्रतीत हो रही थी। उन्हें एक-एक

पल एक-एक युग के समान मालूम होता था। अब पत्तल बिछ गई होगी। अब मेहमान आ गए होंगे। लोग हाथ-पैर धो रहे हैं, नाई पानी दे रहा है। मालूम होता है लोग खाने बैठ गए। जेवनार गाया जा रहा है, यह विचार कर वह मन को बहलाने के लिए लेट गईं। धीरे-धीरे एक गीत गुनगुनाने लगीं। उन्हें मालूम हुआ कि मुझे गाते देर हो गई। क्या इतनी देर तक लोग भोजन कर ही रहे होंगे। किसी की आवाज सुनाई नहीं देती। अवश्य ही लोग खा-पीकर चले गए। मुझे कोई बुलाने नहीं आया है। रूपा चिढ़ गई है, क्या जाने न बुलाए। सोचती हो कि आप ही आवेंगी, वह कोई मेहमान तो नहीं जो उन्हें बुलाऊँ। बूढ़ी काकी चलने को तैयार हुईं। यह विश्वास कि एक मिनट में पूड़ियाँ और मसालेदार तरकारियाँ सामने आएँगी, उनकी स्वादेन्द्रियों को गुदगुदाने लगा। उन्होंने मन में तरह-तरह के मंसूबे बाँधे—पहले तरकारी से पूड़ियाँ खाऊँगी, फिर दही और शक्कर से, कचौरियाँ रायते के साथ मजेदार मालूम होंगी। चाहे कोई बुरा माने चाहे भला, मैं तो माँग-माँगकर खाऊँगी। यही न लोग कहेंगे कि इन्हें विचार नहीं! कहा करें, इतने दिन के बाद पूड़ियाँ मिल रही हैं तो मुँह जूठा करके थोड़े ही उठ जाऊँगी।

वह उकड़ूँ बैठकर सरकते हुए आँगन में आईं। परन्तु हाय दुर्भाग्य! अभिलाषा ने अपने पुराने स्वभाव के अनुसार समय की मिथ्या कल्पना की थी। मेहमान-मंडली अभी बैठी हुई थी। कोई खाकर उँगलियाँ चाटता था, कोई तिरछे नेत्रों से देखता था कि और लोग अभी खा रहे हैं या नहीं। कोई इस चिन्ता में था कि पत्तल पर पूड़ियाँ छूटी जाती हैं किसी तरह इन्हें भीतर रख लेता। कोई दही खाकर चटकारता था, परन्तु दूसरा दोना माँगते संकोच करता था कि इतने में बूढ़ी काकी रेंगती हुई उनके बीच में आ पहुँची। कई आदमी चौंककर उठ खड़े हुए। पुकारने लगे—अरे, यह बुढ़िया कौन है? यहाँ कहाँ से आ गई? देखो, किसी को छू न दे।

पंडित बुद्धिराम काकी को देखते ही क्रोध से तिलमिला गए। पूड़ियों का थाल लिये खड़े थे। थाल को जमीन पर पटक दिया और जिस प्रकार निर्दयी महाजन अपने किसी बेईमान और भगोड़े कर्जदार को देखते ही उसका टेंटुआ पकड़ लेता है उसी तरह लपककर उन्होंने काकी के दोनों हाथ पकड़े और घसीटते हुए लाकर उन्हें अँधेरी कोठरी में धम से पटक दिया। आशारूपी वटिका लू के एक झोंके में विनष्ट हो गई।

मेहमानों ने भोजन किया। घरवालों ने भोजन किया। बाजे वाले, धोबी, चमार भी भोजन कर चुके परन्तु बूढ़ी काकी को किसी ने न पूछा। बुद्धिराम और रूपा दोनों ही बूढ़ी काकी को उनकी निर्लज्जता के लिए दंड देने का निश्चय कर चुके थे। उनके बुढ़ापे पर, दीनता पर, हत्ज्ञान पर किसी को करुणा न आई थी। अकेली लाडली उनके लिए कुढ़ रही थी।

लाडली को काकी से अत्यन्त प्रेम था। बेचारी भोली लड़की थी। बाल-विनोद और चंचलता की उसमें गन्ध तक न थी। दोनों बार जब उसके माता-पिता ने काकी को निर्दयता से घसीटा तो लाडली का हृदय ऐंठकर रह गया। वह झुँझला रही थी कि हम लोग काकी को क्यों बहुत-सी पूड़ियाँ नहीं देते। क्या मेहमान सब-की-सब खा जाएँगे? और यदि काकी ने मेहमानों से पहले खा लिया तो क्या बिगड़ जाएगा? वह काकी के पास जाकर उन्हें धैर्य देना चाहती थी, परन्तु माता के भय से न जाती थी। उसने अपने हिस्से की पूड़ियाँ बिलकुल न खाई थीं। अपनी गुड़िया की पिटारी में बन्द कर रखी थीं। उन पूड़ियों को काकी के पास ले जाना चाहती थी। उसका हृदय अधीर हो रहा था। बूढ़ी काकी मेरी बात सुनते ही उठ बैठेंगी, पूड़ियाँ देखकर कैसी प्रसन्न होंगी। मुझे खूब प्यार करेंगी।

4

रात को ग्यारह बज गए थे। रूपा आँगन में पड़ी सो रही थी। लाडली की आँखों में नींद न आती थी। काकी को पूड़ियाँ खिलाने की खुशी उसे सोने न देती थी। उसने गुड़ियों की पिटारी सामने रखी थी। जब विश्वास हो गया कि अम्मा सो रही हैं, तो वह चुपके से उठी और विचारने लगी—कैसे चलूँ। चारों ओर अँधेरा था। केवल चूल्हों में आग चमक रही थी और चूल्हों के पास एक कुत्ता लेटा हुआ था। लाडली की दृष्टि सामने वाले नीम पर गई। उसे मालूम हुआ कि उस पर हनुमान जी बैठे हुए हैं। उनकी पूँछ, उनकी गदा, वह स्पष्ट दिखलाई दे रही है। मारे भय के उसने आँखें बन्द कर लीं। इतने में कुत्ता उठ बैठा, लाडली को ढाढ़स हुआ। मनुष्यों के बदले एक भागता हुआ कुत्ता उसके लिए अधिक धैर्य का कारण हुआ। उसने पिटारी उठाई और बूढ़ी काकी की कोठरी की ओर चली।

5

बूढ़ी काकी को केवल इतना स्मरण था कि किसी ने मेरे हाथ पकड़कर घसीटे, फिर ऐसा मालूम हुआ कि जैसे कोई पहाड़ पर उड़ाए लिये जाता है। उनके पैर बार-बार पत्थरों से टकराए तब किसी ने उन्हें पहाड़ पर से पटका, वे मूर्च्छित हो गईं।

जब वे सचेत हुईं तो किसी की जरा भी आहट न मिलती थी। समझी कि सब लोग खा-पीकर सो गए और उनके साथ मेरी तकदीर भी सो गई। रात कैसे कटेगी? राम! क्या खाऊँ? पेट में अग्नि धधक रही है। हा! किसी ने मेरी सुधि न ली। क्या मेरा पेट काटने से धन जुड़ जाएगा? इन लोगों को इतनी भी दया नहीं आती कि न

जाने बुढ़िया कब मर जाए? उसका जी क्यों दुखावें? मैं पेट की रोटियाँ ही खाती हूँ कि और कुछ? इस पर यह हाल। मैं अन्धी, अपाहिज ठहरी, न कुछ सुनूँ, न बूझूँ। यदि आँगन में चली गई तो क्या बुद्धिराम से इतना कहते न बनता था कि काकी अभी लोग खाना खा रहे हैं फिर आना। मुझे घसीटा, पटका। उन्हीं पूड़ियों के लिए रूपा ने सबके सामने गालियाँ दीं। उन्हीं पूड़ियों के लिए इतनी दुर्गति करने पर भी उनका पत्थर का कलेजा न पसीजा। सबको खिलाया, मेरी बात तक न पूछी। जब तब ही न दीं, तब अब क्या देंगे? यह विचार कर काकी निराशामय सन्तोष के साथ लेट गईं। ग्लानि से गला भर-भर आता था, परन्तु मेहमानों के भय से रोती न थीं। सहसा कानों में आवाज आई–'काकी उठो, मैं पूड़ियाँ लाई हूँ।' काकी ने लाडली की बोली पहचानी। चटपट उठ बैठीं। दोनों हाथों से लाडली को टटोला और उसे गोद में बिठा लिया। लाडली ने पूड़ियाँ निकालकर दीं।

काकी ने पूछा–क्या तुम्हारी अम्मा ने दी है?

लाडली ने कहा–नहीं, यह मेरे हिस्से की हैं।

काकी पूड़ियों पर टूट पड़ीं। पाँच मिनट में पिटारी खाली हो गई। लाडली ने पूछा–काकी पेट भर गया।

जैसे थोड़ी-सी वर्षा ठंडक के स्थान पर और भी गरमी पैदा कर देती है उस भाँति इन थोड़ी पूड़ियों ने काकी की क्षुधा और इच्छा को और उत्तेजित कर दिया था। बोलीं–नहीं बेटी, जाकर अम्मा से और माँग लाओ।

लाडली ने कहा–अम्मा सोती हैं, जगाऊँगी तो मारेंगी।

काकी ने पिटारी को फिर टटोला। उसमें कुछ खुर्चन गिरी थी। बार-बार होंठ चाटती थीं, चटखारे भरती थीं। हृदय मसोस रहा था कि और पूड़ियाँ कैसे पाऊँ। सन्तोष-सेतु जब टूट जाता है तब इच्छा का बहाव अपरिमित हो जाता है। मतवालों को मद का स्मरण करना उन्हें मदान्ध बनाता है। काकी का अधीर मन इच्छाओं के प्रबल प्रवाह में बह गया। उचित और अनुचित का विचार जाता रहा। वे कुछ देर तक उस इच्छा को रोकती रहीं। सहसा लाडली से बोलीं–मेरा हाथ पकड़कर वहाँ ले चलो, जहाँ मेहमानों ने बैठकर भोजन किया है।

लाडली उनका अभिप्राय समझ न सकी। उसने काकी का हाथ पकड़ा और ले जाकर झूठे पत्तलों के पास बिठा दिया। दीन, क्षुधातुर, हत्ज्ञान बुढ़िया पत्तलों से पूड़ियों के टुकड़े चुन-चुनकर भक्षण करने लगी। ओह...दही कितना स्वादिष्ट था, कचौड़ियाँ कितनी सलोनी, खस्ता कितने सुकोमल। काकी बुद्धिहीन होते हुए भी इतना जानती थी कि मैं वह काम कर रही हूँ, जो मुझे कदापि न करना चाहिए। मैं दूसरों की जूठी पत्तल चाट रही हूँ। परन्तु बुढ़ापा तृष्णा रोग का अन्तिम समय है, जब सम्पूर्ण इच्छाएँ एक ही केन्द्र पर आ लगती हैं। बूढ़ी काकी में यह केन्द्र उनकी स्वादेन्द्रिय थी।

ठीक उसी समय रूपा की आँख खुली। उसे मालूम हुआ कि लाडली मेरे पास नहीं है। वह चौंकी, चारपाई के इधर-उधर ताकने लगी कि कहीं नीचे तो नहीं गिर पड़ी। उसे वहाँ न पाकर वह उठी तो क्या देखती है कि लाडली जूठे पत्तलों के पास चुपचाप खड़ी है और बूढ़ी काकी पत्तलों पर से पूड़ियों के टुकड़े उठा-उठाकर खा रही हैं। रूपा का हृदय सन्न हो गया। किसी गाय की गर्दन पर छुरी चलते देखकर जो अवस्था उसकी होती, वही उस समय हुई। एक ब्राह्मणी दूसरों की झूठी पत्तल टटोले, इससे अधिक शोकमय दृश्य असम्भव था। पूड़ियों के कुछ ग्रासों के लिए उसकी चचेरी सास ऐसा निकृष्ट कर्म कर रही हैं। यह वह दृश्य था जिसे देखकर देखनेवालों के हृदय काँप उठते हैं। ऐसा प्रतीत होता मानो जमीन रुक गई, आसमान चक्कर खा रहा है। संसार पर कोई आपत्ति आनेवाली है। रूपा को क्रोध न आया। शोक के सम्मुख क्रोध कहाँ? करुणा और भय से उसकी आँखें भर आईं। इस अधर्म का भागी कौन है? उसने सच्चे हृदय से गगन मंडल की ओर हाथ उठाकर कहा–परमात्मा, मेरे बच्चों पर दया करो। इस अधर्म का दंड मुझे मत दो, नहीं तो मेरा सत्यानास हो जाएगा।

रूपा को अपनी स्वार्थपरता और अन्याय इस प्रकार प्रत्यक्ष रूप में कभी न दिख पड़े थे। वह सोचने लगी–हाय! कितनी निर्दय हूँ। जिसकी सम्पत्ति से मुझे दो सौ रुपया आय हो रही है, उसकी यह दुर्गति! और मेरे कारण। हे दयामय भगवान! मुझसे बड़ी भारी चूक हुई है, मुझे क्षमा करो। आज मेरे बेटे का तिलक था। सैकड़ों मनुष्यों ने भोजन पाया। मैं उनके इशारों की दासी बनी रही। अपने नाम के लिए सैकड़ों रुपए व्यय कर दिए, परन्तु जिसकी बदौलत हजारों रुपए खाए, उसे इस उत्सव में भी भरपेट भोजन न दे सकी। केवल इसी कारण तो, वह वृद्धा असहाय है।

रूपा ने दीया जलाया, अपने भंडार का द्वार खोला और एक थाली में सम्पूर्ण सामग्रियाँ सजाकर बूढ़ी काकी की ओर चली।

आधी रात जा चुकी थी, आकाश पर तारों के थाल सजे हुए थे और उन पर बैठे हुए देवगण स्वर्गीय पदार्थ सजा रहे थे, परन्तु उसमें किसी को वह परमानन्द प्राप्त न हो सकता था जो बूढ़ी काकी को अपने सम्मुख थाल देखकर प्राप्त हुआ। रूपा ने कंठारुद्ध स्वर में कहा–काकी उठो, भोजन कर लो। मुझसे आज बड़ी भूल हुई, उसका बुरा न मानना। परमात्मा से प्रार्थना कर दो कि वह मेरा अपराध क्षमा कर दें।

भोले-भाले बच्चों की भाँति, जो मिठाइयाँ पाकर माल और तिरस्कार सब भूल जाता है, बूढ़ी काकी वैसे ही सब भुलाकर बैठी हुई खाना खा रही थीं। उनके एक-एक रोएँ से सच्ची सदिच्छाएँ निकल रही थीं और रूपा बैठी स्वर्गीय दृश्य का आनन्द लेने में निमग्न थी।

दादी-अम्मा

कृष्णा सोबती

बहार फिर आ गई। वसन्त की हलकी हवाएँ पतझर के फीके ओठों को चुपके से चूम गईं। जाड़े ने सिकुड़े-सिकुड़े पंख फड़फड़ाए और सर्दी दूर हो गई। आँगन में पीपल के पेड़ पर नए पात खिल-खिल आए। परिवार के हँसी-खुशी में तैरते दिन-रात मुस्कुरा उठे। भरा-भराया घर। सँभली-सँवरी-सी सुन्दर सलोनी बहुएँ। चंचलता से खिलखिलाती बेटियाँ। मजबूत बाँहों वाले युवा बेटे। घर की मालकिन मेहराँ अपने हरे-भरे परिवार को देखती हैं और सुख में भीग जाती हैं। यह पाँचों बच्चे उसकी उमर-भर की कमाई हैं। उसे वे दिन नहीं भूलते जब ब्याह के बाद छह वर्षों तक उसकी गोद नहीं भरी थी। उठते-बैठते सास की गम्भीर कठोर दृष्टि उसकी समूची देह को टटोल जाती। रात को तकिए पर सिर डाले-डाले वह सोचती कि पति के प्यार की छाया में लिपटे-लिपटे भी उसमें कुछ व्यर्थ हो गया है, असमर्थ हो गया है। कभी सकुचाती-सी ससुर के पास से निकलती तो लगता कि इस घर की देहरी पर पहली बार पाँव रखने पर जो आशीष उसे मिली थी, वह उसे सार्थक नहीं कर पाई। वह ससुर के चरणों में झुकी थी और उन्होंने सिर पर हाथ रखकर कहा था, ''बहूरानी, फूलो-फलो।'' कभी दर्पण के सामने खड़ी-खड़ी वह बाँहें फैलाकर देखती—क्या इन बाँहों में अपने उपजे किसी नन्हे-मुन्ने को भर लेने की क्षमता नहीं।

छह वर्षों की लम्बी प्रतीक्षा के बाद सर्दियों की एक लम्बी रात में करवट बदलते-बदलते मेहराँ को पहली बार लगा था कि जैसे नरम-नरम लिहाफ में वह सिकुड़ी पड़ी है, वैसे ही उसमें, उसके तन-मन-प्राण के नीचे गहरे कोई धड़कन उससे लिपटी आ रही है। उसने अँधियारे

में एक बार सोए हुए पति की ओर देखा था और अपने से लजाकर अपने हाथों से आँखें ढाँप ली थीं। बन्द पलकों के अन्दर से दो चमकती आँखें थीं, दो नन्हे-नन्हे हाथ थे, दो पाँव थे। सुबह उठकर किसी मीठी शिथिलता में घिरे-घिरे अँगड़ाई ली थी। आज उसका मन भरा है। सास ने भाँपकर प्यार बरसाया था :

''बहू, अपने को थकाओ मत, जो सहज-सहज कर सको, करो। बाकी मैं सँभाल लूँगी।''

वह कृतज्ञता से मुस्कुरा दी थी। काम पर जाते पति को देखकर मन में आया था कि कहे, 'अब तुम मुझसे अलग बाहर ही नहीं, मेरे अन्दर भी हो।'

दिन में सास आ बैठी; माथा सहलाते-सहलाते बोली, ''बहूरानी, भगवान मेरे बच्चे को तुम-सा रूप दे और मेरे बेटे-सा जिगरा।''

बहू की पलकें झुक आईं।

''बेटी, उस मालिक का नाम लो, जिसने बीज डाला है। वह फल भी देगा।''

मेहराँ को माँ का घर याद हो आया। पास-पड़ोस की स्त्रियों के बीच माँ भाभी का हाथ आगे कर कह रही है, ''बाबा, यह बताओ, मेरी बहू के भाग्य में कितने फल हैं?''

पास खड़ी मेहराँ समझ नहीं पाई थी। हाथ में फल?

''माँ, हाथ में फल कब होते हैं? फल किसे कहती हो माँ?''

माँ लड़की की बात सुनकर पहले हँसी, फिर गुस्सा होकर बोली, ''दूर हो मेहराँ, जा, बच्चों के संग खेल!''

उस दिन मेहराँ का छोटा-सा मन यह समझ नहीं पाया था, पर आज तो सास की बात वह समझ ही नहीं, बूझ भी रही थी। बहू के हाथ में फल होते हैं, बहू के भाग्य में फल होते हैं और परिवार की बेल बढ़ती है। मेहराँ की गोद से इस परिवार की बेल बढ़ी है। आज घर में तीन बेटे हैं, उनकी बहुएँ हैं। ब्याह देने योग्य दो बेटियाँ हैं। हलके-हलके कपड़ों में लिपटी उसकी बहुएँ जब उसके सामने झुकती हैं तो क्षण-भर के लिए मेहराँ के मस्तक पर घर की स्वामिनी होने का अभिमान उभर आता है। वह बैठे-बैठे उन्हें आशीष देती है और मुस्कुराती है। ऐसे ही, बिलकुल ऐसे ही वह भी कभी सास के सामने झुकती थी। आज तो वह तीखी, निगाहवाली मालकिन, बच्चों की दादी-अम्मा बनकर रह गई है। पिछवाड़े के कमरे में से जब दादा के साथ बोलती हुई अम्मा की आवाज आती है तो पोते क्षण-भर ठिठककर अनसुनी कर देते हैं। बहुएँ एक-दूसरे को देखकर मन-ही-मन हँसती हैं। लाडली बेटियाँ सिर हिला-हिलाकर खिलखिलाती हुई कहती हैं, ''दादी-अम्मा बूढ़ी हो आई, पर दादा से झगड़ना नहीं छोड़ा।''

मेहराँ भी कभी-कभी पति के निकट खड़ी हो कह देती है, ''अम्मा नाहक

बापू के पीछे पड़ी रहती हैं। बहू-बेटियों वाला घर है, क्या यह अच्छा लगता है?''

पति एक बार पढ़ते-पढ़ते आँखें ऊपर उठाते हैं। पल-भर पत्नी की ओर देख दोबारा पन्ने पर दृष्टि गड़ा देते हैं। माँ की बात पर पति की मौन-गम्भीर मुद्रा मेहराँ को नहीं भातीं लेकिन प्रयत्न करने पर भी वह कभी पति को कुछ कह देने तक खींच नहीं पाई। पत्नी पर एक उड़ती निगाह, और बस। किसी को आज्ञा देती मेहराँ की आवाज सुनकर कभी उन्हें भ्रम हो आता है। वह मेहराँ का नहीं अम्मा का ही रोबीला स्वर है। उनके होश में अम्मा ने कभी ढीलापन जाना ही नहीं। याद नहीं आता कि कभी माँ के कहने को वह जाने-अनजाने टाल सके हों। और अब जब माँ की बात पर बेटियों को हँसते सुनते हैं तो विश्वास ही नहीं आता। क्या सचमुच माँ आज ऐसी बातें किया करती हैं कि जिन पर बच्चे हँस सकें।

और अम्मा तो सचमुच उठते-बैठते बोलती है, झगड़ती है, झुकी कमर पर हाथ रखकर वह चारपाई से उठकर बाहर आती है तो जो सामने हो उस पर बरसने लगती है।

बड़ा पोता काम पर जा रहा है। दादी-अम्मा पास आ खड़ी हुई। एक बार ऊपर-तले देखा और बोली, ''काम पर जा रहे हो बेटे, कभी दादा की ओर भी देख लिया करो, कब से उनका जी अच्छा नहीं। जिसके घर में भगवान के दिए बेटे-पोते हों, वह इस तरह बिना दवा-दारू पड़े रहते हैं।''

बेटा दादी-अम्मा की नजर बचाता है। दादा की खबर क्या घर-भर में उसे ही रखनी है। छोड़ो, कुछ-न-कुछ कहती ही जाएँगी अम्मा, मुझे देर हो रही है। लेकिन दादी-अम्मा जैसे राह रोक लेती हैं, ''अरे बेटा, कुछ तो लिहाज करो, बहू-बेटे वाले हुए, मेरी बात तुम्हें अच्छी नहीं लगती!''

मेहराँ मँझली बहू से कुछ कहने जा रही थी, लौटती हुई बोली, ''अम्मा कुछ तो सोचो, लड़का बहू-बेटों वाला है। तो क्या उस पर तुम इस तरह बरसती रहोगी?''

दादी-अम्मा ने अपनी पुरानी निगाह से मेहराँ को देखा और जलकर कहा, ''क्यों नहीं बहू, अब तो बेटों को कुछ कहने के लिए तुमसे पूछना होगा। यह बेटे तुम्हारे हैं, घर-बार तुम्हारा है, हुक्म हासिल तुम्हारा है।''

मेहराँ पर इस सबका कोई असर नहीं हुआ। सास को वहीं खड़े छोड़ वह बहू के पास चली गई। दादी-अम्मा ने अपनी पुरानी आँखों से बहू की वह रोबीली चाल देखी और ऊँचे स्वर में बोली, ''बहूरानी, इस घर में अब मेरा इतना-सा मान रह गया है! तुम्हें इतना घमंड...।''

मेहराँ को सास के पास लौटने की इच्छा नहीं थी, पर घमंड की बात सुनकर लौट आई।

''मान की बात कहती हो अम्मा? तो आए दिन छोटी-छोटी बात लेकर जलने-कलपने से किसी का मान नहीं रहता।''

इस उलटी आवाज ने दादी-अम्मा को और जला दिया। हाथ हिला-हिलाकर क्रोध में रुक-रुककर बोली, "बहू, यह सब तुम्हारे अपने सामने आएगा! तुमने जो मेरा जीना दूभर कर दिया है, तुम्हारी तीनों बहुएँ भी तुम्हें इसी तरह समझेंगी। क्यों नहीं, जरूर समझेंगी।"

कहती-कहती दादी-अम्मा झुकी कमर से पग उठाती हुई अपने कमरे की ओर चल दी। राह में बेटे के कमरे का द्वार खुला देखा तो बोली, "जिस बेटे को मैंने अपना दूध पिलाकर पाला, आज उसे देखे मुझे महीनों बीत जाते हैं, उससे इतना नहीं हो पाता कि बूढ़ी अम्मा की सुधि ले।"

मेहराँ मँझली बहू को घर के काम-धन्धे के लिए आदेश दे रही थी। पर कान इधर ही थे। 'बहुएँ उसे भी समझेंगी' इस अभिशाप को वह कड़वा घूँट समझकर पी गई थी, पर पति के लिए सास का यह उलाहना सुनकर न रहा गया। दूर से ही बोली, "अम्मा, मेरी बात छोड़ो, पराए घर की हूँ, पर जिस बेटे को घर-भर में सबसे अधिक तुम्हारा ध्यान है, उसके लिए यह कहते तुम्हें झिझक नहीं आती? फिर कौन माँ है जो बच्चों को पालती-पोसती नहीं!"

अम्मा ने अपनी झुर्रियों-पड़ी गर्दन पीछे की। माथे पर पड़े तेवरों में इस बार क्रोध नहीं भर्त्सना थी। चेहरे पर वही पुरानी उपेक्षा लौट आई, "बहू, किससे क्या कहा जाता है, यह तुम बड़े समधियों से माथा लगा सब कुछ भूल गई हो। माँ अपने बेटे से क्या कहे, यह भी क्या अब मुझे बेटे की बहू से ही सीखना पड़ेगा? सच कहती हो बहू, सभी माँएँ बच्चों को पालती हैं। मैंने कोई अनोखा बेटा नहीं पाला था, बहू! फिर तुम्हें तो मैं पराई बेटी करके ही मानती रही हूँ। तुमने बच्चे आप जने, आप ही वे दिन काटे, आप ही बीमारियाँ झेलीं।"

मेहराँ ने खड़े-खड़े चाहा कि सास यह कुछ कहकर और कहतीं। वह इतनी दूर नहीं उतरी कि इन बातों का जवाब दे। चुपचाप पति के कमरे में जाकर इधर-उधर बिखरे कपड़े सहेजने लगी। दादी-अम्मा कड़वे मन से अपनी चारपाई पर जा पड़ीं। बुढ़ापे की उम्र भी कैसी होती है। जीते-जी मन से संग टूट जाता है। कोई पूछता नहीं, जानता नहीं।

घर के पिछवाड़े जिसे वह अपनी चलती उम्र में कोठरी कहा करती थी उसी में आज वह अपने पति के साथ रहती है। एक कोने में उसकी चारपाई और दूसरे कोने में पति की, जिसके साथ उसने अनगिनत बहारें और पतझड़ गुजार दिए हैं। कभी घंटों वे चुपचाप अपनी-अपनी जगह पर पड़े रहते हैं। दादी-अम्मा बीच-बीच में करवट बदलते हुए लम्बी साँस लेती हैं। कभी पतली नींद में पड़ी-पड़ी वर्षों पहले की कोई भूली-बिसरी बात करती हैं पर बच्चों के दादा उसे सुनते नहीं। दूर कमरों में बहुओं की मीठी दबी-दबी हँसी वैसे ही चलती रहती है। बेटियाँ खुले-खुले

खिलखिलाती हैं। बेटों के कदमों की भारी आवाज कमरे तक आकर रह जाती है और दादी-अम्मा और पास पड़े दादा में जैसे बीत गए वर्षों की दूरी झूलती रहती है।

आज दादा जब घंटों धूप में बैठकर अन्दर आए तो अम्मा लेटी नहीं, चारपाई की बाँह पर बैठी थी। गाढ़े की धोती से पूरा तन नहीं ढँका था। पल्ला कन्धे से गिरकर एक ओर पड़ा था। वक्ष खुला था। आज वक्ष में ढँकने को रह भी क्या गया था? गले और गर्दन की झुर्रियाँ एक जगह आकर इकट्ठी हो गई थीं। पुरानी छाती पर कई तिल चमक रहे थे। सिर के बाल उदासीनता से माथे के ऊपर सटे थे।

दादा ने देखकर भी नहीं देखा। अपने-सा पुराना कोट उतारकर खूँटी पर लटकाया और चारपाई पर लेट गए। दादी-अम्मा देर तक बिना हिले-डुले वैसी-की-वैसी बैठी रहीं। सीढ़ियों पर छोटे बेटे के पाँवों के उतावली-सी आहट हुई। उमंग की छोटी-सी गुनगुनाहट द्वार तक आकर लौट गई। ब्याह के बाद के वे दिन, मीठे मधुर दिन। पाँव बार-बार घर की ओर लौटते हैं। प्यारी-सी बहू आँखों में प्यार भर-भरकर देखती है, लजाती है, सकुचाती है और पति की बाँहों में लिपट जाती है। अभी कुछ महीने हुए, यही छोटा बेटा माथे पर फूलों का सेहरा लगाकर ब्याहने गया था। बाजे-गाजे के साथ जब लौटा तो संग में दुलहिन थी।

सबके साथ दादी-अम्मा ने भी पतोहू का माथा चूमकर उसे हाथ का कंगन दिया था। पतोहू ने झुककर दादी-अम्मा के पाँव छुए थे और अम्मा लेन-देन पर मेहराँ से लड़ाई-झगड़े की बात भूलकर कई क्षण दुलहिन के मुखड़े की ओर देखती रही थीं। छोटी बेटी ने चंचलता से परिहास कर कहा था, "दादी-अम्मा, सच कहो, भैया की दुलहिन तुम्हें पसन्द आई? क्या तुम्हारे दिनों में भी शादी-ब्याह में ऐसे ही कपड़े पहने जाते थे?"

छोटी बेटी ने दादी के उत्तर की प्रतीक्षा नहीं की। हँसी-हँसी में किसी और से उलझ पड़ी।

मेहराँ बहू-बेटे को घेरकर अन्दर ले चली। दादी-अम्मा भटकी-भटकी दृष्टि से वे अनगिनत चेहरे देखती रहीं। कोई पास-पड़ोसिन उसे बधाई दे रही थी, "बधाई हो अम्मा, सोने-सी बहू आई है। शुक्र है उस मालिक का, तुमने अपने हाथों छोटे पोते का भी काज सँवारा।"

अम्मा ने सिर हिलाया। सचमुच आज उस जैसा कौन है। पोतों की उसे हौंस थी, आज पूरी हुई। पर काज सँवारने में उसने क्या किया, किसी ने कुछ पूछा नहीं तो करती क्या? समधियों से बातचीत, लेन-देन, दुलहिन के कपड़े-गहने, यह सब मेहराँ के अभ्यस्त हाथों से होता रहा है। घर में पहले दो ब्याह हो जाने पर अम्मा से सलाह-सम्मति करना भी आवश्यक नहीं रह गया। केवल कभी-कभी कोई

नया गहना गढ़वाने पर या नया जोड़ा बनवाने पर मेहराँ उसे सास को दिखा देती रही है।

बड़ी बेटी देखकर कहती है, "माँ! अम्मा को दिखाने जाती हो, वह तो कहेंगी, 'यह गले का गहना हाथ लगाते उड़ता है। कोई भारी ठोस कंठा बनवाओ, सिर की सिंगार-पट्टी बनवाओ। मेरे अपने ब्याह में मायके से पचास तोले का रानीहार चढ़ा था। तुम्हें याद नहीं, तुम्हारे ससुर को कहकर उसी के भारी जड़ाऊ कंगन बनवाए थे तुम्हारे ब्याह में!' "

मेहराँ बेटी की ओर लाड़ से देखती है। लड़की झूठ नहीं कहती। बड़े बेटों की सगाई में, ब्याह में अम्मा बीसियों बार यह दोहरा चुकी हैं। अम्मा को कौन समझाए कि ये पुरानी बातें पुराने दिनों के साथ गईं!

अम्मा नाते-रिश्तों की भीड़ में बैठी-बैठी ऊँघती रही। एकाएक आँख खुली तो नीचे लटकते पल्ले से सिर ढँक लिया। एक बेख़बरी कि उघाड़े सिर बैठी रहीं। पर दादी-अम्मा को इस तरह अपने को सँभालते किसी ने देखा तक नहीं। अम्मा की ओर देखने की सुधि भी किसे है!

बहू को नया जोड़ा पहनाया जा रहा है। रोशनी में दुलहिन शरमा रही है। ननदें हास-परिहास कर रही हैं। मेहराँ घर में तीसरी बहू को देखकर मन-ही-मन सोच रही है कि बस, अब दोनों बेटियों को ठिकाने लगा दे तो सुर्खरू हो।

बहू का शृंगार देख दादी-अम्मा बीच-बीच में कुछ कहती है, "लड़कियों में यह कैसा चलन है आजकल? बहू के हाथों और पैरों में मेहँदी नहीं रचाई। यही तो पहला सगुन है।"

दादी-अम्मा की इस बात को जैसे किसी ने सुना नहीं। साज-शृंगार में चमकती बहू को घेरकर मेहराँ दूल्हे के कमरे की ओर ले चली। नाते-रिश्ते की युवतियाँ मुस्कुरा-मुस्कुराकर शरमाने लगीं, दूल्हे के मित्र-भाई आँखों में नहीं, बाँहों में नए-नए चित्र भरने लगे और मेहराँ बहू पर आशीर्वाद बरसाकर लौटी तो देहरी के संग लगी दादी-अम्मा को देखकर स्नेह जताकर बोली, "आओ अम्मा, शुक्र है भगवान का, आज ऐसी मीठी घड़ी आई।"

अम्मा सिर हिलाती-हिलाती मेहराँ के साथ हो ली, पर आँखें जैसे वर्षों पीछे घूम गईं। ऐसे ही एक दिन वह मेहराँ को अपने बेटे के पास छोड़ आई थी। वह अन्दर जाती थी, बाहर आती थी। वह इस घर की मालकिन थी।

पीछे और पीछे—बाजे-गाजे के साथ उसका अपना डोला इस घर के सामने आ खड़ा हुआ। गहनों की झनकार करती वह नीचे उतरी। घूँघट की ओट से मुस्कुराती, नीचे झुकती और पति की बूढ़ी फूफी से आशीर्वाद पाती।

दादी-अम्मा को ऊँघते देख बड़ी बेटी हिलाकर कहने लगी, "उठो अम्मा, जाकर सो रहो, यहाँ तो अभी देर तक हँसी-ठट्ठा होता रहेगा।"

दादी-अम्मा झँपी-झँपी आँखों से पोती की ओर देखती हैं और झुकी कमर पर हाथ रखकर अपने कमरे की ओर लौट जाती हैं।

उस दिन अपनी चारपाई पर लेटकर दादी-अम्मा सोई नहीं। आँखों में न ऊँघ थी, न नींद। एक दिन वह भी दुलहिन बनी थी। बूढ़ी फूफी ने सजाकर उसे भी पति के पास भेजा था। तब क्या उसने यह कोठरी देखी थी? ब्याह के बाद वर्षों तक उसने जैसे यह जाना ही नहीं कि फूफी दिन-भर काम करने के बाद रात को यहाँ सोती है। आँखें मुँद जाने से पहले जब फूफी बीमार हुई तो दादी-अम्मा ने कुलीन बहू की तरह उसकी सेवा करते-करते पहली बार यह जाना था कि घर में इतने कमरे होते हुए भी फूफी इस पिछवाड़े में अपने अन्तिम दिन-बरस काट गई है। पर यह देखकर-जानकर उसे आश्चर्य नहीं हुआ था।

घर के पिछवाड़े में पड़ी फूफी की देह छाँहदार पेड़ के पुराने तने की तरह लगती थी, जिसके पत्तों की छाँह उससे अलग, उससे परे, घर-भर पर फैली हुई थी।

आज तो दादी-अम्मा स्वयं फूफी बनकर इस कोठरी में पड़ी हैं। ब्याह के कोलाहल से निकलकर जब दादा थककर अपनी चारपाई पर लेटे तो एक लम्बा चैन का-सा साँस लेकर बोले, ''क्या सो गई हो? इस बार की रौनक, लेन-देन तो मँझले और बड़े बेटे के ब्याह को भी पार कर गई। समधियों का बड़ा घर ठहरा!''

दादी-अम्मा लेन-देन की बात पर कुछ कहना चाहते हुए भी नहीं बोलीं। चुपचाप पड़ी रहीं। दादा सो गए, आवाजें धीमी हो गईं। बरामदे में मेहराँ का रोबीला स्वर नौकर-चाकरों को सुबह के लिए आज्ञाएँ देकर मौन हो गया।

दादी-अम्मा पड़ी रहीं और पतली नींद से घिरी आँखों से नए-पुराने चित्र देखती रहीं। एकाएक करवट लेते-लेते दो-चार कदम उठाए और दादा की चारपाई के पास आ खड़ी हुईं। झुककर कई क्षण तक दादा की ओर देखती रहीं। दादा नींद में बेखकर थे और दादी जैसे कोई पुरानी पहचान कर रही थीं। खड़े-खड़े कितने पल बीत गए! क्या दादी ने दादा को पहचाना नहीं? चेहरा उसके पति का है पर दादी तो इस चेहरे को नहीं, चेहरे के नीचे पति को देखना चाहती हैं। उसे बिछुड़ गए वर्षों में से वापस लौटा लेना चाहती हैं।

सिरहाने पर पड़ा दादा का सिर बिलकुल सफेद था। बन्द आँखों से लगी झुर्रियाँ-ही-झुर्रियाँ थीं। एक सूखी बाँह कम्बल पर सिकुड़ी-सी पड़ी थी। यह नहीं...यह तो नहीं...दादी-अम्मा जैसे सोते-सोते जाग पड़ी थीं, वैसे ही इस भूले-भटके भँवर में ऊपर-नीचे होती चारपाई पर जा पड़ीं।

उस दिन सुबह उठकर जब दादी-अम्मा ने दादा को बाहर जाते देखा तो लगा कि रात-भर की भटकी-भटकी तस्वीरों में से कोई भी तस्वीर उसकी नहीं थी। वह

इस सूखी देह और झुके कन्धे में से किसे ढूँढ़ रही थीं? दादी-अम्मा चारपाई की बाँहों से उठीं और लेट गईं। अब तो इतनी-सी दिनचर्या शेष रह गई है। बीच-बीच में कभी उठकर बहुओं के कमरों की ओर जाती हैं तो लड़-झगड़कर लौट आती हैं। कैसे हैं उसके पोते जो उम्र के रंग में किसी की बात नहीं सोचते? किसी की ओर नहीं देखते? बहू और बेटा, उन्हें भी कहाँ फुर्सत है?

मेहराँ तो कुछ-न-कुछ कहकर चोट करने से भी नहीं चूकती। लड़ने को तो दादी भी कम नहीं, पर अब तीखा-तेज, बोल लेने पर जैसे वह थककर चूर-चूर हो जाती हैं। बोलती हैं, बोले बिना रह नहीं पाती, पर बाद में घंटों बैठी सोचती रहती हैं कि वह क्यों उनसे माथा लगाती हैं जिन्हें उसकी परवाह नहीं। मेहराँ की तो अब चाल-ढाल ही बदल गई है। अब वह उसकी बहू नहीं, तीन बहुओं की सास है। ठहरी हुई गम्भीरता से घर का शासन चलाती है। दादी-अम्मा का बेटा अब अधिक दौड़-धूप नहीं करता। देख-रेख से अधिक अब बहुओं द्वारा ससुर का आदर-मान ही अधिक होता है। कभी अन्दर-बाहर जाते अम्मा मिल जाती हैं तो झुककर बेटा माँ को प्रणाम अवश्य करता है। दादी-अम्मा गर्दन हिलाती-हिलाती आशीर्वाद देती हैं, ‘‘जीयो बेटा, जीयो।’’

कभी मेहराँ की जली-कटी बातें सोच बेटे पर क्रोध और अभिमान करने को मन होता है पर बेटे को पास देखकर दादी-अम्मा सब भूल जाती हैं। ममता-भरी पुरानी आँखों से निहारकर बार-बार आशीर्वाद बरसाती चली जाती हैं, ‘‘सुख पाओ, भगवान बड़ी उम्र दे...’’ कितना गम्भीर और शीलवान है उसका बेटा! है तो उसका न? पोतों को ही देखो, कभी झुककर दादा के पाँव तक नहीं छूते। आखिर माँ का असर कैसे जाएगा? इन दिनों बहू की बात सोचते ही दादी-अम्मा को लगता है कि अब मेहराँ उसके बेटे में नहीं अपने बेटों में लगी रहती है। दादी-अम्मा को वे दिन भूल जाते हैं जब बेटे के ब्याह के बाद बहू-बेटे के लाड़-चाव में उसे पति के खाने-पीने की सुधि तक न रहती थी और जब लाख-लाख शुक्र करने पर पहली बार मेहराँ की गोद भरनेवाली थी तो दादी-अम्मा ने आकर दादा से कहा था, ‘‘बहू के लिए अब यह कमरा खाली करना होगा। हम लोग फूफी के कमरे में जा रहेंगे।’’

दादा ने एक भरपूर नजरों से दादी-अम्मा की ओर देखा था, जैसे वह बीत गए वर्षों को अपनी दृष्टि से टटोलना चाहते हों। फिर सिर पर हाथ फेरते-फेरते कहा था, ‘‘क्या बेटे वाला कमरा बहू के लिए ठीक नहीं? नाहक क्यों यह सब कुछ उलटा-सीधा करवाती हो?’’

दादी-अम्मा ने हाथ हिलाकर कहा, ‘‘ओह हो, तुम समझोगे भी! बेटे के कमरे में बहू को रखूँगी तो बेटा कहाँ जाएगा? उलटे-सीधे की फिक्र तुम क्यों करते हो, मैं सब ठीक कर लूँगी।’’

और पत्नी के चले जाने पर दादा बहुत देर बैठे-बैठे भारी मन से सोचते रहे कि जिन वर्षों का बीतना उन्होंने आज तक नहीं जाना, उन्हीं पर पत्नी की आशा विराम बनकर आज खड़ी हो गई है। आज सचमुच ही उसे इस उलटफेर की परवाह नहीं।

इस कमरे में बड़ी फूफी उनकी दुलहिन को छोड़ गई थीं। उस कमरे को छोड़कर आज वह फूफी के कमरे में जा रहे हैं। क्षण-भर के लिए, केवल क्षण-भर के लिए उन्हें बेटे से ईर्ष्या हुई और उदासीनता में बदल गई और पहली रात जब वह फूफी के कमरे में सोए तो देर गए तक भी पत्नी बहू के पास से नहीं लौटी थी। कुछ देर प्रतीक्षा करने के बाद उनकी पलकें झँपी तो उन्हें लगा कि उनके पास पत्नी का नहीं...फूफी का हाथ है। दूसरे दिन मेहराँ की गोद भरी थी, बेटा हुआ था। घर की मालकिन पति की बात जानने के लिए बहुत अधिक व्यस्त थी।

कुछ दिन से दादी-अम्मा का जी अच्छा नहीं। दादा देखते हैं, पर बुढ़ापे की बीमारी से कोई दूसरी बीमारी बड़ी नहीं होती। दादी-अम्मा बार-बार करवट बदलती हैं और फिर कुछ-कुछ देर के लिए हाँफकर पड़ी रह जाती हैं। दो-एक दिन से वह रसोईघर की ओर भी नहीं आईं, जहाँ मेहराँ का आधिपत्य रहते हुए भी वह कुछ-न-कुछ नौकरों को सुनाने में चूकती नहीं हैं। आज दादी को न देखकर छोटी बेटी हँसकर मँझली भाभी से बोली, ''भाभी, दादी-अम्मा के पास अब शायद कोई लड़ने-झगड़ने की बात नहीं रह गई, नहीं तो अब तक कई बार चक्कर लगातीं।''

दोपहर को नौकर जब अम्मा के यहाँ से अनछुई थाली उठा लाया तो मेहराँ का माथा ठनका। अम्मा के पास जाकर बोली, ''अम्मा, कुछ खा लिया होता, क्या जी अच्छा नहीं?''

एकाएक अम्मा कुछ बोलीं नहीं। क्षण-भर रुककर आँखें खोलीं और मेहराँ को देखती रह गई।

''खाने का मन न हो तो अम्मा दूध ही पी लो।''

अम्मा ने 'हाँ', 'ना' कुछ नहीं की। न पलकें ही झपकीं। इस दृष्टि से मेहराँ बहुत वर्षों के बाद आज फिर डरी। इनमें न क्रोध था, न सास की तरेर थी, न मनमुटाव था। एक लम्बा गहरा उलाहना पहचानते मेहराँ को देर नहीं लगी।

डरते-डरते सास के माथे को छुआ। ठंडे पसीने से भीगा था। पास बैठकर धीरे से स्नेह-भरे स्वर में बोली, ''अम्मा, जो कहो, बना लाती हूँ।''

अम्मा ने सिरहाने पर पड़े-पड़े सिर हिलाया नहीं, कुछ नहीं और बहू के हाथ से अपना हाथ खींच लिया।

मेहराँ पल-भर कुछ सोचती रही और बिना आहट किए बाहर हो गई। बड़ी बहू के पास जाकर चिन्तित स्वर में बोली, ''बहू, अम्मा कुछ अधिक बीमार लगती हैं, तुम जाकर पास बैठो तो मैं कुछ बना लाऊँ।''

बहू ने सास की आवाज में आज पहली बार दादी–अम्मा के लिए घबराहट देखी। दबे पाँव जाकर अम्मा के पास बैठ हाथ–पाँव दबाने लगी। अम्मा ने इस बार हाथ नहीं खींचे। ढीली–सी लेटी रहीं।

मेहराँ ने रसोईघर में जाकर दूध गरम किया। औटाने लगी तो एकाएक हाथ अटक गया क्या अम्मा के लिए यह अन्तिम बार दूध लिये जा रही है?

दादी–अम्मा ने बेखबरी में दो–चार घूँट दूध पीकर छोड़ दिया। चारपाई पर पड़ी अम्मा चारपाई के साथ लगी दीखती थीं। कमरे में कुछ अधिक सामान नहीं था। सामने के कोने में दादा का बिछौना बिछा था। शाम को दादा आए तो अम्मा के पास बहू और पतोहू को बैठे देख पूछा, "अम्मा तुम्हारी रूठकर लेटी है या...?"

मेहराँ ने अम्मा की बाँह आगे कर दी। दादा ने छूकर हौले से कहा, "जाओ बहू, बेटा आता ही होगा। उसे डॉक्टर को लिवाने भेज देना।"

मेहराँ ससुर के शब्दों की गम्भीरता जानते हुए चुपचाप बाहर हो गई। बेटे के साथ जब डॉक्टर आया तो दादी–अम्मा के तीनों पोते भी वापस आ खड़े हुए। डॉक्टर ने सधे–सधाए हाथों से दादी की परीक्षा की। जाते–जाते दादी के बेटे से कहा, "कुछ ही घंटे और...।"

मेहराँ ने बहुओं को धीमे स्वर में आज्ञाएँ दीं और बेटों से बोली, "बारी–बारी से खा–पी लो, फिर पिता और दादा को भेज देना।"

अम्मा के पास से हटने की पिता और दादा की बारी नहीं आई उस रात। दादी ने बहुत जल्दी की। डूबते–डूबते हाथ–पाँवों से छटपटाकर एक बार आँखें खोलीं और बेटे और पति के आगे बाँह फैला दीं। जैसे कहती हो–'मुझे तुम पकड़ रखो।'

दादी का श्वास उखड़ा, दादा का कंठ जकड़ा और बेटे ने माँ पर झुककर पुकारा, "अम्मा...अम्मा।"

"सुन रही हूँ बेटा, तुम्हारी आवाज पहचानती हूँ।"

मेहराँ सास की ओर बढ़ी और ठंडे हो रहे पैरों को छूकर याचना–भरी दृष्टि से दादी–अम्मा को बिछुरती आँखों से देखने लगी। बहू को रोते देख अम्मा की आँखों में क्षण–भर को सन्तोष झलका, फिर वर्षों की लड़ाई–झगड़े का आभास उभरा। द्वार से लगी तीनों पोतों की बहुएँ खड़ी थीं। मेहराँ ने हाथ से संकेत किया। बारी–बारी दादी–अम्मा के निकट तीनों झुकीं। अम्मा की पुतलियों में जीवन–भर का मोह उतर गया। मेहराँ से उलझा कड़वापन ढीला हो गया। चाहा कि कुछ कहे...कुछ...पर छूटते तन से दादी–अम्मा ओठों पर कोई शब्द नहीं खींच पाईं।

"अम्मा, बहुओं को आशीष देती जाओ...," मेहराँ के गीले कंठ में आग्रह था, विनय थी।

अम्मा ने आँखों के झिलमिलाते पर्दे में से अपने पूरे परिवार की ओर देखा–बेटा...पति...पोते–पतोहू...पोतियाँ। छोटी पतोहू की गुलाबी ओढ़नी जैसे दादी के तन–मन पर बिखर गई। उस ओढ़नी से लगे गोर–गोर लाल–लाल बच्चे, हँसते-खेलते, भोली किलकारियाँ...।

दादी–अम्मा की धुँधली आँखों में से और सब मिट गया, सब पुँछ गया, केवल ढेर–से अनगिनत बच्चे खेलते रह गए...! उसके पोते, उसके बच्चे...।

पिता और पुत्र ने एक साथ देखा, अम्मा जैसे हलके से हँसीं, हलके से...।

मेहराँ को लगा, अम्मा बिलकुल वैसे हँस रही हैं जैसे पहली बार बड़े बेटे के जन्म पर वह उसे देखकर हँसी थीं। समझ गई–बहुओं को आशीर्वाद मिल गया।

दादा ने अपने सिकुड़े हाथ में दादी का हाथ लेकर आँखों से लगाया और बच्चों की तरह बिलख–बिलखकर रो पड़े।

रात बीत जाने से पहले दादी–अम्मा बीत गई। अपने भरे–पूरे परिवार के बीच वह अपने पति, बेटे और पोतों के हाथों में अन्तिम बार घर से उठ गईं।

दाह–संस्कार हुआ और दादी–अम्मा की पुरानी देह फूल हो गई। देखने-सुननेवाले बोले, "भाग्य हो तो ऐसा, फलता–फूलता परिवार।"

मेहराँ ने उदास–उदास मन से सबके लिए नहाने का सामान जुटाया। घर-बाहर धुलाया। नाते–रिश्तेदार पास–पड़ोसी अब तक लौट गए थे। मौत के बाद रूखी सहमी–सी दुपहर। अनचाहे मन से कुछ खा–पीकर घरवाले चुपचाप खाली हो बैठे। अम्मा चली गईं, पर परिवार भरा–पूरा है। पोते थककर अपने–अपने कमरों में जा लेटे। बहुएँ उठने से पहले सास की आज्ञा पाने को बैठी रहीं। दादी-अम्मा का बेटा निढाल होकर कमरे में जा लेटा। अम्मा की खाली कोठरी का ध्यान आते ही मन बह आया। कल तक अम्मा थीं तो सही उस कोठी में। रुआँसी आँखें बरसकर झुक आईं तो सपने में देखा, नदी–किनारे घाट पर अम्मा खड़ी हैं अपनी चिता को जलते देख कहती हैं, 'जाओ बेटा, दिन ढलने को आया, अब घर लौट चलो, बहू राह देख रही होगी। जरा सँभलकर जाना। बहू से कहना, बेटियों को अच्छे ठिकाने लगाए।'

दृश्य बदला। अम्मा द्वार पर खड़ी हैं। झाँककर उसकी ओर देखती हैं, 'बेटा, अच्छी तरह कपड़ा ओढ़कर सोओ। हाँ बेटा, उठो तो! कोठरी में बापू को मिल आओ, यह बिछोह उनसे न झेला जाएगा। बेटा, बापू को देखते रहना। तुम्हारे बापू ने मेरा हाथ पकड़ा था, उसे अन्त तक निभाया, पर मैं ही छोड़ चली।'

बेटे ने हड़बड़ाकर आँखें खोलीं। कई क्षण द्वार की ओर देखते रह गए। अब कहाँ आएगी अम्मा इस देहरी पर...।

बिना आहट किए मेहराँ आई। रोशनी की। चेहरे पर अम्मा की याद नहीं, अम्मा का दुख था। पति को देखकर जरा-सी रोई और बोली, "जाकर ससुर जी को तो देखो। पानी तक मुँह नहीं लगाया।"

पति खिड़की में से कहीं दूर देखते रहे। जैसे देखने के साथ कुछ सुन रहे हों– 'बेटा, बापू को देखते रहना, तुम्हारे बापू ने तो अन्त तक संग निभाया, पर मैं ही छोड़ चली।'

"उठो।" मेहराँ कपड़ा खींचकर पति के पीछे हो ली। अम्मा की कोठरी में अँधेरा था। बापू उसी कोठरी के कोने में अपनी चारपाई पर बैठे थे। नजर दादी-अम्मा की चारपाई वाली खाली जगह पर गड़ी थी। बेटे को आया जान हिले नहीं।

"बापू, उठो, चलकर बच्चों में बैठो, जी सँभलेगा।"

बापू ने सिर हिला दिया।

मेहराँ और बेटे की बात बापू को मानो सुनाई नहीं दी। पत्थर की तरह बिना हिले-डुले बैठे रहे। बहू-बेटा, बेटे की माँ...खाली दीवारों पर अम्मा की तस्वीरें ऊपर-नीचे होती रहीं। द्वार पर अम्मा घूँघट निकाले खड़ी हैं। बापू को अन्दर आते देख शरमाती हैं और बुआ की ओट हो जाती हैं। बुआ स्नेह से हँसती है। पीठ पर हाथ फेरकर कहती हैं, 'बहू, मेरे बेटे से कब तक शरमाओगी?'

अम्मा बेटे को गोद में लिये दूध पिला रही हैं, बापू घूम-फिरकर पास आ खड़े होते हैं। तेवर चढ़े। तीखे बालों को फीका बनाकर कहते हैं, 'मेरी देख-रेख सब भूल गई हो। मेरे कपड़े कहाँ डाल दिए?' अम्मा बेटे के सिर को सहलाते-सहलाते मुस्कुराती हैं। फिर बापू की आँखों में भरपूर देखकर कहती हैं, 'अपने ही बेटे से प्यार का बँटवारा कर झुँझलाने लगे।'

बापू इस बार झुँझलाते नहीं, झिझकते हैं, फिर एकाएक दूध पीते बेटे को अम्मा से लेकर चूम लेते हैं। मुन्ने के पतले नरम ओठों पर दूध की बूँद अब भी चमक रही है। बापू अँधेरे में अपनी आँखों पर हाथ फेरते हैं। हाथ गीले हो जाते हैं। उनके बेटे की माँ आज नहीं रही।

तीनों बेटे दबे पाँवों जाकर दादा को झाँक आए। बहुएँ सास की आज्ञा पा अपने-अपने कमरों में जा लेटीं।

बेटियों को सोता जान मेहराँ पति के पास आई तो सिर दबाते-दबाते प्यार से बोली, "अब हौसला करो..." लेकिन एकाएक किसी की गहरी सिसकी सुन चौंक पड़ी। पति पर झुककर बोली, "बापू की आवाज लगती है, देखो तो।"

बेटे ने जाकर बाहर वाला द्वार खोला, पीपल से लगी झुकी-सी छाया। बेटे ने कहना चाहा, 'बापू!' पर बैठे गले से आवाज निकली नहीं। हवा में पत्ते खड़खड़ाए, टहनियाँ हिलीं और बापू खड़े-खड़े सिसकते रहे।

"बापू!"

इस बार बापू के कानों में बड़े पोते की आवाज आई। सिर ऊँचा किया, तो तीनों बेटों के साथ देहरी पर झुकी मेहराँ दीख पड़ी। आँसुओं के गीले पूर में से धुन्ध बह गई। मेहराँ अब घर की बहू नहीं, घर की अम्मा लगती है। बड़े बेटे का हाथ पकड़कर बापू के निकट आई। झुककर गहरे स्नेह से बोली, "बापू, अपने इन बेटों की ओर देखो, यह सब अम्मा का ही तो प्रताप है। महीने-भर के बाद बड़ी बहू की झोली भरेगी, अम्मा का परिवार और फूले-फलेगा।"

बापू ने इस बार सिसकी नहीं भरी। आँसुओं को खुले बह जाने दिया। पेड़ के कड़े तने से हाथ उठाते-उठाते सोचा–दूर तक धरती में बैठी अनगिनत जड़ें अन्दर-ही-अन्दर इस बड़े पुराने पीपल को थामे हुए हैं। दादी-अम्मा इसे नित्य पानी दिया करती थीं। आज वह भी धरती में समा गई है। उसके तन से ही तो बेटे-पोते का यह परिवार फैला है। पीपल की घनी छाँह की तरह यह और फैलेगा। बहू सच कहती है। यह सब अम्मा का ही प्रताप है। वह मरी नहीं।

वह तो अपनी देह पर के कपड़े बदल गई है, अब वह बहू में जीएगी, फिर बहू की बहू में...।

अपना रास्ता लो बाबा!

काशीनाथ सिंह

जिस समय देवनाथ मेवालाल की पान की दुकान पर 'विल्स फिल्टर्स' का पैकेट खरीद रहे थे उसी समय बगल वाली दुकान से एक आवाज सुनाई पड़ी जो उस गली का नाम पूछ रही थी जिसमें वे रहते थे।

हालाँकि उस गली में अकेले वही नहीं रहते थे, सैकड़ों लोग रहते थे, पूछनेवाला आदमी कहीं भी, किसी के भी घर जा सकता था लेकिन आवाज कुछ जानी-पहचानी-सी लग रही थी। कौतूहल के बावजूद वे उस तरफ देखने की हिम्मत नहीं जुटा सके, चेहरा दूसरी ओर घुमाए रहे। उन्होंने झटपट घर तक पहुँचनेवाला वह सँकरा रास्ता पकड़ा जो आम नहीं था।

जाड़े में सूरज ढलते-ढलते ही शाम घिरने लगती है और ठंड बढ़नी शुरू हो जाती है।

घर में घुसने के पहले ही उन्होंने देख लिया कि अन्दर वाले कमरे में उनके दोनों बच्चे हंगामा मचाए हुए हैं और पत्नी आशा इस धमाचौकड़ी पर सौ जान से निछावर हुई जा रही है। वे थोड़ी हड़बड़ी में थे। उन्होंने बच्चों को डाँटा और ऊपर भगाया, आशा से बताया कि सिर दर्द से फटा जा रहा है और आराम करने जा रहा हूँ। कोई आए तो बोल देना, "बीमार हैं।" उन्होंने हिदायत दी, "और देखो! नीचे उतरने की जरूरत नहीं, जँगले से ही बोलना!"

आशा घबराई। उसने उनका माथा छुआ—थोड़ा जलता हुआ-सा लगा। उसे परेशानी इस बात से हुई कि अभी-अभी सिगरेट के लिए बाहर निकलने से पहले एकदम ठीक-ठाक थे। उसने माथे पर तेल दाबने का आग्रह किया लेकिन देवनाथ उखड़ गए, "जितना कहते हैं, उतना ही सुना करो।"

वह मन मारे सीढ़ियों की तरफ बढ़ी।

उन्होंने दरवाजा उढ़काया, रजाई खींची और मुँह ढँककर लेट गए। सेमल की रूईवाली तकिया के बीचोबीच सिर दबाया ताकि अगल-बगल के हिस्से उठ जाएँ और उनसे दोनों कान ढँक जाएँ।

फिर अचानक रजाई फेंककर वे सीढ़ियों पर दौड़े, ''यह मत कहना कि बीमार हैं, कहना कि बाहर गए हैं—आउट ऑफ स्टेशन।''

अपनी ओर से पूरा एहतियात बरतकर वे नीचे आए और पहले की तरह लेट गए। उनका ध्यान बार-बार 'खतरे' पर केन्द्रित हो रहा था और वे बार-बार दिमाग को उधर से भगा रहे थे और किसी ऐसी बात पर स्थिर करना चाहते थे जो रोचक भी हो और लाभदायक भी। 'इससे नींद आने में सहूलियत होगी,' उन्होंने सोचा और कोशिश करके वह 'बिन्दु' पकड़ लिया। 'मानस नगर' में वे जो बँगला बनवाएँगे, उसमें चारदीवारी के चारों कोनों पर अशोक के पेड़ होंगे, सामने खूबसूरत-सा लॉन होगा और 'अतिथि कक्ष' इतना सुसज्जित और भव्य होगा कि कमिश्नर साहब सर्किट हाउस में ठहरने के बजाय यहीं रुकना पसन्द करें। उस समय तक वे भी 'ए' क्लास में पहुँच गए रहेंगे और उन्हें आने में आपत्ति न होगी। 'अतिथि कक्ष' का नक्शा कैसा हो, यह सोचते हुए उन्होंने मसूरी और नैनीताल के कुछ कॉटेजों को याद करना शुरू किया।

इसी बीच बाहर कुछ हलचल की आहट मिली और आशा ने दरवाजा खोल दिया, ''सुनो, इस चौक में आसपास देऊ नाम का कोई किराएदार तो नहीं है न?''

उन्होंने पत्नी की ओर ताकते हुए अपना माथा ठोंका।

''मैं कब से मकान-मालिक से कह रही हूँ, लेकिन कोई बूढ़ा देहाती जिद कर रहा है कि नहीं, यही है,'' आशा ने सफाई दी।

देवनाथ उठकर बैठ गए, रजाई एक किनारे की और पाँव चप्पल में घुसेड़ा। उन्हें पत्नी की बुद्धि पर तरस आया और सोचा, 'समझदार के लिए इशारा ही काफी होता है लेकिन...' वे गुस्से में बगैर उससे बोले 'ड्राइंगरूम' पार करते हुए बाहर आ गए।

''अरे बेंचू बाबा!'' वे आँखें मलते हुए दरवाजे पर खड़े थे, ''कहाँ से चले आ रहे हैं? कोई परेशानी तो नहीं हुई!''

बेंचू बाबा के सिर पर गगरा था। उन्होंने हाँफते हुए उसे उतारा, हाथ में उठाए 'ड्राइंगरूम' में दाखिल हुए और लाठी एक कोने में खड़ी की। फिर भेड़ के ऊनवाला कम्बल सोफे की बाँह पर रखा, पगड़ी खोली और चेहरे को छिपाए दाढ़ी-मूँछों के झाड़ को उसके एक किनारे से रगड़ा और कमरे के चारों तरफ ऊपर-नीचे नजर डाली। अन्त में, शीशा मढ़े मेज की दूसरी तरफ कालीन बिछे तख्त पर बैठे देवनाथ की ओर देखते हुए आँखें मिचमिलाकर मुस्कुराए।

कुछ देर चुपचाप मुस्कुराते रहने के बाद उठकर उनके पास पहुँचे और दोनों हथेलियों से सिर, जबड़े, कन्धे, बाँहें, घुटने टटोलकर, दबाकर, छूकर देखा। फिर अपनी आँखें उनके चेहरे के पास ले गए और फफक पड़े, "बचवा! देऊ! तूँ ही है न! सपना हो गया तूँ। अरे, अपना गाँव-घर है। बाप-दादा की निशानी है। कोई दूर भी नहीं गया है। कभी-कभी तो आया कर। काम वही देगा। घूम-फिरकर वहीं आएगा, बताए देते हैं।"

बाबा अपनी आदत के मुताबिक इस तरह चिल्ला-चिल्लाकर बोल रहे थे जैसे देवनाथ बहरे हों।

अब तक देवनाथ के दोनों बच्चे दरवाजे पर खड़े हो गए थे। कौतूहल और डर से बाबा को देख रहे थे। वे उन्हें देखते, फिर एक-दूसरे की ओर ताकने लगते।

दरवाजे पर बच्चों के खड़ा होने से 'ड्राइंगरूम' में कुछ अँधेरा जैसा हो गया था जिसका आभास बाबा को मिल गया। उन्होंने देवनाथ से पूछा, "अपने ही पोते हैं न?" देवनाथ ने जैसे ही सिर हिलाया, बाबा हाथ बढ़ाए खड़े हो गए। उन्होंने लपकते हुए छाती पर हाथ रखकर अपना परिचय दिया, "पहचानते हो बाबा को?"

बच्चे उन्हें आगे बढ़ते देखकर उलटे पाँव भागे।

"नहीं पहचानते और पहचानेंगे भी कैसे?" वे देवनाथ को देखकर हँसने लगे और अपनी जगह जा बैठे, "देखो! कितने बड़े हो गए हैं सब। समय जाते देर नहीं लगती, जब इत्ते से थे, तभी मैंने देखा था।"

देवनाथ ने हामी भरी, लेकिन उनकी हँसी में साथ नहीं दिया। वे उठे और अन्दर गए। मेज पर गिलास और पानी भरा जग रखा और कुछ लाने के लिए ऊपर चले गए।

आशा गैस पर चाय बना रही थी और बच्चे उसके अगल-बगल खड़े होकर उसे वह सारा कुछ सुना रहे थे जो नीचे देख गए थे। छोटा उसका गाउन खींच-खींचकर कुछ अचम्भे की बातें बता रहा था।

"सिर्फ चाय से नहीं चलेगा," रसोई के दरवाजे पर खड़े होकर देवनाथ बोले।

आशा उनकी ओर मुड़ी, "यह देहाती भुच्च है कौन जी?"

"गाँव पर हमारे घर के बगल वाले नहीं हैं सुदामा? हमारे पट्टीदार? उन्हीं के बाप हैं," उन्होंने खुलासा किया।

"देऊ!" बड़ा बच्चा धीरे से बोला और ताली पीटते हुए अन्दर भागा। देवनाथ ने उसे दौड़ाने का अभिनय किया और सारे लोग एक साथ हँस पड़े।

आशा गम्भीर हो गई और कुछ देर सोचती हुई खड़ी रही। वह सोच रही थी चाय के 'सिवा' की चीज के बारे में। उसे कुछ सूझ गया। वह रसोईघर से निकलकर

पीछे वाले कमरे में गई, खटर-पटर किया और तश्तरी में दो मिठाइयाँ रखकर आ गई।

देवनाथ तश्तरी अपनी नाक के पास ले गए और मुँह बनाया, "ये तो भुकुड़ियाई लग रही हैं और बहुत बदबू भी कर रही हैं। कब की हैं?"

"पिछले हफ्ते ही तो अगरवाल दे गया था। जाने कैसी भिजवाईं कि किसी ने छुआ तक नहीं। महरी ले गई सब। बस यही दो रह गई थीं उनके भाग से," उसने तश्तरी रख दी और चाय डालने लगी।

"और कल जो शामलाल दे गया था?"

"तुम तो खामखा एक-न-एक फुचंग लगाए रहते हो। उनके लिए तो मिठाई ही बड़ी बात है। मिलती कहाँ होगी गाँव में?" उसने तश्तरी के बगल में चाय भी रख दी।

देवनाथ ने अपने भीतर बाबा के लिए हमदर्दी महसूस की। यह ठीक है कि उन्हें अच्छा-खराब का पता नहीं चलेगा और पसन्द आएँगी, लेकिन जिस टोन में आशा ने कहा था, उन्हें थोड़ा खल गया।

उन्होंने चुपचाप प्याला और तश्तरी उठाई और नीचे आए। उन्होंने अपने 'ड्राइंगरूम' की इस दुर्गति की कल्पना नहीं की थी। यह तो अच्छा हुआ था कि अभी थोड़े दिन पहले कालीन उठवाकर रखवा दिया था वरना सब चौपट था। दरवाजे से लेकर मेज और सोफा तक का फर्श पानी में भीगा था। जाहिर था कि बाबा ने हाथ-पैर धोए होंगे और कुल्ला किया होगा। उनकी लाठी तो कोने में खड़ी थी लेकिन दूसरे सामानों के साथ वे अन्दरवाले कमरे में चले गए थे।

भीगे पैरों के निशान चौखट की ओर जाते दिखाई पड़े। 'गया! गया सारा कुछ'। उनके भीतर डर पैदा हुआ। उन्होंने आवाज दी–'बाबा'! और अन्दर घुसे। बाबा उनकी पलंग पर लेटे हुए थे। उनके एक पैर पर दूसरा पैर था जिसके तलवे बिवाई से फटे और मिट्टी से सने थे। उन्होंने साफ-सुथरे धुले चादर पर तीन-चार गहरे मटमैले निशान देखे और उनका दिल बैठ गया। उन्हें बुरा तो बहुत लगा लेकिन अफसोस अपने पर ही हुआ। 'अगर बाथरूम दिखाकर समझा दिया होता तो ऐसा न होता। लेकिन उन्हें भी तो पूछ लेना चाहिए था,' उन्होंने मन-ही-मन कहा।

"लीजिए, चाय है," देवनाथ ने मेज पर तश्तरियाँ रखते हुए कहा।

बाबा कराहते हुए उठे और एक मिठाई उठाकर उसे गौर से देखा, बचे हुए बगल के दाँतों से कुटका, देवनाथ को देखते हुए सिर हिलाया और मुँह खोलकर अन्दर फेंक दिया, "बताओ ऐसी चीजें देहात में कहाँ मयस्सर होती हैं?"

मिठाइयाँ खत्म करने के बाद उन्होंने चाय दो-तीन बार फूँकी और जोर से सुड़क ली। पहले ही घूँट में जीभ जल गई। उन्होंने 'जुड़ाने' के लिए नीचे रख दिया।

"यह कोठा भी अपना ही है?" उन्होंने उँगली से छत की ओर इशारा किया, फिर कमरे में दिखाई पड़नेवाली एक-एक चीज के बारे में तफसील से पूछने लगे। फोटो, पेंटिंग, मिट्टी और धातु की मूर्तियाँ, खिलौने, 'टू-इन-वन', कैसेट स्टैंड, ड्राइंगरूम के सोफा, कालीन–वे पूछते जाते और छू-छूकर देखते जाते। ज्यादातर चीजें उनकी समझ में नहीं आ रही थीं। और कुछ थीं जिनका दाम सुनकर वे चौंक उठते और बताते कि इतने में तो एक बैल या भैंस या गन्ना पिराई की मशीन आ जाती। फोटो दीवारों के ऊपर थे इसलिए उन्हें लाठी के हूरे से छूकर पूछा। लेकिन सबसे अधिक हैरत उन्हें हुई फूलदान में रखे हुए पत्तियों समेत गुलाब के फूल को देखकर। यह कैसा फूल है जो इतने दिनों में न सूखा है, न बढ़ा है और बिना खाद-माटी के केवल पानी में हरा-भरा है!

देवनाथ उनके पीछे-पीछे घूमते हुए झुँझला रहे थे, लेकिन भीतर-ही-भीतर खुश भी हो रहे थे कि बाबा जाकर घूम-घूम देहात में उनके वैभव का ढिंढोरा पीटेंगे।

"यह प्लास्टिक का है," उन्होंने हँसते हुए ऊँची आवाज में बताया।

"हूँ! तभी तो!" बाबा फूलदान समेत गुलाब नाक तक ले गए, उसकी पत्तियों और पँखड़ियों को चुटकियों में मसला और फिर उसकी जगह रख दिया, "खुश कर दिया बेटा! अरियात-करियात में कमानेवाले तो बहुत हैं, लेकिन तैंने जितना जुटाया है, तेरी जो इज्जत और शोहरत है, भगवान करे बनी रहे।"

देवनाथ उनके पीछे खड़े होकर नम्र भाव से हथेलियाँ मीजते रहे।

"अच्छा, ये बता कि सब ससुराल से मिला था या खरीदा था?" उन्होंने फिर पलंग पर बैठते हुए जिज्ञासा की। इसके सिवा दो-चार और बातें–जिनमें उनकी तनख्वाह और ऊपरी आमदनी भी थी–पूछकर, सन्तुष्ट होकर और अभिमान से छाती उतान करके चाय गटक ली, फिर जालीदार खिड़की के पास खड़े हुए अँगूठे से दाईं नाक दबाई और साँस खींचकर जोर से छिनका, "बहुत खूब देऊ! बस एक गैया ही बाकी है। वह भी हो जाए तो लड़कों-बच्चों के लिए गोरस की चिन्ता ही खत्म!"

बच्चों का खयाल आते ही वे फिर बैठ गए, "देवनाथ! जब मैं तेरे पास चलने को हुआ तभी विचार आया कि उसे तो कच्चा रस बड़ा अच्छा लगता था और सिवान में बड़े चाव और हुलास से होरहा खाता घूमता था। अब उसे कहाँ मिलता होगा? लड़के हैं, बाले हैं, पतोह हैं–ये सब तरस जाते होंगे। शहर में सब कुछ है लेकिन यह सब तो नहीं है न! सुदामा बरबराते रहे लेकिन मैंने कहा–नहीं, जब हम बेटे के यहाँ जा रहे हैं तो ऐसे नहीं जाएँगे। खरपत से तोखवा नीमवाले खेत से मटर उखड़वाया, होरहा भुनवाया और कोल्हुआड़ से गगरे-भर रस मँगवाया। यह देखो.." उन्होंने गगरे में ऊपर झाँकता आम का पल्लव बाहर निकाला और फर्श पर

बूँदें टपकाते पत्तों समेत अन्दर डाल दिया। "और यह देखो!" उन्होंने गमछे में बँधी झोली खोलनी शुरू की कि देवनाथ के प्राण सूखने लगे। उन्हें लगा कि अब वे मुट्ठी-भर उठाकर ऊपर से नीचे गिराएँगे और सारा बिस्तर गन्दगी से भर जाएगा लेकिन बाबा ने दिखाकर बाँध दिया।

"तो दे आओ। कहाँ मयस्सर होता होगा सबको," उन्होंने अपनी बात खत्म की।

देवनाथ फर्श पर फैली हुई बूँदों को देख रहे थे और सोच रहे थे—थोड़ी देर बाद यहाँ चींटियाँ और चिउँटे आएँगे, पूरी फर्श चिट-चिट करने लगेगी और दोनों कमरे इस जाड़े में धुलवाए बगैर काम न चलेगा।

"आप चले किस मतलब से हैं, यह तो बताया नहीं," देवनाथ ने पूछा।

"मतलब?" बाबा को यह सवाल बड़ा ही अटपटा लगा। वे कुछ देर घूरते रहे, "तू मुझसे मतलब पूछ रहा है? बाप किसी मतलब से बेटे के यहाँ जाता है?"

देवनाथ अपनी गलती पर अचकचाए, "नहीं बाबा, मेरे पूछने का मतलब था कि किसलिए आए हैं?"

"हाँ, तो ऐसे पूछ!" बाबा ने राहत की साँस ली, "बात यह है बेटा कि अस्पताल में भर्ती होना है। जिस किसी अस्पताल में करवा दो। अब बर्दाश्त नहीं होता। कभी-कभी ऐसा दरद उठता है पेट में कि पूछो मत। गश आ जाता है। तीन साल से। लेकिन इधर जब चाहे, होने लगता है।"

बाबा बोलते गए और देवनाथ मुँह लटकाए चुपचाप सुनते रहे—टट्टी के बारे में, पेशाब के बारे में, भूख के बारे में, घुटनों और रीढ़ के दर्द के बारे में, साँस फूलने के बारे में—और इन सब बातों से यही नतीजा निकलता था कि अस्पताल में भर्ती हुए बिना काम न चलेगा। देवनाथ बड़े आदमी हैं, उनका इतना नाँव-गाँव है और सभी डॉक्टर-हकीम उनके दोस्त-मित्र होंगे। वे चाहेंगे तो भर्ती भी हो जाएँगे और दवा-दारू का बन्दोबस्त भी हो जाएगा।

"ऐसे," उन्होंने गंजी नीचे से उठाई और धोती की मुर्री की ओर इशारा किया, "चिन्ता न करना। सुदामा की चोरी कुछ रुपए बचा के रखे हैं मैंने।...लेकिन ऐसा करो, यह रस और होरहा पहले ऊपर पहुँचा आओ। बच्चे जोह रहे होंगे कि बाबा क्या लाए हैं?"

देवनाथ या तो सुन नहीं रहे थे या बड़े गौर से सुन रहे थे। वे गुमसुम फर्श की ओर ताक रहे थे जहाँ चींटियाँ कतारें बनाने में लग गई थीं। उनके माथे पर चिन्ता की रेखाएँ थीं क्योंकि बाबा उन्हें कहीं से रोगी नजर नहीं आ रहे थे। वे थोड़ी देर तक चिटकियों में अपनी भौंहें मसलते रहे।

"चिन्ता क्यों करता है पागल!" बाबा ने उठकर उनकी पीठ थपथपाई और बाँह पकड़कर खड़ा कर दिया, "उठा! दे आ!"

देवनाथ ने बत्ती जलाई और गगरा-गमछा लेकर ऊपर चले।

'डायनिंग-हाल' में कुर्सियों पर बैठकर बच्चे किताब पढ़ रहे थे, 'गरमी का मौसम था। एक पेड़ पर मैना बैठी थी...' गगरा देखते ही वे किताब-कॉपी छोड़कर दौड़े। दोनों ने उसके भीतर एक साथ ही झाँका कि बड़े ने हाथ डालकर उसके अन्दर से लकड़ी निकाली तो आम का पल्लव नजर आया। दूसरे ने चिल्लाकर उसकी गर्दन पर चिपका गोबर दिखाया और दोनों ने मम्मी से कहा, "देखो, कहा था न हमने? बुढ़वा देखने से ही गन्दा लग रहा था।"

आशा कुर्सी पर बैठे-बैठे सब्जी काट रही थी। उसकी नजर बराबर देवनाथ पर थी जो दूसरे सिरे पर कुर्सी खींचकर बैठ गए थे और चुप थे।

"रात को ठहरेगा क्या?" उसने पूछा।

देवनाथ ने झल्लाकर कहा, "मैंने तुमसे कहा था कि कह देना–नहीं हैं। अब भोगो!"

"अकल नहीं है क्या तुम्हें? शहर का होता तो लौट भी जाता, लेकिन ये..."

"लीपा-पोती मत करो। कह रहे थे कि चौक में कहीं अपने यहाँ का बुद्धू गोंड़ रहता है। वहाँ भी जा सकते थे और हम न मिलते तो कौन जाने, चले ही जाते।"

आशा चुप हो गई और आलू छीलने लगी।

"अस्पताल में भर्ती होने के लिए आए हैं। एक तो किसी तरह भर्ती कराओ, दूसरे देखभाल करो, दवा-दारू खरीदो, डॉक्टर के कहे के मुताबिक खाना बनवा के पहुँचाओ।"

"क्यों नहीं कह देते कि फुर्सत नहीं है मुझे!"

"तुम्हें कुछ पता नहीं है गाँव का। पिता के बड़े भाई हैं ये। सगे भाई। अभी दस साल पहले अलग हुए थे। अपने बेटे से ज्यादा मानते रहे हैं मुझे। ऐसे ही लौट जाएँगे तो लोग ताना मारेंगे–कहिए, क्या हुआ ऑपरेशन का? किस हौसले से गए थे? अपना बेटा है, आकाश-पाताल एक कर देगा, कुछ उठा नहीं रखेगा। समझा?"

"अपने बेटे को क्यों नहीं लाए?"

"सुदामा? सोचा होगा कि वह चला जाएगा तो खेती बर्बाद हो जाएगी। अकेला लड़का है। दूसरे, वह इन्हें घास भी तो नहीं डालता। परवाह ही कहाँ है उसे इनकी। अरेरेरे..."

देवनाथ लपके। बच्चे गगरा घसीटकर मोरी के पास ले गए थे और सारा रस ढुलका रहे थे। जब तक वे पकड़ें तब तक वह खाली हो चुका था। उठाकर उसे हिलाया तो मालूम हुआ, एक-आध लोटा बच गया है। उन्होंने बड़े का कान पकड़कर हटाया।

"जाने कैसा बदबू कर रहा था पापा," बड़े ने बताया।

आशा बोली, ''छोड़ दो। सुबह महरी को दे देंगे।''

देवनाथ फिर माथा पकड़कर बैठ गए। उनकी बुद्धि काम नहीं कर रही थी। आशा भी गम्भीर होकर चावल बीनने लगी थी। बीच-बीच में नजरें उठाती और उन्हें देख लेती। जब देवनाथ की आँखें उसकी आँखों से मिलीं तो भुनभुनाई, ''समझ लो तुम! इतना कहे देती हूँ कि मुझसे रोज-रोज का खाना नहीं बनेगा। यही है तो कोई नौकर रखो, चाहे जो करो। एक-दो दिन की बात और है। बाबा या जो भी होंगे, तुम्हारे होंगे। मेरे कुछ नहीं हैं। अपनी पतोहू लाएँ, किराए का कमरा लें या धर्मशाला में रखें, बनवाएँ-खाएँ। मैं यह सब लफड़ा नहीं पालती!''

बच्चे भी बुजुर्गों की तरह गाल पर हाथ रखे कुर्सियों पर चुपचाप बैठ गए थे और पापा-मम्मी की बातें ध्यान से सुन रहे थे। जब एक बोलता तो वे बोलनेवाले की ओर नहीं, सुननेवाले की ओर देखते और प्रतिक्रियाएँ समझने की कोशिश करते।

लेकिन देवनाथ को देखकर नहीं लग रहा था कि उन्होंने आशा की बातें सुनी हों। वे सिगरेट पीते हुए कभी सिर खुजलाते और कभी पिंडली।

''एक मुश्किल और है! अगर इन्हें भर्ती करवाया, तीमारदारी की, दवा की, खाना पहुँचाया और मान लो, ठीक हो गए तो गाँव-जवार में घूम-घूम कहते फिरेंगे, गुण गाएँगे, बड़ाई करेंगे और उसके बाद सारी जिन्दगी भुगतो। जिसे भी जुकाम होगा, रोग के नाम पर, शहर घूमने, हवा-पानी बदलने, सर्कस देखने आ जाया करेगा। ऑपरेशन और मरनेवालों की तो बात ही छोड़ो,'' वे अपने आप बोलते रहे।

आशा मुँह फुलाए हुए उठी और गैस जलाकर अदहन रख दिया।

देवनाथ ने सिगरेट फेंकी और नीचे चले।

बाबा पलंग पर खर्राटे ले रहे थे। उनकी आँखें थोड़ी-थोड़ी खुली थीं और ओठ 'फुर्र-फुर्र' करते हुए साँस के साथ फड़क रहे थे। उनके ओठों के बाएँ किनारे से लार बहकर तकिए को भिगो रहा था। सबसे भोंड़ी बात यह थी कि कमरे में जाने कहाँ से मक्खियाँ आ गई थीं और उनके चेहरे और गर्दन पर उड़ने लगी थीं।

देवनाथ ने तुरन्त अपना सूट पहना और टाई की गाँठ ठीक की, बाबा को जगाया और बाहर आकर स्कूटर स्टार्ट करने लगे। उन्हें लाठी के साथ निकलते देखकर फिर उसे खड़ा कर दिया।

''इसकी जरूरत नहीं! डॉक्टर के यहाँ चल रहे हैं राय-बात करने,'' उन्होंने ऊँचे स्वर में कहा और लाठी अन्दर रख दी।

वे जिस समय आशा से मशवरा कर रहे थे, उन्हें अपने दोस्त डॉक्टर गर्ग याद आ गए थे जो शहर के एक किनारे रहते थे और थोड़े दिन पहले ही किसी काम से

इनके घर आए थे। पेट्रोल के ही खर्च की बात थी वरना उनसे काम बन सकता था। उन्होंने छोटा-मोटा मोह छोड़ने का फैसला किया था और अब शहर के बीच से बाबा को उड़ाए लिये जा रहे थे।

पीछे बैठे बाबा को डर भी लग रहा था और मजा भी आ रहा था। वे देवनाथ की सीट का पिछुआ कसकर पकड़े हुए इस तरह तन गए थे जैसे रस्सी पकड़े हुए हेंगा पर खड़े हों। वे अगल-बगल बत्तियों से जगमगाती हुई दुकानों को देख लेना चाहते थे, लेकिन मुश्किल यह पड़ रही थी कि बाएँ देखते तो दाएँ की दुकानें छूट जातीं और दाएँ देखते तो बाएँ की। और कभी-कभी तो डर के मारे दोनों तरफ की दुकानें बिना देखे ही निकल जातीं। लेकिन भीड़-भड़ाके के बीच जिस बारीकी से देवनाथ स्कूटर निकाल रहे थे, बाबा उनके कौशल पर रीझ-रीझ उठते थे और अनजाने ही कभी उनके मुँह से 'वाह' फूट पड़ता और कभी हँसी। स्कूटर जब खाली सड़क से गुजरा तो उन्हें थोड़ी-थोड़ी सिहरन महसूस होने लगी। उन्होंने पगड़ी खींचकर कान ढँकना ही चाहा कि एक बड़ी इमारत के सामने स्कूटर खड़ा हो गया।

उन्हें इस तरह अचानक रुकना अच्छा नहीं लगा लेकिन देवनाथ उसके हैंडिल पकड़े खड़े हो गए थे। बाबा के उतरने के ढंग से स्कूटर उलटते-उलटते बचा। उसे गरियाते हुए वे जमीन पर खड़े हुए और दुकानों पर सरसरी नजर डालते हुए देवनाथ के पीछे 'दवाखाना' में घुसे। मरीजों की भीड़ देखकर उन्हें इत्मीनान हुआ कि देवनाथ कोई ऐसे-वैसे डॉक्टर के पास नहीं लाया है।

जहाँ लोग बारी-बारी से बुलाए जाने पर पर्दे के अन्दर जा रहे थे, वहीं देवनाथ बिना किसी रोक-टोक के बेखटके अन्दर चले गए। इस बात पर बाबा ने चारों ओर देखा। उन्होंने अपने सामने बेंच पर बैठे मरीज से खुश होकर बताया, "अपना बेटा है! साहब है!" थोड़ी देर बाद ही एक आदमी सहारा देकर उन्हें भीतर ले गया।

डॉक्टर की उमर कोई ज्यादा नहीं थी फिर भी अनुभवी और काबिल लग रहा था। देवनाथ की तरह उसने भी उन्हें 'बाबा' कहा और प्रेम से बातें शुरू कीं। दिहात में बारे में, घर के बारे में, खेतीबारी के बारे में। उन्होंने सन्देह से देवनाथ को देखा जैसे यह कैसा डॉक्टर है जो रोग के बारे में पूछ ही नहीं रहा है। लेकिन उसने धीरे-धीरे जब उनकी पलकें, पपोटे, जीभ, पीठ, छाती, घुटने—मशीन लगाकर, औजार से ठोंक-ठोंककर देखना शुरू किया तो उन्हें समझते देर नहीं लगी। उसने कई एक सवाल किए और इन्होंने साँसें ले-लेकर विस्तार से बताए।

इसके बाद वह एक ओर पर्दे के पीछे ले गया और पीठ के बल लिटाकर पेट इधर से, उधर से दबाकर टट्टी, पेशाब, हाजमे और दर्द के किस्म के बारे में देर तक पूछता रहा। अन्त में कपड़े ठीक करके बाहर जाने के लिए कहकर कुर्सी पर आ बैठा।

उसने देवनाथ से अपना सन्देह जाहिर किया, "शायद आरम्भिक स्टेज है। आई

डाउट कैंसर। हो सकता है न भी हो। मगर देर न करें। एक्स-रे, जाँच वगैरह तो कराएँ ही, बायप्सी जरूरी है। चिन्ता की कोई बात नहीं, ठीक हो जाएगा,'' पर्दे की ओर ताकते हुए उसने आवाज ऊँची कर दी।

बाबा ने अन्तिम वाक्य सुन लिया और देवनाथ के बगल में खड़े हो गए। लेकिन तब तक अंग्रेजी में बातें होने लगी थीं और उन दोनों की अड़बी-तड़बी उनके पल्ले नहीं पड़ रही थी।

बाबा को अपना मुँह जोहते हुए देखकर डॉक्टर ने कहा, ''देवनाथ जी को बता दिया है आपको कहीं कुछ नहीं है।''

गले में लटके आला, मेज और कमरे के दूसरे औजारों को देखते हुए कृतज्ञ भाव से बाबा ने हाथ जोड़ा, ''भगवान आपको लम्बी उमर दे सरकार!''

कहने के तुरन्त बाद ही वे शरमा गए। स्कूटर पर बैठने के पहले देवनाथ से हँसते हुए बोले, ''तहसील की आदत है देऊ। जबान से 'सरकार' निकल गया। डॉक्टर साहब नाराज तो न होंगे?''

देवनाथ का जवाब स्कूटर की आवाज में खो गया। दोनों जब रवाना हुए तो बाबा खुशी से पिहक रहे थे, ''अब जान में जान आई है बेटा। सन्तोष हुआ है। लेकिन तू गमगीन क्यों है?''

देवनाथ गमगीन तो नहीं थे, चिन्तित जरूर थे। वे जिस मुसीबत से बचने के लिए दौड़-धूप कर रहे थे, वह उन्हें गले पड़ती हुई नजर आ रही थी। यह तो था कि वे अस्पताल और जाँच के बवाल को अपने सिर नहीं लेना चाहते थे लेकिन कहीं-न-कहीं उनके मन में यह भी था कि अभी कुछ नहीं बिगड़ा है, अच्छे हो सकते हैं। कोई पराए भी नहीं हैं, अलगा-गुजारी न होती तो सब एक ही थे।

उन्हें परेशानी से बचने का एक दूसरा उपाय भी सूझ रहा था लेकिन अड़चनें वहाँ भी थीं। मान लो, सुदामा से बताएँ और अपने बड़प्पन का फायदा उठाते हुए लापरवाही के लिए उसे डाँटें तो भी वह बौड़म आदमी ठहरा। ले-दे के यहीं पहुँचेगा और कौन जाने, पूरा घर-दुआर पटक जाए। फिर एक की जगह पूरी बरात सँभालो। वह तो छोड़ के अपनी खेती-बारी देखने वापस लौट जाएगा और यहाँ मरो।

फिलहाल के लिए उन्हें लगा कि चुप मार जाओ और इस बात की चर्चा कहीं किसी से मत करो।

घर के आगे स्कूटर से उतरते हुए बाबा ने पूछा, ''डॉक्टर का पुर्जा तेरे पास है?''

''इससे आपको मतलब?'' देवनाथ ने प्यार से बिगड़ते हुए कहा, ''आप खाना खाएँ, मैं अभी आ रहा हूँ।''

बाजार चलते समय उनके दिमाग में जो दवाएँ आई थीं, उन्हें वे रास्ते में भी खरीद सकते थे लेकिन बाबा पीछे-पीछे लगे रहते और देखते कि कितने पैसे खर्च हो रहे हैं? ऐसे तो पूछने पर कुछ भी बताने के लिए स्वतंत्र थे। साथ ही रास्ते में होने पर इतनी आसानी से मिलनेवाली दवाओं के महत्त्व के बारे में उन्हें सन्देह हो जाता। उन्होंने काफी सोचने-विचारने के बाद तीन पैसे वाली बी-कॉम्प्लेक्स की सौ गोली, पाँच पैसे वाली लिव फिफ्टी टू की पचास और ऐसे ही दर्द की दस टिकियाँ लीं और उन्हें अलग-अलग शीशियों में रखवाया। उन्हें राहत मिली कि सारा मामला दस रुपए के अन्दर ही निपट गया।

अब वे बाबा के सामने बैठकर थकी हुई लम्बी-लम्बी साँसें ले रहे थे और साँस फूलने के कारण चाहते हुए भी बोल नहीं पा रहे थे।

बाबा खा-पीकर कम्बल ओढ़े अपनी गंजी खोपड़ी पर चम्पी कर रहे थे और उन्हें देखकर सुख से मुस्कुरा रहे थे। गन्ध से ही देवनाथ को पता चल गया था कि यह तेल नहीं, डेटॉल है जो उनके दाढ़ी बनाने के सामानों के बीच रखा हुआ था। बाबा को भी शक था क्योंकि वे बार-बार हथेली का गाज देखते और उसे अपनी नाक के पास ले जाते।

इस वक्त देवनाथ को उनकी यह हरकत देखकर न गुस्सा आ रहा था और न झुँझलाहट हो रही थी। वे साँस को सामान्य बनाने की कोशिश में लगे रहे।

"ये हैं आपकी दवाएँ," उन्होंने शीशियाँ बाबा के आगे रख दीं। फिर एक-एक करके बताना शुरू किया कि इन्हें कैसे-कैसे और कब-कब खाना है?

बाबा ने शीशियों पर गिगाह नहीं डाली। वे चुपचाप उन्हें देखते रहे। उनकी पकी हुई बरौनियाँ बिना हिले-डुले पलकों के सिरों पर खड़ी रहीं। उनके ओठों से एक धीमी आवाज आई, "तैने खाना खाया?"

"अभी नहीं, खा लेंगे।"

बाबा ने पलकें गिराईं और सिसकने लगे, "अगहन-कातिक से कहता आ रहा था सुदामा से कि चलो, अस्पताल दिखा दो। कोई एक दिन निकालो, बस चले चलो। लेकिन उसे मौका नहीं। उसकी मेहर ऐसे-ऐसे बिंग बोलती है कि चौके से बगैर खाए उठ जाना पड़ता है। आज ही जब रस ले के चला तो रोक लिया सुदामा ने। कहा--कोस-भर सिर पर गगरा लादे कैसे जाओगे? हमने कहा कि खरपत को लगा दो। मोटर तक पहुँचा दे। तो बोला--खाली नहीं है। उसके मन में तो चोर था कि इतने रस में जो ही दो-चार पिड़िया गुड़ होता। उसकी मेहर से कहा कि थोड़ी खुरचनवाली भेली दे दो। होरहा के बाद क्या खाके पानी पिएगा? लेकिन बेटा! अपना दुखड़ा रोएँ भी तो किसके आगे रोएँ!"

वे कहते-कहते फूट-फूटकर रोने लगे, "और एक तूँ है। जब हम चले थे तो

सारा गाँव मुझ पर हँस रहा था। समझ रहा था कि तूँ हमें भी पट्टी पढ़ा देगा। लेकिन तूँ है कि दिन-भर से अपना हर्जा करके दौड़ रहा है और वह भी किसके लिए? एक बार भी नहीं पूछा कि इतने रुपयों की दवा कैसे आएगी?''

वे बोलते जा रहे थे, रोते जा रहे थे और नाक पोंछते जा रहे थे, ''जब छोटा था तो तुझे अपने कन्धे पर बिठाए-बिठाए खेतवाही करता था, पूरा गाँव घूमता था, भदाहूँ के मेला ले जाता था। हाँ, मारा था केवल एक बार। और बड़ी मार मारा था। पैना-पैना! सो भी तेरे बाप के कारण। तब वह जिन्दा था। उसने कह दिया कि भैया देवनाथ को खराब कर रहे हैं और गलती तेरी भी थी। तैंने औरों के बहकावे में आकर रात के बखत सोते हुए अलगू को खटिया समेत उठाकर संवत में डाल दिया था।''

वे पूरे हाव-भाव के साथ सुनाते हुए रोते-रोते हँसने लगे, ''बस, तेरी एक ही आदत खराब थी। कन्धे पर बैठे-बैठे मूतनेवाली। तू ससुर!...''

वे वाक्य पूरा नहीं कर सके, हँसते रहे। फिर आँखें, नाक और जबड़ों पर उगी सफेद भीगी खूँटियाँ पोंछकर देवनाथ को अपने पास बुलाया। फैले हुए कम्बल को खींचते हुए उन्हें इतना करीब बिठाया जितने से उनका हाथ सिर के बाल सहला सके। सिर और पीठ पर हाथ फेरते हुए उन्होंने रहस्यपूर्ण ढंग से उनकी आँखों में झाँका, ''डॉक्टर ने तुमसे भी बताया न कि कहीं कुछ नहीं है?''

''हाँ तो! आपने भी तो सुना!'' पहले तो देवनाथ उनके पूछने के तरीके से दहल गए थे, लेकिन तुरन्त सँभाल लिया।

''बस यही सुनना चाहता था,'' बाबा ने उनकी पीठ ठोंकी और खुश हो उठे, ''जा! अब खा के सो जा। कल तड़के ही चले जाएँगे।''

''नहीं, कल कैसे जाएँगे? अभी-अभी तो आए हैं।''

''अरे अब हो गई न तेरी वाली! जा, जाके खा,'' बाबा ने प्यार से उन्हें ठेलकर उठाया।

वे धीरे-धीरे सीढ़ियाँ चढ़ते हुए 'डायनिंग-हाल' के दरवाजे तक आए और खड़े हो गए। अन्दर के कमरे में अँधेरा था, लेकिन कोई सोया नहीं था। आशा बच्चों को सुला रही थी कि बुढ़ऊ की खुराक और उनके चपर-चपर खाने के ढंग और कमरे के कबाड़ के बारे में और इस बारे में कि तुम्हारे पापा के गाँव के लोग कितने फूहड़ और कितने गँवार और कितने मरभक होते हैं। और बाप रे! कितना चिल्ला-चिल्लाकर बोलते हैं रे-रे करके!''

''मम्मी, पापा ने बाहर ताला लगा दिया होगा न? कुछ ठिकाना है बुढ़वा का?'' किसी बच्चे ने जमुहाते हुए धीमे स्वर में पूछा। फिर आशा और बच्चों की आवाज बन्द हो गई। शायद उन्हें नींद आ रही हो।

वे वहाँ कुछ देर और खड़े रहे। किचन दिखाई पड़ रहा था, लेकिन उन्हें भूख नहीं थी। उनकी नजर उस गगरे पर चली गई जो बाबा के सिर पर बस और पैदल

साठ–सत्तर मील का फासला तय करके मोरी के पास पहुँचा था। वे भावुक हो गए और उनकी आँखें भीग आईं।

वे दबे पाँव जँगले के पास आए और चौखट पर बैठ गए। बाहर जाड़े की ठंड और सन्नाटा था। उनकी आँखों के आगे ऊसर के बीच बसा अपना नन्हा–सा प्यारा गाँव उभर आया–वह बगीचा, वह होला–पाती, वह चलबा, वह चिबिल्ली, आँधी में आमों की लूट, ईख के टोंटों की बुवाई, संवत के मुर्रा और छछूँदर, बाहे और धनखर गेड़कर मछलियों की पकड़, डोरे में बाँधकर जोलाहे उड़ाना, सिंघाड़े चुराना, तैराकी सीखने के लिए पोखर में भौंरे पकड़ना! तब से आज कितने साल हो गए हैं? सारा कुछ यूँ–चिटकी बजाते-बजाते हवा में खो गया है। वे भी इतने ही सरल और आसान रहे होंगे जितने कि बाबा! और बाबा अब जा रहे हैं–कल के लिए नहीं, हमेशा के लिए। वे उन्हें रोक सकते हैं लेकिन नहीं रोक सकते।

उन्हें भूख महसूस होने लगी लेकिन गगरे के कारण खाने की मेज पर जाने की हिम्मत नहीं पड़ी। उन्होंने सिगरेट जलाई और धुआँ छोड़ा।

'छोड़ो जी, चलो!' उन्होंने अपने आपसे कहा।

वे उठ खड़े हुए और अपने चूतड़ झाड़ने लगे, "सारी जिन्दगी और सारी दुनिया और सारा जमाना तुम्हारे सामने पड़ा है और तुम एक बेमतलब के बुड्ढे को लेकर मुँह लटकाए बैठे हो!"

बुढ़वा मंगल

रवीन्द्र कालिया

मैंने एक वृद्ध आदमी की प्रेम-कहानी लिखने के लिए कलम उठाई थी। जमाना हमेशा नौजवानों के हाथ में रहा है, प्रेम करने का पहला हक भी उन्हीं का है, मगर मेरी कहानी का नायक एक वृद्ध है। उसकी उम्र नब्बे साल से कम न होगी। आप सोच रहे होंगे कि यह कैसा बूढ़ा है जो नब्बे साल की उम्र में भी प्रेम करने की गुस्ताखी कर रहा है जबकि नब्बे साल की उम्र रामनाम जपने की होती है, प्रेम करने की नहीं, कुछ लोग यह भी सोच रहे होंगे कि बूढ़ा जरूर दुश्चरित्र होगा। इसमें ऐसा सोचनेवालों की कोई गलती नहीं है क्योंकि हमारे देश में कभी-कभी प्रेम को चरित्र का दोष मान लिया जाता है। मुझे अफसोस है, ये दोनों बातें गलत हैं। अव्वल तो बूढ़ा दुश्चरित्र नहीं है और दूसरे मुझे लगता है, मैंने उसकी उम्र कुछ बढ़ा-चढ़ाकर बयान कर दी है। दरअसल आप लोग कहानीकार से कुछ ज्यादा ही तवक्को करने लगे हैं। वह कहानीकार है कोई राजपत्रित अधिकारी नहीं कि बूढ़े के हाईस्कूल के सर्टिफिकेट की जाँच-पड़ताल करने के बाद उसकी सही-सही उम्र दर्ज करे। वैसे इसकी पूरी सम्भावना है कि अब तक बूढ़े के सर्टिफिकेट सहित समस्त जरूरी कागजात खो चुके होंगे। नष्ट हो चुके होंगे या उसकी बहू ने बुहारकर कूड़े के हवाले कर दिए होंगे। बूढ़े की बहू को जब-जब घर की सफाई करने का दौरा पड़ता है, सबसे पहले बूढ़े की चीजों पर ही उसकी गाज गिरती है। बहू की गाज सबसे पहले बूढ़े के पुराने एल.पी. रिकॉर्डों पर गिरी थी, जिनमें सहगल, तलत महमूद वगैरह के यादगार रिकॉर्ड थे। वे रिकॉर्ड इतने घिस चुके थे कि रात को जब कभी बूढ़ा अकेलेपन से निजात पाने के लिए एक रिकॉर्ड सुनता तो पड़ोसियों को भ्रम होता कि कॉलोनी में सियार घुस आए हैं। बूढ़ा

कुछ दिन उदास रहा और एक दिन हिम्मत करके सी.डी. प्लेयर ले आया और पछताता रहा। सी.डी. रिकॉर्ड से कई गुना महँगी थी, वह कई सप्ताह तक अपनी एकमात्र सी.डी. सुनता रहा। भला हो उसके पोते का जिसने दो सप्ताह में ही सी.डी. प्लेयर झटक लिया। बहू ने उसके बाद बूढ़े की और कई चीजें कबाड़ी के हाथों बेच दीं, एक जैसे उसमें थी बूढ़ी आरामकुर्सी, जिस पर एक जमाने में बूढ़े के पिता आराम फरमाया करते थे। अब किस-किस चीज का नाम गिनाया जाए, यह फेहरिस्त बहुत लम्बी है। अब बूढ़े की बहू कोई चीज फेंक देती है तो बूढ़ा उदास नहीं होता, उसे लगता कि उससे कमरे की मनहूसियत कुछ कम ही हुई है। कई बार तो बूढ़ा यह सोचकर परेशान हो जाता है कि उसे अपनी तमाम असफलताओं को बहू के खाते में डालने की आदत पड़ चुकी है।

अब आप कल्पना कीजिए, यह वही बहू है, जिसे ब्याह कर लाने के लिए बूढ़े ने अपने छोटे बेटे का जीना हराम कर रखा था, जो उन दिनों अपनी एक क्लास-फेलो के प्रेम में पड़ा हुआ था। बूढ़े ने बेटे की एक न चलने दी। उन दिनों बेटे की शादी के लिए शहर के सबसे भ्रष्ट इंजीनियर की लड़की का रिश्ता आया था। अब आप ही सोचिए, भ्रष्ट इंजीनियर की बेटी से कौन अपने बेटे की शादी न करना चाहेगा। बेटा कुछ दिनों तक आत्महत्या कर लेने की धमकी देता रहा, मगर अन्त में उसने हथियार डाल दिए और सेहरा बाँधकर घोड़ी पर सवार हो गया। बूढ़ा बड़ा-सा पग्गड़ बाँधे बरात के आगे-आगे चल रहा था। उसे लग रहा था, उसने जैसे दुनिया फतह कर ली है। शादी बेटे की हो रही थी और दिल बूढ़े का बल्लियों उछल रहा था। बूढ़ा खुश था कि उसकी बहू अपने बाप की अकेली सन्तान है। कई बार बूढ़े को लगता है बेचारा इंजीनियर उसकी बहू के लिए ही दिन-रात भ्रष्टाचार में लिप्त रहता है। यही कारण है कि छोटी बहू का अपने ससुराल में दबदबा है। उसके बाप ने बिटिया के लिए एक बावर्ची की व्यवस्था भी कर रखी है, जिसका वेतन प्रदेश सरकार चुका रही है। अपनी जेठानियों पर रोब जमाने के लिए छोटी बहू ने एक अंग्रेजी स्कूल में छह सौ रुपए महीने पर बच्चों को पढ़ाने का बीड़ा उठा लिया है। उसके बाप की सरकारी जीप उसे स्कूल छोड़ आती है और स्कूल से घर छोड़ जाती है। बूढ़े को खटका लगा रहता कि उसका छोटा बेटा ससुर के दबाव में आकर कहीं घरजमाई बनने पर मजबूर न हो जाए। उसके ससुर का तिमंजिला मकान जैसे उसकी बाट जोह रहा है।

एक वक्त तो ऐसा आया था कि बेटे के तेवर देखकर बूढ़े को लगा कि यह शादी हो न सकेगी मगर उसने हिम्मत और धैर्य से काम लिया। उसने बुढ़िया के साथ मिलकर एक ऐसी चाल चली कि लड़के का प्रेम चारों खाने चित्त जा गिरा। बुढ़िया ने बेटे की क्लास-फेलो के प्रेमपत्र चुराकर बूढ़े को सौंप दिए और बूढ़ा ये पत्र लड़की के पिता को सौंप आया। लड़की के प्रेमपत्र लेकर लड़की के बाप ने बूढ़े का

शुक्रिया अदा किया और अपनी बेटी को यह समझाने में कामयाब हो गया कि जिस लड़के का बाप इतना कमीना है कि बेटे के प्रेमपत्र पढ़ता है, उसका बेटा कितना कमीना होगा। लड़की को लगा कि उसका बाप सही बात कह रहा है। उसे लड़के की और कमीनगियाँ याद आने लगी। उसने लड़के को ऐसी फटकार लगाई कि जवाब में लड़के की शादी का कार्ड ही उसे मिला। लड़का आज तक नहीं समझ पाया कि लड़की यकायक बागी क्यों हो गई थी।

अगर आप अब भी बूढ़े की सही-सही उम्र जानना ही चाहते हैं तो इसका अन्दाजा इस बात से लगाया जा सकता है कि उसने महात्मा गांधी, सुभाषचन्द्र बोस, जवाहरलाल नेहरू, वल्लभभाई पटेल को अपनी आँखों से देखा था। उनकी सभाओं में सम्मिलित हुआ था। अब आप सशंकित हो गए होंगे कि मैं किसी स्वाधीनता सेनानी की कहानी कहने जा रहा हूँ। यहाँ आप फिर गच्चा खा गए। मेरी कहानी के बूढ़े की स्वाधीनता संग्राम में कोई सक्रिय हिस्सेदारी नहीं रही। जब देश में चारों ओर स्वाधीनता संग्राम के परचम लहरा रहे थे उसने दहेज में मोटी रकम देकर अपनी एकमात्र लड़की की भारत सरकार के एक उच्च अधिकारी से शादी की थी। तीनों बेटों के लिए गोरी, सुन्दर, शिक्षित और गृहकार्य में दक्ष कन्याओं का चुनाव किया था। जब लड़की की शादी में खर्च रकम चार गुना होकर लौट आई तो उसे लगा था देश आजाद हो या न हो उसका निजी संसार आजाद हो गया।

बूढ़े ने अपनी हलाल और हराम की खून-पसीने की कमाई से एक मकान बनवाया था, जो उसकी एकमात्र अचल सम्पत्ति थी। बूढ़ा बहुत भव्य मकान न बना पाया था क्योंकि आजादी के शुरू के वर्षों में घूस की दर बहुत नगण्य थी और वह भी बहुत चोरी-छिपे लेनी पड़ती थी। यह सोचकर बूढ़े को बहुत सन्तोष होता था कि देश की आजादी के बाद देश को आजाद करानेवाले भी दिलोजान से उसी काम में लग गए, जो वह दफ्तर में मेज के नीचे से कर रहा था। बूढ़े ने जीवन में हमेशा तृतीय श्रेणी में यात्रा की थी। उन दिनों एक द्वितीय श्रेणी का डिब्बा भी होता था, बूढ़े की उसमें यात्रा करने की हसरत भी कभी पूरी न हो सकी थी।

पिछले वर्ष बूढ़े को जब अचानक बंगलौर से अपने बड़े बेटे का निमंत्रण मिला तो वह चौंक गया। बेटे ने न सिर्फ पिता को बुलाया था बल्कि पत्र के साथ वातानुकूलित रेल यात्रा के टिकट भी भिजवाए थे। बूढ़े ने राहत की साँस ली कि उसे ठंडी गाड़ी में यात्रा करने का अवसर भी मिल गया और गाँठ भी न खोलनी पड़ी।

बंगलौर तक की लम्बी यात्रा में बूढ़े को कई विचित्र अनुभव हुए। अव्वल तो यात्रा करना ही उसके लिए नया अनुभव था। उसे लगा कि वह अब तक कोल्हू के बैल

का जीवन बिता रहा था। इस आरामदेह गाड़ी में उसे अपनी बुढ़िया की बहुत तेज याद आई–वह साथ में होती तो कितना खुश होती। बूढ़ा सो भी जाता, मगर इस ठंडे डिब्बे में उसका सामान ज्यादा परेशान कर रहा था। बूढ़े को थोड़ी देर के बाद टॉयलेट जाते देख कोच अटेंडेंट ने पूछा कि उसे क्या तकलीफ है? बूढ़े ने अपनी तकलीफ बताई और गैलरी में उसके पास की फोल्डिंग सीट खोलकर बैठ गया। दरअसल दोनों एक-दूसरे को संशय से देख रहे थे। अटेंडेंट को शक था कि बूढ़ा कोई चीज चुराने के चक्कर में जग रहा है और बूढ़े को लग रहा था कि अटेंडेंट किसी बुरी नीयत से जग रहा है। बूढ़े को बार-बार टॉयलेट जाते देखकर अटेंडेंट निश्चिन्त हो गया कि बूढ़े को गाड़ी में ठंड लग रही है और वह बहुमूत्र रोग का मारा हुआ है। बूढ़ा बाथरूम से निकलता तो उसका पायजामा थोड़ा और गीला हो जाता।

"सारी सरकार सो चुकी है, तुम क्यों जाग रहे हो?" बूढ़े के इस प्रश्न से अटेंडेंट सतर्क हो गया। उसे शक हुआ कि बूढ़े की तेज नजरों ने उसे अपने केबिन में खाना पकाते देख लिया है। चलती गाड़ी में स्टोव जलाना वर्जित था, मगर जब गाड़ी सो जाती थी, वह रोज चुपके से अपने केबिन में, जहाँ दिन में बिस्तरों का अम्बार लगा रहता था, दाल-चावल पका लिया करता था। आज यह बूढ़ा उसे बार-बार डिस्टर्ब कर रहा था।

"अगले स्टेशन पर मैं भी सो जाऊँगा।" अटेंडेंट बोला। इसका सीधा-सादा यह अर्थ भी निकलता था कि बुढ़ऊ राम तुम भी जाकर सो जाओ। मगर बूढ़ा चैतन्य था। अटेंडेंट ने बूढ़े को स्टूल पर इत्मीनान से बैठे देखकर सोचा–यह बूढ़ा न सोएगा और न उसे खाना पकाने देगा, आखिर उसने हथियार डाल दिए और बूढ़े की तरफ दोस्ती का हाथ बढ़ाते हुए पूछा, "आपने भोजन किया?"

"सफर में मैं ज्यादा भोजन नहीं करता।" बूढ़ा बोला, "मेरा पेट बहुत जल्द खराब हो जाता है।"

"बाहर का खाना खाता हूँ तो मेरा पेट भी खराब हो जाता है।" अटेंडेंट ने बूढ़े के मन की थाह लेने की गरज से कहा, "आँख बचाकर यहीं केबिन में दाल-चावल उबाल लेता हूँ। आप चखिएगा?"

बूढ़ा अपने समय का घाघ किस्म का सरकारी नौकर था। अटेंडेंट की समस्या समझ गया। लम्बी यात्रा में एक दोस्त बनाने के इरादे से उसने कहा, "थोड़ा चख लूँगा।"

अटेंडेंट ने राहत की साँस ली और केबिन में घुस गया। भीतर जाकर उसने स्टोव तेज किया और कुछ ही देर बाद पत्ते पर दाल-चावल लेकर लौट आया। बूढ़े ने दाल-चावल चखा और तारीफ की।

"सोचा था कि आज आराम से सोऊँगा।" अटेंडेंट बोला।

''आज कोई खास बात थी?''

अटेंडेंट मुस्कराया और बोला कि खास बात यह थी कि आज ट्रेन में कोई स्वाधीनता सेनानी नहीं चल रहा।

''स्वाधीनता सेनानी क्या सोने नहीं देते?''

''मेरा अनुभव है कि कोई स्वाधीनता सेनानी चलता है तो कोच से कोई-न-कोई चीज गायब हो जाती है। कभी कम्बल, कभी चादर, कभी तौलिया। पिछली बार तो एक सेनानी सामान में केबिन का लम्बा-चौड़ा परदा बाँधकर ले जा रहा था।''

अटेंडेंट की बात सुनकर बूढ़े का पेशाब टप-टप रिसने लगा। वह उठकर टॉयलेट में घुस गया। लौटा तो अटेंडेंट ने यह भी बताया कि कई सेनानी सेवक मुफ्त यात्रा की सुविधा का नकदीकरण करने लगे हैं। वे लोग औने-पौने दाम में ए.सी. की लम्बी यात्राएँ करवाते हैं और लगातार किसी-न-किसी गाड़ी में चलते रहते हैं। वे घर में कम ट्रेन में ज्यादा रहते हैं।

''कहीं तुम मुझे स्वाधीनता सेनानी तो नहीं समझ रहे?'' बूढ़े ने खिसियाते हुए पूछा।

''नहीं-नहीं, आपकी टिकट तो मैंने पहले ही देख ली थी।'' अटेंडेंट ने चुटकी ली, ''मुआफ कीजिए, आप स्वाधीनता सेनानी तो नहीं हैं, मगर आपका ताल्लुक तो उन्हीं की पीढ़ी से है।''

बूढ़े को कंडक्टर की बात सुनकर लगा जैसे वह इस देश की सबसे भ्रष्ट पीढ़ी से ताल्लुक रखता है। जैसे यह देश को आजादी दिलानेवाली पीढ़ी न होकर, चोर, लुटेरों और अपराधियों की पीढ़ी हो। उसे हलकी-सी खुशी भी हुई कि वह स्वाधीनता सेनानी नहीं है। बूढ़े को लगा, यह एक मामूली-सा कर्मचारी अपनी हैसियत से बाहर जा रहा है। उसने अफसोस प्रकट करते हुए कहा, ''हमें तो बुजुर्गों के साथ ऐसा सुलूक करना नहीं सिखाया गया था।''

''नौजवानों के साथ सही सुलूक करना इस पीढ़ी ने बखूबी सीखा है।'' अटेंडेंट बेशर्मी से दाँत निपोरने लगा। क्षण भर के लिए बूढ़े को एहसास हुआ कि जैसे अटेंडेंट बेटे के प्रेम-विवाह में अड़ंगा डालने का रहस्य जानता हो, जबकि इसकी दूर-दूर तक कोई सम्भावना नहीं थी। बूढ़ा कुछ देर तक हक्का-बक्का-सा अटेंडेंट को घूरता रहा, फिर उसने मन की बात उससे पूछ ही ली, ''तुम क्या नक्सलवादी हो?''

''मैं तो एम.ए. पास महज एक चतुर्थ श्रेणी कर्मचारी हूँ। घूस देने के लिए होता तो स्टेशन मास्टर होता।''

बूढ़ा खामोश हो गया। उसे मालूम है, पैसे से इस देश में कुछ भी खरीदा जा सकता है, पैसे के बल पर आप कुछ भी बन सकते हैं। कल तक जो अंग्रेजों के मुखबिर थे, आज उसकी नजरों के सामने स्वाधीनता सेनानी बने घूम रहे थे। आजादी के कुछ वर्षों बाद तो जैसे स्वाधीनता सेनानी बनाने का दफ्तर खुल गया

था। उसके पास भी ऐसे प्रस्ताव आए थे। सस्ते के दिनों में मात्र एक हजार रुपए में यह सम्मान खरीदा जा सकता था। जिन्होंने भूले-भटके पुलिस का एकाध डंडा खाने का गौरव हासिल कर लिया था या कुछ घंटे अंग्रेजों की हवालात में बिता दिए थे, वे लोग कुर्बानियों के मनगढ़न्त किस्से बयान करते नहीं थकते थे। आज अनेक अपराधियों के सीने पर स्वाधीनता सेनानी होने का तमगा लटक रहा था। इन लोगों की तादाद इतनी बढ़ गई कि बूढ़े को हर स्वाधीनता सेनानी देशद्रोही नजर आता।

"अब सोता हूँ।" बूढ़ा बहस में नहीं पड़ता चाहता था। वास्तव में वह थक गया था। इस बार वह टॉयलेट से निकला तो सीधा अपनी सीट पर जाकर लेट गया। कब उसको नींद लग गई, उसे पता ही न चला। सुबह जब उसकी नींद खुली तो यह सोचकर उसे धक्का लगा कि वह बगैर नींद की गोली खाए सो गया था।

स्वाधीनता आन्दोलन के दौरान बूढ़ा पक्की सरकारी नौकरी कर रहा था और प्रभातफेरी तक में भाग लेने से उसकी रूह काँपती थी। सन् बयालीस के आन्दोलन में वह एक बार भावुकता के क्षणों में एक जनसभा में शामिल हो गया था और उसने बहुत मरियल आवाज में अपनी बाँह उठाकर 'इंकलाब जिन्दाबाद' के नारे लगाए थे। उस क्षण उसके भीतर देशप्रेम का ज्वार ठाठें मार रहा था, मगर उसकी बोलती बन्द थी। एक बार उसने देश के अन्य नौजवानों की तरह देश के लिए प्राणों की आहुति दे डालने की योजना बनाई थी, मगर जल्द ही उसे अपनी जिम्मेदारियों ने बाँध लिया और वह कुछ ऐसी टुच्ची महत्त्वाकांक्षाओं का शिकार हो गया कि अपने मित्रों को जेल की हवा खाते और सूली पर झूलते देखता रह गया। इसका यह अर्थ न निकाला जाए कि वह उन दिनों अंग्रेजों का पिट्ठू बनकर कोई लाभ बटोर रहा था। उसके सरोकार जरूर सीमित थे, अपने परिवार तक सीमित। जब शहीदों की चिताएँ धू-धू जल रही थीं, वह श्रवण कुमार की तरह अपने माता-पिता की सेवा में संलग्न था। उसी दौर में उसने अपने माता-पिता के पार्थिव शरीर को मुखाग्नि दी थी।

सच तो यह है कि बूढ़े को आशा ही नहीं थी कि देश कभी आजाद होगा और जब आजाद हुआ तो वह भी खुशी से पागल होकर नाचते हुए सड़कों पर उतर आया था। उसे लगा था, जैसे उसी के प्रयत्नों से देश आजाद हुआ है। उसने दिल खोलकर मिठाइयाँ बाँटी थीं और घर में दीपमाला की थी।

बूढ़ा एक दुःस्वप्न की तरह इस रेल यात्रा को भूल गया था। वह इसी में खुश था कि उसने ठंडी गाड़ी में यात्रा की थी। अपने पैसे से इतनी लम्बी यात्रा करता तो सारा मजा किरकिरा हो जाता। ज्यों-ज्यों उसकी उम्र बढ़ रही थी, वह मितव्ययी होता

जा रहा था। अपनी इस कंजूसी के चलते उसने अपनी बहुत-सी गन्दी आदतें छोड़ दी थीं। अब वह न सिगरेट पीता था, न पान खाता था, साल भर दम साधे यूनिट 64 के डिविडेंट की घोषणा की प्रतीक्षा करता रहता था।

चालीस साल पहले वह दिल्ली में पीटर के उप किराएदार के रूप में मिंटो ब्रिज के पास एक सरकारी कॉलोनी में रहता था। पीटर रेलवे में ड्राइवर था और अकसर रेल यात्रा पर रहता था। जूली उसकी दूसरी बीवी थी। पीटर निःसन्तान था। पहली बीवी से बच्चा था न दूसरी से। पीटर की छुट्टी होती तो वह शराब पीकर घर में कहीं-न-कहीं ढेर हो जाता। जूली उसकी सहायता से पीटर को खटिया पर लिटा देती और उससे पीटर को समझाने के लिए कहती ''मैन, तुम ही पीटर को कुछ समझाओ। वह किसी की नहीं सुनता। किसी दिन उसकी नौकरी भी चला जाएगा।'' अगले रोज जब वह पीटर को देखता तो पीटर एकदम चुस्त-दुरुस्त दिखाई देता, जैसे उसने कभी शराब सूँघी भी न हो। पीटर लम्बी यात्रा पर निकल जाता तो कई बार जूली उसके कमरे में चली आती। बूढ़ा जब जवान था उसे ताश खेलना जूली ने ही सिखाया था। आज भी बूढ़ा जब अकेले में 'पेशंस' खेलता है तो उसे जूली की बरबस याद आ जाती है। जाने जूली का क्या हुआ। पीटर भी जिन्दा है या मर गया, उसे नहीं मालूम। उसे सिर्फ यह याद है कि जूली कभी-कभी उसके कमरे में आती या शाम के खाने पर बुला लेती। वे लोग घंटों ताश खेलते। नेपथ्य में ट्रेनों की आमदरफ्त सुनाई पड़ती रहती। जूली गुजरनेवाली ट्रेन का नाम बैठे-बैठे बता देती। वह पत्ता फेंकते हुए अचानक कान लगाकर ट्रेन की आवाज सुनती और कहती, ''आज फ्रंटियर मेल फिर लेट है।'' या ''डीलक्स अभी तक क्यों नहीं गुजरी?'' जूली रेलगाड़ियों की आवाजाही से ही घड़ी का काम लेती थी। एक बार जूली रात को बहुत अकेलापन महसूस कर रही थी तो उसके कमरे में चली आई। वह उस समय सोने की तैयारी कर रहा था, मगर जूली को देखते ही उठ बैठा।

''ऐसा कैसे चलेगा मैन तुम तो सोता रहता है। मैं अकेले पीटर का इन्तजार नहीं कर सकती। उठो मैन तब तक एक बाजी हो जाए।'' वह सकपकाकर उठ बैठा। जूली उसी की खाट पर पालथी मारकर बैठ गई और पत्ते फेंकते हुए अचानक उससे बोली, ''मैन एक बात बताओ। वाट डज वन वाल से टु अनादर वाल?'' यानी एक दीवार दूसरी दीवार से क्या कहती है? वह उसका सवाल सुनकर हतप्रभ रह गया था। अचानक दीवार कहाँ से चली आई? दीवारें भी क्या आपस में बातचीत करती हैं? उससे इसका जवाब आज तक नहीं मिला। एक बार निहायत सादगी से उसने अपनी बुढ़िया से भी पूछ लिया था कि एक दीवार दूसरी

दीवार से क्या कहती है? उसका सवाल सुनकर बुढ़िया सशंकित हो गई और बोली कि वह ऐसी बेवकूफी की बातें क्यों सोचता रहता है। बुढ़िया ने यह बात बाल-बच्चों और बहुओं को भी बता दी थी। सब लोग इस निष्कर्ष पर पहुँच गए कि बुढ़ऊ सठिया गया है और अब आए दिन नई-नई समस्याएँ खड़ी करेगा।

अगले रोज जब वह नीचे उतरा तो सबका व्यवहार बदला-सा था। बहुएँ उसे देखकर बेसाख्ता हँस पड़ीं और मुँह ढाँपकर खीसें निपोरती रहीं। बच्चों को तो जैसे नया खेल मिल गया, बूढ़े को देखते ही शरारत में पूछ बैठते, "दादा जी, दादा जी, वाट डज वन वाल से टु अनादर वाल?" बूढ़ा बुढ़िया से रूठ गया कि उसने घर के तमाम सदस्यों के बीच उसे जोकर बना दिया। बूढ़े ने बुढ़िया से कुट्टी कर ली, कोई शिकवा-शिकायत भी नहीं की। बजाय इसके कि बुढ़िया यह जानने की कोशिश करती कि बूढ़ा क्यों रूठा हुआ है, उसने भी चुपचाप जैसे स्वीकार कर लिया कि बूढ़ा सचमुच सठिया गया है। इन तमाम हास्यास्पद स्थितियों के बीच बूढ़े ने यह सोचना जारी रखा कि एक दीवार दूसरी दीवार से क्या कहती है। एक रोज अल्लस्बाह जब बूढ़ा तारों की छाँव में सैर के लिए निकला तो कम्पनी बाग में घुसते ही उसे इलहाम हुआ कि एक दीवार दूसरी दीवार से कहती है—आओ गले मिल लें, सिर पर छत डाल लें, छत नसीब न हो तो चादर डाल लें।

घर लौटकर बूढ़ा भूल गया कि उसकी बुढ़िया से कुट्टी चल रही है, उसने सिर पर से टोपी उतारी और कुर्सी पर धँसते हुए बोला, "जानती हो, एक दीवार दूसरी दीवार से क्या कहती है?" इससे पहले कि बूढ़ा अपनी बात पूरी करता कि बुढ़िया पेट थामकर हँसने लगी, हँसते-हँसते वहीं फर्श पर लुढ़क गई। बूढ़े ने आज तक बुढ़िया को कभी इस तरह लोट-पोट हँसते नहीं देखा था। वह खून के आँसू पीकर रह गया और बालकनी में जाकर खड़ा हो गया। उसे लगा, अब बुढ़िया सचमुच बात करने लायक नहीं रही, वह भी अपने बाल-बच्चों की तरह उसकी खिल्ली उड़ाने पर उतर आई है। उसने बालकनी में कुर्सी घसीट ली और देर तक वहीं बैठा रहा। वह इन्तजार करता रहा कि बुढ़िया कमरे से निकले तो वह भीतर जाकर आराम करे। वह बुढ़िया से इतना खफा हो गया था कि उसकी सूरत तक नहीं देखना चाहता था।

घर की पहली मंजिल पर बूढ़े का काफी आरामदेह कमरा था। कमरे मे रंगीन टी.वी. था, कूलर था, तीन खिड़कियाँ थीं, दो दरवाजे थे, कमरे से लगा हुआ बाथरूम था। बाथरूम में भी जालीदार खिड़की थी। यह तो मैं बताना ही भूल गया कि बूढ़े के कमरे में एक डबल बेड भी था, उस पर पटसन और फोम का चार इंच का गद्दा

था। अब आप सोच रहे होंगे, बूढ़ा अत्यन्त आधुनिक जीवन बिता रहा है, जबकि ऐसा नहीं है। बूढ़ा आज तक इन चीजों से समझौता नहीं कर पाया।

ये सब चीजें उसके कमरे में इसलिए थीं कि उन्हें रखने के लिए घर में कोई दूसरा स्थान नहीं था। छोटा जब भी कोई चीज खरीदता तो पुरानी चीज बूढ़े के कमरे में चली आती। टी.वी., पलंग और गद्दे जैसी चीजें इसी क्रम में उसके कमरे में आई थीं वरना वह तो अपने को तख्तनशीं कहा करता था। वह तख्त पर चटाई बिछाता और सो जाता। तख्त ने उसे कभी परेशान न किया था, वरना यह जो डबलबेड है, उसे वह हमेशा एक वाहियात चीज मानता रहा है। अव्वल तो उस पर इतनी ज्यादा जगह होती है कि आदमी की चार बीवियाँ हों तो भी वह छोटा न पड़े। दूसरे यह पलंग भी उसे तब नसीब हुआ था, जब उसी की तरह जर्जर हो चुका था। बूढ़ा करवट भी बदलता तो यह अश्लील किस्म की चूँ-चूँ करता। बूढ़े को पलंग की इस नामुराद चूँ-चूँ से सख्त नफरत थी। उसने कभी कल्पना भी न की थी कि उसे अपना बुढ़ापा इसी चूँ-चूँ पलंग पर काटना पड़ेगा। वैसे छोटे ने अच्छा ही किया जो नया पलंग खरीद लिया, वरना इस पलंग की सरगोशियाँ छोटे के निजी जीवन को बेहूदा तरीके से बेपर्दा कर रही थीं। घर में बढ़ती उम्र के बच्चे थे और उनके बीच यह पलंग एक खलनायक बनकर रह गया था। कई बार तो बूढ़े को खयाल आता कि पड़ोसी क्या सोचते होंगे। कभी-कभार जब रात के पहले ही पहर बूढ़े की नींद खुल जाती तो वह शर्म से पानी-पानी हो जाता। बेटे को हिदायत देने की बात कई बार उसके मन में आती कि वह फौरन से पेश्तर अपना पलंग बदल डाले, इस पलंग की चूलें अब इतनी ढीली हो चुकी हैं कि उन्हें चूल्हे के हवाले कर दो। मगर एक ऐसा संवेदनशील और नाजुक मामला था कि वह घुमा-फिराकर भी छोटे तक यह बात नहीं पहुँचा सकता था। कैसे एक दिन छोटे को सद्‌बुद्धि आ गई और उसने शीशम का नया पलंग खरीद डाला। पुराना पलंग देखने में खूबसूरत था, मगर उसकी हड्डियाँ कमजोर हो चुकी थीं। बूढ़े को इस नतीजे पर पहुँचने में एक क्षण भी न लगा कि यह पलंग किसी ठेकेदार ने उसके समधी को घूस में दिया होगा। 'काइंड' में घूस लेने के बूढ़े के समधी को कुछ कटु अनुभव हुए होंगे जो आजकल उसके बारे में हवा उड़ी है कि वह सिर्फ 'कैश' में कारोबार करता है। छोटे ने बाप से बात तक न की और जर्जर पलंग उसके कमरे में भिजवा दिया जैसे यह उसका जन्म-सिद्ध अधिकार है।

बेटे का व्यवहार देखकर बूढ़ा अपनी मौत को लेकर बहुत असुरक्षित अनुभव करता था। उसने इस तरह के किस्से-कहानियाँ पढ़ रखे थे कि नई पीढ़ी अपने बुजुर्गों के प्रति उतनी सदय नहीं रही। वह मरने के लिए तैयार था, मगर घिसटते हुए नहीं। उसकी योजना थी कि उसे यदि हार्टअटैक हुआ तो वह शहर के सबसे खूबसूरत,

नामी और महँगे नर्सिंगहोम में भर्ती हो जाएगा। खुदा न खास्ता अगर फॉलिज मार गया तो वह अपनी देखभाल के लिए बहुओं पर आश्रित न रहेगा, उसने अपने फैमिली डॉक्टर से कह रखा था कि अगर ऐसी नौबत आ ही जाए तो वह उसकी देखभाल के लिए खूबसूरत, जिम्मेदार और हँसमुख नर्स की व्यवस्था करा दे। वह अपनी बहुओं के गुस्सैल, एहसान फरामोश और मजबूरी में फर्ज निभानेवाले मनहूस चेहरे देखते हुए नहीं मरना चाहता था। मौत बार-बार नहीं आती, एक ही बार आती है और इस मौके का भरपूर आनन्द उठाना चाहिए।

वह कुछ ऐसी मौत के सपने लिया करता था कि उसकी कलाई नर्स के हाथ में है और अचानक उसकी नब्ज ठहर गई है। नर्स बहुत अदब से उसकी आँखें मूँद देती है और उसके ऊपर एक सफेद चादर ओढ़ा देती है। अपने खाली समय में वह कई बार अपनी शवयात्रा में भी शामिल हो चुका था। उसने अनेक बार अपनी चिता धू-धू जलते देखी थी। उसकी चिता जल रही होती और वह पाता कि चिता भी उसी की है और शोकाकुल मित्रों के बीच भी वही खड़ा है। वह अपने जीवन में बीसियों बार श्मशान घाट गया है। अपने सन्दर्भ में वह उन्हीं क्षणों को साकार करने की कोशिश करता। आखिर वह अपनी अस्थियाँ खुद ही बटोर लाता है और हरिद्वार जाकर खुद ही प्रवाहित कर आता है। यह बूढ़े का एक हसीन सपना है। अपना अन्तिम संस्कार करने के बाद भी बूढ़े का समय न कटता तो वह एक पुरानी गुत्थी सुलझाने में मशगूल हो जाता कि एक दीवार दूसरी दीवार से क्या कहती है।

सच्चाई तो यह थी कि छोटे उससे बात ही न करता था। शुरू-शुरू में जब बुढ़िया जिन्दा थी तो उसे छोटे से बात करने के लिए बीमार पड़ने का नाटक करना पड़ता था। बुढ़िया तो यह नाटक अत्यन्त सफाई से कर लेती थी, जैसे राष्ट्रीय नाट्य विद्यालय की स्नातक हो। वह सीढ़ी पर खड़ी होकर अत्यन्त कारुणिक स्वर में पुकारती, "नीचे कोई है, दर्द से मेरा सिर फटा जा रहा है और इस घर में मेरी सुध लेनेवाला कोई नहीं है।" बुढ़िया की आवाज से लगता, अगर अभी इसी वक्त किसी ने उसे लपककर न थाम लिया तो वह सीढ़ियों से लुढ़क जाएगी। बूढ़ा बुढ़िया की रग-रग से वाकिफ था। उसे मालूम था कि छोटे जरूर घर पर होगा, जो बुढ़िया के सिर में दर्द उठा है। छोटे सचमुच दो-दो सीढ़ियाँ फलाँगते ऊपर चला आता और माँ को बिस्तर पर लिटा देता। माथे पर बाम मल देता।

बूढ़े से यह सब नाटक नहीं होता था। वह संवादहीनता की स्थिति में जीने का आदी हो चुका था। बच्चे तक उसके कमरे की तरफ रुख न करते थे। बूढ़े ने निराश होकर परिन्दों से दोस्ती कर ली थी। घर के पिछवाड़े सागौन का बड़ा-सा पेड़ था। उस पेड़ की कुछ शाखाएँ बूढ़े के कमरे में झाँकती रहती थीं। पेड़ के परिन्दों से उसकी दोस्ती हो गई थी, जेठ की दोपहरी में जब कोयल की कूक सुनाई देती, तो

उसे लगता वह अकेला नहीं है। उसके पास कोई है। कभी-कभी एक बन्दर पेड़ पर करतब दिखाया करता था। वह एक बूढ़ा बन्दर था और अब तक मुहल्ले के कई लोगों को काट चुका था मगर बूढ़े को देखकर वह कभी आक्रामक न हुआ। बन्दर से दोस्ती करने के चक्कर में बूढ़ा बन्दर के आगे कुछ-न-कुछ परोसता रहता। अब तक बूढ़े के हिस्से के ज्यादातर केले इसी बन्दर ने हजम किए थे। एक बिल्ली से भी बूढ़े की दोस्ती थी। वह अकसर उसके कमरे में कुछ ऐसी मुद्रा में बैठी रहती जैसे उसकी सम्मानित मेहमान हो या फोटो खिंचवाने के लिए पोज दे रही हो। वह देर तक टकटकी लगाकर बूढ़े को देखती। कई बार वह बूढ़े के हिस्से का दूध फैला देती और देर तक चाटती रहती। कई बार ऐसा भी हुआ कि रात को किसी समय कमरे में आकर बिल्ली कमरा गन्दा कर गई और सुबह-सुबह बूढ़े की नजर सबसे पहले गन्दगी पर पड़ी। वह बगैर किसी शिकवा-शिकायत के सफाई में जुट जाता। उसे लगता नासमझ पशु-पक्षियों से प्यार करोगे तो यह सब तो भुगतना ही पड़ेगा। अगली बार बिल्ली दिखाई देती तो वह उसे शिष्टाचार और स्वच्छता पर लम्बा भाषण पिला देता। बिल्ली चुपचाप उसकी बातें सुनती जैसे पाठ उसकी समझ में आ रहा हो।

बूढ़ा यह सोचकर बिल्ली को नहीं डाँटता कि कहीं बिल्ली भी नाराज होकर उसके कमरे में आना न छोड़ दे। जैसे छोटू के बच्चों ने छोड़ रखा है। शुरू-शुरू में बच्चे टॉफी लेने उसके कमरे में आ जाया करते थे, मगर अब वे बड़े हो गए थे और बूढ़े की टॉफी में किसी की दिलचस्पी न थी। बच्चों को वीडियो गेम्स और कम्प्यूटर से ही फुर्सत न थी। उसका पोता तो स्कूल से लौटते ही कम्प्यूटर पर बैठ जाता। वह अभी हाईस्कूल में पढ़ता था। एक दिन बूढ़ा कुछ खोजते हुए उसके कमरे में घुस गया तो उसने एक अजब दृश्य देखा मॉनिटर पर एक खूबसूरत लड़की अँगड़ाइयाँ ले रही थी। बूढ़े के मुँह से बेसाख्ता निकल गया, ''बेटा यह क्या देख रहे हो?'' ''बड़े पापा, यह ऐश्वर्य राय है, विश्वसुन्दरी। मैं इसके कपड़े उतार दूँगा आप देखते रहिए।'' ''बेशर्म लड़का।'' बूढ़ा बुदबुदाया। उसे याद आया कि शादी से पहले उसने किसी स्त्री की नाभि तक न देखी थी और एक यह पीढ़ी है कि इसके लिए कोई निषेध ही नहीं है। बूढ़ा कमरे में लौट आया और अपने लड़कपन की तुलना अपने पोते के लड़कपन से करता रहा। एक वह था किसी पिक्चर में लड़की को स्लीवलेस ब्लाउज पहने देखकर पानी-पानी हो जाता था और एक ये कल के लौंडे। उसे अपने ही पोते से ईर्ष्या होने लगी। वह मिस्टर इंडिया की तरह पोते के पास लौटना चाहता था कि वह तो सब कुछ देख ले मगर उसे कोई न देख सके। इस मुठभेड़ से उसने एक सबक जरूर ले लिया कि अब बच्चों के कमरे में बगैर इजाजत प्रवेश करना खतरे से खाली नहीं। बूढ़ा अपनी खटिया पर निढाल होकर लेट गया।

वह अपनी पुरानी दुनिया में लौट आया यानी कि इस पहेली को नए सिरे से हल करने में जुट गया कि एक दीवार दूसरी दीवार से क्या कहती है। दरअसल पोते के कमरे से लौटकर वह अपने को कुछ ज्यादा ही तनहा पा रहा था।

जेठ की दोपहरी बूढ़े से बर्दाश्त न होती थी। खिड़कियों से जैसे आग की लपटें उठने लगतीं। एक दिन बूढ़े ने झाँककर नीचे देखा तो लगा जैसे शहर में कर्फ्यू लग गया हो। एक अघोषित आपातकाल की तरह सड़कों पर सन्नाटा पसरा था। पक्षी तक पेड़ों में दुबक गए थे। इस चिलचिलाती धूप में गुलमोहर का पेड़ अपने पूरे यौवन पर था। सड़क पर कुछ पेड़ तो ऐसे थे जिन पर पत्तों के स्थान पर सिर्फ फूल इतरा रहे थे। उनसे कोई होड़ ले रहा था तो सिर्फ बोगेनवालिया। लू के थपेड़ों से बचते हुए बूढ़े ने सोचा—ये आग के फूल हैं और मौसम की भट्ठी में जल रहे हैं। जेठ के शुरू में ही इंजीनियर साहब ने गमलों की एक कतार घर के लॉन में सजा दी थी। वे कोंचिया के गमले थे। जितनी लू चलती, कोंचिया के पौधों पर उसी अनुपात में हरियाली छा जाती। इस जानलेवा लू में ये पौधे जैसे सूरज को मुँह चिढ़ा रहे थे। बूढ़े ने मेज पर रखे गिलास से उबलते हुए जल के दो लम्बे घूँट भरे। उसने कमरे की तमाम खिड़कियाँ बन्द करके पश्चिम की खिड़की खोल दी। खिड़की में महीन जाली लगी थी, कमरे में अँधेरा हो तो बाहर वाले को आभास नहीं हो सकता था कि कोई खिड़की पर खड़ा है।

खिड़की खोलते ही बूढ़े का दिल बाग–बाग हो गया, सामने उसकी प्रेमिका बैठी थी। बूढ़े की तरफ उसकी पीठ थी। धूप की तरह ही उजली, जैसे वह पीठ नहीं कोई फल हो जिसका छिलका अभी–अभी किसी ने उतारकर फेंका हो, सन्तरे के रंग का, रस से सराबोर, प्रत्यंचा की तरह खिंचा हुआ। पीछे से देखने पर वह एक पेंटिंग की तरह लग रही थी, कोंचिया के पौधे की तरह तरोताजा। बूढ़ा इस दृश्य में ऐसा रम गया कि उसे किसी से न कोई शिकवा रहा न शिकायत। न काहू से दोस्ती से न काहू से बैर। यह क्षण इतना उदात्त था कि उसे जिन्दगी से कोई शिकायत न रही। अभी कुछ पल पहले वह गरमी से बेहाल हो रहा था। प्रेमिका को देखकर वह सब कुछ भूल गया था। वह टाँगें हिलाते हुए कोई लोकगीत गा रही थी। बूढ़े ने मन–ही–मन उस स्त्री का नामकरण भी कर दिया—कोंचिया। बूढ़े ने कान खोलकर उस गीत के बोल पकड़ने की भरसक कोशिश की, कान में तुरन्त हियरिंग एड भी लगाया और आँखों पर मोटे शीशों का फ्रेम। लाख कोशिश करने के बाद भी शब्द उसके पल्ले नहीं पड़े। उसने गीत की लय जरूर पकड़ ली और अपना एक प्रिय लोकगीत गुनगुनाने लगा, कोंचिया के साथ उसी लय में :

एक पड़ोसन कूटै धान
मूसरे की धमक परी मोरे कान
सात दिनाँ मोर कान पिरान।

दरअसल बूढ़े के कान उससे वादाखिलाफी कर गए थे, बूढ़े ने अपने गीत से क्षतिपूर्ति कर ली। बूढ़ा देर तक लू से, मौसम से, अपने परिवेश से बेखबर उस स्त्री को लू से स्नान करते और तन्मयता से गाते देखता रहा। स्त्री लू से परेशान थी न लू के थपेड़ों से। वह जेठ की इस तन्दूरी आग में भी आनन्द लूट रही थी जैसे सावन की मूसलाधार बरसात में छप-छप नहा रही हो। बूढ़े को विश्वास हो गया कि यह स्त्री किसी भी मौसम में किसी भी परिस्थिति में, किसी भी शासन में प्रसन्न रह सकती है। बूढ़े को उस स्त्री से ईर्ष्या होने लगी, उससे ही नहीं उसके पति से भी। मालूम नहीं ससुरा पत्नी की इस सलाहियत का कद्रदाँ भी है कि नहीं।

कोंचिया ने यकायक बूढ़े का जिन्दगी के प्रति नजरिया ही बदल डाला। पहले वह आरामकुर्सी पर अधलेट कर पंखा झलते हुए बिजली विभाग को कोसते हुए दोपहर बिताना चाहता था। एक जमाना था, वह बिजलीघर, जल निगम, टेलीफोन विभाग की अक्षमताओं पर समाचार-पत्रों में लम्बे-लम्बे पत्र लिखा करता था, अधिकारियों से पत्राचार किया करता था, जब उसकी कोई भी युक्ति काम न आई तो वह कुढ़ते हुए दोपहर बिताना सीख गया था। कोंचिया को यों जेठ की दुपहरी में टाँगें हिलाकर मस्ती में गाते देखकर उसे बिजली-पानी को लेकर अपना खून जलाना बेमानी लगा। यह सब अब उसके वश का काम नहीं है, नौजवानों का काम है। वे जाएँ और धरना दें।

अचानक कमरे की ट्यूब लाइट मिचमिचाने लगी, वह पूरी तरह से रोशन होती, इससे पहले ही बूढ़े के कमरे का कूलर घर्र-घर्र की आवाज करते हुए रफ्तार पकड़ने लगा। उसने राहत की साँस ली, जैसे उसका जीवन सार्थक हो गया। बूढ़े की इच्छा हुई कि आवाज देकर कोंचिया को यह शुभ समाचार सुना दे कि बिजली आ गई है, मगर कोंचिया जैसे उसकी तरह बिजली की मोहताज नहीं थी, वह दीन-दुनिया से बेखबर उसी तरह टाँगें हिलाते हुए गाये चली जा रही थी। बूढ़ा उसे आवाज भी किस नाम से पुकारकर देता, उससे उसका औपचारिक परिचय तक न था। यह रिश्ता सिर्फ देखादेखी तक सीमित था। इस फासले के बावजूद वह अपने को उसके बहुत नजदीक पाता था। कोंचिया उसके एकान्त के रजिस्टर में चुपचाप अपनी उपस्थिति का इन्दिराज कर जाती।

बूढ़ा सुबह सैर करने के बाद अपने कमरे में लौटता तो जूते उतारने से पहले कोंचिया की तरफ खुलनेवाली खिड़की की तरफ जरूर झाँक लेता। एक उड़ती नजर

से ही उसे सब कुछ मालूम पड़ जाता कि वह स्नान कर चुकी है या अभी घर की सफाई में ही व्यस्त है। बूढ़े के लौटने से पहले ही वह अकसर स्नान से निवृत्त हो चुकी होती। आँगन में फैली नायलॉन की डोर पर उसके ताजा धुले कपड़े पताका की तरह लहरा रहे होते। सुबह-सुबह सिर्फ तीन कपड़े नजर आते-साड़ी, ब्लाउज और पेटीकोट। बूढ़ा अगर डोरी पर फैले कपड़े नहीं देखता तो बेचैन हो जाता। वह अपने-से ही प्रश्न करता कि क्या वह आज स्नान नहीं करेगी? मगर ऐसा कम ही हुआ था। सर्दी हो, गरमी हो या बरसात उसकी प्रेमिका ने कभी नागा नहीं किया। वह नागा करती तो बूढ़े को लगता उसकी दिनचर्या में कोई व्यवधान आ गया है। वह थोड़ी-थोड़ी देर बाद धूप में उदास डोरी को देख आता। ऐसे ही किसी अवसर पर उसने एक दिन अद्‌भुत दृश्य देखा था। उस दिन कोंचिया के यहाँ चहल-पहल थी, शायद उसका देवर आया था, बीवी-बच्चे सहित। कोंचिया के पति का हमशक्ल वह अपने हीरो होंडा की झाड़-पोंछ कर रहा था। उसके पति की कद-काठी और सूरत, फर्क सिर्फ इतना था कि उसके बाल घने और काले थे। वे लोग शायद देहात से आए थे। जाड़े के दिन थे, हलका-सा कोहरा छाया था। देवर अपनी पत्नी को मोटरसाइकिल पर बैठाकर शायद गंगा स्नान को निकल गया क्योंकि उसकी पत्नी तौलिए में कपड़े लपेटकर बड़ी ठसक से साइकिल पर बैठ रवाना हो गई। छोटा-सा बच्चा बिल्ली के बलूरे की तरह कभी एक दरवाजे से नमूदार होता तो कभी दूसरे दरवाजे से।

जाड़े की अलसाई सुबह थी, कोहरे की एक झीनी-सी खुमारी छाई हुई थी और वहाँ वह थी दीवार से सटकर उकड़ूँ बैठी हुई। एकदम निर्वसन, स्नान की मुद्रा में। बूढ़ा अभी सैर से लौटा ही था। उसका दिल धौंकनी की तरह चलने लगा। उसने अपने बूढ़े दिल को गाली दी और वहीं जड़ हो गया। वह गरम कपड़ों से पूरी तरह लैस था। पैरों में गरम मोजे और सिर पर बन्दर छाप गरम टोपी, जो बुढ़िया ने अपने हाथों से बुनी थी और नाक पर वृद्ध वजनी चश्मा। बदन पर गांधी जयन्ती पर विशेष छूट में खरीदा गया गरम जैकेट था और एक वह थी, जिसे न गरमी व्यापती थी न जाड़ा। कोहरे को चीरती हुई सूर्य की पहली कुंवारी किरणें उसके मांसल बदन पर पड़ रही थीं।

औरतों की एक छठी इन्द्रिय भी होती है, जाने उन्हें कैसे पता चल जाता है कि कोई उन्हें घूर रहा है, कोंचिया की नजरें बूढ़े की खिड़की तरफ उठीं। उसने उड़ती नजरों से बूढ़े की परछाईं देखी और इत्मीनान से एड़ियाँ रगड़ने लगी। बूढ़े को धक्का लगा कि उसे देखकर वह जरा-सा भी सकपकाई न चौंकी, जैसे बूढ़े ने नहीं पेड़ पर बैठे किसी परिन्दे ने उसे देखा हो। बूढ़े को देखकर वह उसे इस प्रकार अनदेखा कर गई जैसे उसकी नजर में उसका वजूद एक कौए से ज्यादा न हो। बूढ़ा पहले ही बहुत हताशा से ऊपर आया था। वह घर में दाखिल हुआ तो उसका बेटा और बहू रजाई में बैठे चाय सुड़क रहे थे। किसी ने दुआ की न सलाम, जैसे पास से कोई चूहा गुजर गया हो।

बूढ़े को अपने बेटे पर बहुत क्रोध आया। उसे लगा कि उसका बेटा अव्वल दर्जे का बेवकूफ और बेवफा शख्स है, जो अपनी प्रेमिका को भूलकर भ्रष्ट इंजीनियर की इस बेहूदा लड़की के पहलू में बेशर्मी से बैठा हुआ है। वह बूढ़े के लिए सुबह का पहला धक्का था और अब यह दूसरा, कहना चाहिए कि दूसरा मगर हसीन धक्का। टकटकी लगाकर कोंचिया के बदन का जायजा लेते और खिड़की पर टँगे-टँगे बूढ़े की टाँगें थक चुकी थीं, मगर वह प्रतिशोध में या यों कहना चाहिए सत्याग्रह की मुद्रा में खड़ा रहा। कोंचिया कुछ गुनगुनाते हुए अपनी एड़ियाँ रगड़ती रही। तभी वह छोटा-सा बच्चा ठुमक-ठुमक आँगन में प्रकट हुआ। वह कुछ इस अन्दाज से चल रहा था जैसे आज ही चलना सीखा हो। बच्चे को देखकर कोंचिया नहाना भूल गई। उस पर ममता का ऐसा दौरा पड़ा कि उसने दोनों हाथों से अपना स्तन ऐसे पकड़ लिया जैसे उड़ता हुआ कोई कबूतर उसके हाथ लग गया हो। वह कबूतर की चोंच बच्चे को दिखाते हुए उसे टेरने लगी–"दुद्धू पिओगे बबुआ, आओ पियो।" एक बार तो बच्चा अपना सन्तुलन बैठाने की कोशिश करते हुए हुमककर उसकी तरफ लपका, मगर पास आकर उलटे पैर विपरीत दिशा में चल पड़ा। वह जैसे अपना असली दूध पहचानता था। बूढ़े को बच्चे पर गुस्सा आ गया, वह बुदबुदाया, "बेवकूफ बच्चे! भूखे रह जाओगे। तुम्हारी माँ गंगा स्नान को गई है, जाने कब लौटे। दूध नहीं मिला तो फिर बैठकर रोना।" बूढ़ा अभी बुदबुदा ही रहा था कि बूढ़े ने देखा बच्चे की बेरुखी से कोंचिया जरा भी विचलित न हुई और बहुत लापरवाही से उसने कबूतर मुक्त कर दिया। वह दुबारा एड़ियों की सफाई में जुट गई। वह झाँवे से एड़ियाँ रगड़ती तो उसके बदन की शाखाएँ और फल-फूल हलके-हलके हिलोरे खाते।

"बेवकूफ औरत! टमाटर की तरह लाल तो हैं एड़ियाँ। अब क्या इन्हें छीलकर ही दम लोगी।" बूढ़ा बुदबुदाया, वह दरअसल थक चुका था। उसकी टाँगें अब जवाब दे रही थीं, मगर बूढ़े का खिड़की में कुछ ऐसा मन रमा था जैसे बायोस्कोप देख रहा हो। कोंचिया ने आखिर बूढ़े की मूक फरियाद सुन ही ली। एड़ियों से फुर्सत पाकर उसने बदन पर साबुन से ढेर-सा झाग पैदा किया और जल्दी-जल्दी लोटे से पानी डालने लगी।

"किसी हकीम ने इस औरत को बताया है कि सुबह-सुबह ठंडे पानी से नहाओ। मैं नहाऊँ तो निमोनिया हो जाए।" बूढ़ा खिड़की पर खड़ा बुदबुदाता रहा। बालटी में थोड़ा बहुत पानी बचा था, कोंचिया ने बालटी उठाकर बदन पर उँड़ेल ली। यहाँ तक तो ठीक था, मगर यह क्या उसने गीले बदन पर फ्रॉक की तरह पेटीकोट पहन लिया। नाड़ा नाभि पर नहीं, स्तनों के ऊपर बाँध लिया। अब वह पेंग्विन की तरह लग रही थी। बूढ़े को यह परिधान बहुत भा गया। वह सोचने लगा–स्त्रियाँ इस लिबास में बाहर क्यों नहीं निकलतीं, जबकि शरीर पूरा ढक जाता है। बूढ़े को मालूम

था, अब वह डोरी पर गीले कपड़े फैलाएगी। अब वह कोंचिया के भुजामूल की झलक पाने को आतुर हो रहा था। कोंचिया तार पर कपड़े फैलाने लगी तो बूढ़े की यह साध भी पूरी हो गई। एक सतर्क मालिन की तरह वह अपनी देह की बगिया और क्यारियों में जंगली घास और खरपतवार नहीं उगने देती। बूढ़े ने लक्षित किया था, इस स्त्री के जीवन में तौलिए का कोई स्थान नहीं है। कपड़े फैलाने के बाद वह पटरे पर बैठकर धूप में अपना बदन सुखाएगी। इस कवायद में बूढ़े की कोई दिलचस्पी न थी। उसने खिड़की से हट जाना ही बेहतर समझा। खेल खत्म पैसा हजम। सुबह-सुबह जीवन का इतना संस्पर्श उसके लिए पर्याप्त था।

बूढ़े की तनहाई तो तब चरम पर होती थी जब गरमी की छुट्टियों में यह परिवार ताला ठोंककर देहात चला जाता। ये छुट्टियाँ बूढ़े पर बहुत भारी पड़ती थीं। उसका वश चलता तो वह उन लोगों के साथ ही देहात के लिए रवाना हो जाता। उन लोगों के जाने के बाद कोंचिया का आँगन भाँय-भाँय करता। वे लोग जैसे घर की आत्मा को भी अपने साथ ले जाते। उनके घर की तरफ खुलनेवाली खिड़की से झाँकते ही बूढ़ा बुदबुदाता, ''सालों को मुफ्त का एक चौकीदार मिल गया है।'' अगर पड़ोस के बच्चे दीवार फाँदकर गेंद उठाने कोंचिया के घर में घुस जाते तो वह खिड़की से ही बच्चों को डाँट-डपट पिला देता। यह लम्बी जुदाई उस पर बहुत भारी पड़ती। उसे लगता, वह बीमार पड़ जाएगा, एक बरस तो वह सचमुच बीमार पड़ गया था। उसका शरीर जब तेज बुखार में तपने लगता तो गहरी गनूदगी में चला जाता। वह मानने को तैयार न होता कि वह वायरल की चपेट में आ गया है, उसे विश्वास था कि वह विरह में तड़प रहा है। उसे लगता वह रत्नसेन है और पद्मिनी के वियोग में तड़प रहा है। उसने अपनी बीमारी को प्रेम के, विरह के रंग में रँग लिया था। कोंचिया का आँगन सूखे पत्तों की सेज में तब्दील हो जाता। उन पत्तों के ऊपर गिलहरियाँ दौड़तीं, चिड़ियों की चहल-पहल रहती। बूढ़े को लगता अब यहाँ कोई नहीं आएगा और पत्ते यों ही करवटें बदलते रहेंगे।

आँगन में एक बल्ब अहर्निश टिमटिमाता रहता। जाने किस कम्पनी का बल्ब था कि कभी फ्यूज ही न होता था। बूढ़े के टॉयलेट में जो बल्ब लगा हुआ था वह दो-चार महीने से ज्यादा न चलता था। किसी दिन बटन दबाते ही 'फुस्स' की भोंड़ी आवाज के साथ जलकर राख हो जाता। और एक यह बल्ब था जो अब तक कई आँधी और तूफान झेल चुका था। बूढ़े को मालूम है कि कोंचिया का पति चोरों को चकमा देने के लिए छुट्टियों पर जाने से पहले यह बल्ब जला जाता था, जबकि बूढ़े को लगता, कोंचिया उसे मुँह चिढ़ाने के लिए यह बल्ब जला जाती है। कई बार तो

उसे बल्ब पर इतना गुस्सा आता कि पत्थर फेंककर बल्ब फोड़ दे, मगर उसकी बूढ़ी बाँहों में पत्थर फेंकने की न ताकत बची थी न उसका निशाना अचूक था। सुबह सैर से लौटकर वह सबसे पहले बल्ब का जायजा लेता। बल्ब गुल होने का एक ही अर्थ निकलता था कि बिजली गोल है या कोंचिया लौट आई है। कोंचिया लौटकर सबसे पहले बल्ब बुझाती है, बल्ब क्या बुझाती है बूढ़े के सीने की आग भी बुझ जाती है।

कोंचिया का पति छुट्टियाँ बिताकर लौटते ही छींटदार कच्छा पहनकर युद्धस्तर पर घर की सफाई में जुट जाता। कोंचिया लम्बा-सा बाँस थामकर दीवारों के जाले छुड़ाती और उसका पति आँगन बुहारने में व्यस्त हो जाता। बूढ़े को उसके झाड़ू लगाने के अन्दाज से नफरत थी। वह बैठे-बैठे टिड्डे की तरह फुदक-फुदककर झाड़ू लगाता। उसकी यह मुद्रा देखकर बूढ़े ने एक दिन उसका नामकरण कर दिया था—चुगद। बूढ़ा बाग-बाग हो जाता अगर सुबह-सुबह कोंचिया निहुरे-निहुरे आँगन बुहारती दिखाई दे जाती। बूढ़ा बेगम अख्तर की ठुमरी गुनगुनाने लगता :

निहुरे-निहुरे बुहारे अँगनवा गोरिया निहुरे-निहुरे
कँगना पहन गोरिया,
अँगना बुहारे,
झुक-झुक देखें नैनवा गोरिया निहुरे,
छोटे देवर तोरि,
मुश्कें बँधैऔं,
जब घर अइहें बलमवा,
गोरिया निहुरे।

यह तो गनीमत थी कि कोंचिया के देवर साथ में नहीं रहते थे, वरना भाभी को निहुरे-निहुरे झाड़ू लगाते देख बड़े भाई से पिटे बिना न रहते। कोंचिया को देखते हुए बूढ़ा सोचता—इसका देवर कोई दूसरा नहीं, वह खुद ही है। अब कर दे शिकायत जिससे करनी हो। बूढ़ा वक्त-जरूरत अपनी भूमिका बदलता रहता था, कभी देवर बन जाता और कभी ससुर और कभी एकदम शिशु।

शाम को जब यह परिवार आँगन में छिड़काव करने के बाद दरी बिछाकर भोजन के लिए बैठता तो बूढ़ा भी चुपचाप पंक्ति में बैठ जाता। दाल-चावल इस परिवार का खानदानी भोजन था, अरहर की दाल और चावल। बूढ़ा यही खाते हुए बूढ़ा हुआ था, मगर यह उसकी छोटी बहू, जिसे वह घूसखोर बाप की लाडली बिटिया के नाम से याद करता था, रोज तरह-तरह के व्यंजन उसके लिए भिजवा देती, कभी कुकुरमुत्ते की सब्जी और कभी पनीर का सालन। बूढ़े को लगता जैसे वह फ्रिज से निकालकर गरम की हुई रबड़ की बासी सब्जी खा रहा है। दरअसल वह अपना भोजन आने से पहले ही कोंचिया परिवार के साथ बैठकर भरपेट भोजन

कर लेता था। अब आप यह मत सोचिए कि बूढ़ा मुफ्तखोर है। वह अपने तरीके से इसकी कीमत भी अदा कर देता है। कोंचिया नहीं जानती, बूढ़े को अपनी ड्यूटी कितनी भारी पड़ रही है। कई बार तो उसे ओवरटाइम भी करना पड़ता है। जब तक कोंचिया की बिटिया स्कूल से नहीं लौटती, वह खिड़की पर टँगा रहता है। उसी को ध्यान में रखना पड़ता है कि ग्वाला वक्त पर दूध दे गया था या नहीं, महरी आई कि नहीं। अगर कभी चुगद को दफ्तर जाने में देर हो जाती तो बूढ़े का पारा चढ़ने लगता–आदमी को कम-से-कम दफ्तर तो वक्त पर जाना चाहिए।

एक दिन बूढ़े ने सैर से लौटकर हस्बेमामूल आँगन में फैली हुई डोरी को खाली देखा तो बेचैन हो गया। खुदा खैर करे, आज कोंचिया के वस्त्र डोरी पर क्यों नहीं सूख रहे हैं। क्या आज वह स्नान नहीं करेगी? इतनी सड़ी उमस में वह भीतर क्या कर रही है? बूढ़ा देर तक कमरे में टहलता रहा। उसे विश्वास हो गया कि कोंचिया अस्वस्थ है। जब बहुत देर तक सन्नाटा छाया रहा, बूढ़ा अपनी छड़ी उठाकर कोंचिया के घर की तरफ चल पड़ा। कोंचिया के घर के सामने एक छोटा-सा पार्क था। वह वहीं एक बेंच पर बैठ गया। उसे यह सोचकर भी तकलीफ हो रही थी कि उसे बाहर जाते देख बहू ने यह तक पूछना गवारा न किया था कि बाबू जी इस समय कहाँ जा रहे हैं, नाश्ता तो करते जाइए। मन की भड़ास निकालने के लिए बूढ़े के कदम ठिठके थे, मगर बहू का तेवर देखकर उसने दरवाजे के बाहर जाने में ही अपनी भलाई समझी। वह मन-ही-मन बहू को फटकारते हुए कोंचिया के घर की तरफ चल दिया, ''भ्रष्ट इंजीनियर की बदतमीज लड़की। तुम्हारे भ्रष्ट, देशद्रोही बाप ने तुम्हें यह भी नहीं सिखाया कि बुजुर्गों के साथ कैसा सुलूक किया जाता है।'' बूढ़ा पार्क में एक पेड़ के नीचे देर तक बैठा रहा जैसे किसी बस की प्रतीक्षा में बैठा हो। आखिर उसकी तपस्या सफल हो गई। उसने देखा, कोंचिया सहेलियों के साथ चहकते हुए अपने घर की तरफ लौट रही थी। सब औरतों के हाथ में गीले कपड़ों की गठरी थी, जिसका सीधा-सादा एक ही अर्थ निकलता था कि वे नदी में स्नान करके लौट रही हैं, बूढ़े को लगा, वह फिजूल ही इतनी देर धरने पर बैठा रहा।

दरअसल, बूढ़ा एक निहायत मामूली बात भूल गया था कि उस दिन गंगा दशहरा था और गंगा दशहरा के रोज हर बरस कोंचिया बस्ती की औरतों के साथ गंगा स्नान करने जरूर जाती थी। इस बात का दिलचस्प पहलू तो यह था कि खरामा-खरामा अपने घर की तरफ लौटते हुए बूढ़ा अपने भुलक्कड़पन को नहीं, अपनी बहू को कोस रहा था, जिससे इस कहानी के पाठक भ्रष्ट इंजीनियर की लाडली और बिगड़ी बेटी के रूप में बखूबी परिचित हैं।

काँसे का गिलास

सुधा अरोड़ा

बड़ा खूबसूरत गिलास था वह। रंग-बिरंगे डिजाइन वाला प्लास्टिक का पारदर्शी गिलास–जिसकी दो तहों के बीच कैद नीले पानी में सुनहरे हरे फूल-पत्ते और तैरती मछलियाँ थीं। गिलास गिरने से तड़क गया था और उसके भीतर की सारी खूबसूरती जमीन पर बड़ी बेरहमी से बिखरी पड़ी थी। पूरे रसोईघर में फैली चमकीली पन्नियाँ और रंगीन पानी में तैरती प्लास्टिक की रंग-बिरंगी मछलियाँ साफ की जा चुकी थीं। पर वह थी कि बुक्का फाड़कर रोए जा रही थी। वह यानी चिल्की। छह साल की चिल्की। मेरी पोती।

"बस्स! अब चुप्प! बहुत हो गया!" काफी देर प्यार से समझा चुकने के बाद मैंने स्वर में आए डाँट-डपट के भाव को बेरोक-टोक उस तक पहुँचने दिया।

"पहले शोभा ताई को डाँटो, उसने मेरा गिलास क्यों तोड़ा!" रसोई में काम करती शोभा तक ले चलने के लिए वह मेरा हाथ पकड़कर खींचने लगी।

"पहले तो तेरे पापा को न डाँटूँ जिसने इतना महँगा गिलास तुझे लाकर दिया?" मैंने उसके पापा और अपने बेटे निखिल के प्रति अपनी नाराजगी जताई।

उसकी रुलाई एकाएक और तीखी होकर कानों को अखरने लगी।

"उफ! अब क्या हो गया।" मेरा धीरज जवाब दे रहा था।

"पापा ने नहीं," वह सुबकने लगी। सुबकती रही। फिर धीरे से बोली, "यह ममा ने लाकर दिया था।"

ममा यानी नेहा। मेरी बहू। मैं सकते में आ गई। वह जिसके नाम से हम सब अपना पल्ला बचाकर चलते थे, जैसे वह अछूत हो, इसी तरह जब-तब हमारे ठहरे हुए संसार को तहस-नहस करने चली आती थी।

नेहा को इस घर से गए एक साल होने को आया था पर चिल्की उसे भूलती नहीं थी। कभी लाल हेयर क्लिप, कभी जयपुरी जूतियाँ, कभी टारवेअर का टिफिन बॉक्स, कभी डोनल्ड डक की मूँठ वाली छतरी, कभी बालों पर टँगा सनग्लास–चिल्की के सामने किसी-न-किसी बहाने से उसकी प्यारी 'ममा' आकर ठहर जाती और हमारे 'हुए हुश', करने के बावजूद ओझल होने का नाम नहीं लेती।

अब चिल्की पर नाराज होना सम्भव नहीं था। उसका ध्यान गिलास से हटाना अब दूसरे नम्बर पर चला गया था। सुबगती हुई चिल्की को मैंने अपनी बाँहों की ओट में ले लिया। चिल्की मेरे करीब सिमट आई और बड़ों की तरह रुलाई रोकने की कोशिश में उसकी हिचकियाँ तेज हो गईं।

"सुन बेटा! एक कहानी सुनाऊँ तुझे? सुनेगी?" चिल्की को बहलाने का अमोघ अस्त्र था यह!

"पहले मेरा वो...सुन्दर वाला ब्ल्यू गिलास।"...चिल्की गिलास से हटने को तैयार नहीं थी।

एकाएक वह गिलास दुबारा तड़का और उसकी जगह एक चमकते हुए काँसे के गिलास ने ले ली–सँकरी पेंदी और चौड़े मुँहवाला एक लम्बा-सा काँसे का गिलास...गिलास न हो, फूलदान हो जैसे।

"अरे बेटा, गिलास की ही कहानी तो सुना रही हूँ तुझे। सुनेगी नहीं, रानी बेटी?"

"बोलो!" उसने जैसे मुझ पर एहसान किया, सिर हिलाकर हामी भर दी।

"तब मैं तेरी ही तरह छह साल की थी। इत्ती छोटी। चिल्की जैसी।"

"हुँह झूठ!" वह सिसकी तोड़ती बोली, "आप इत्ते छोटे कैसे हो सकते हो?"

"तो क्या मैं पचास की ही पैदा हुई थी–इत्ती बड़ी? अच्छा चल, मैं छह की नहीं, सोलह साल की थी, ठीक?" मैं ठहाका मारकर हँस दी।

मैं अपने बचपन में पहुँच गई जहाँ निवाड़ वाली मंजियों के बीच खड़िया से आँगन में इक्का-दुक्का आँककर मैं शटापू (टप्पेवाला खेल) खेलती थी। मुझे हँसी आ गई।

वह मेरी पीठ पर धपाधप धौल जमाने लगी, "हँसो मत! कहानी सुनाओ।"

वह होंठों को एक कोने पर जरा-सा खींचकर मुस्कुराई। बिलकुल अपनी माँ की तरह। उसके चेहरे पर नेहा दिखाई देने लगी।

"हाँ तो मैं छोटी थी, चिल्की जितनी नहीं, थोड़ी बड़ी। घर में मैं थी, मेरे ढेर सारे बड़े भाई-बहन थे, माँ और बाऊ जी थे। बाऊ जी की माँ भी थीं। यानी मेरी दादी। बहुत बूढ़ी थीं वो, पता है कितने साल की?"

"कितने...?"

"नब्बे से ऊपर।"

"नब्बे से ऊपर मतलब?"

"मतलब अबव नाइंटी। बहुत ही गोरी-चिट्टी छोटी-सी, नाटी-सी। सेहतमन्द।

...गोरी इतनी कि उँगली गाल पे रखो तो लाली दब के फैल जाए...पर थीं बिलकुल सींक सलाई। चलती थीं तो ऐसे जैसे हवा में सूखा पत्ता उड़ता है। चलती क्या थी, दौड़ती थीं जैसे पैरों में स्प्रिंग फिट किए हों..."

"ये तो आप मेरी बात कर रहे हो!...नहीं सुननी मुझे कहानी..."

लो, मेरी तो याददाश्त ही कमजोर होती जा रही है। हाँ, साल भर की चिल्की ने भी जब चलना सीखा तो चलती नहीं, दौड़ती थी...हम उसे बताते थे कि चिल्की, तेरे पैरों में किसी ने स्प्रिंग फिट कर दिए हैं।

"हाँ, तो बुढ़ापे में आदमी बच्चों जैसी हरकतें करने लगता है। हम उन्हें कहते—दादी, सोटी (लाठी) लेकर चलो, नहीं तो गिर जाओगी पर वो कहाँ सुनने वाली। सोटी लेकर चले तेरी सास, सोटी लेकर चलें मेरे दुश्मन, मुझे सोटी की लोड (जरूरत) नई...उन्हें सोटी लेकर चलने में शरम आती थी। छोटा-सा कद था और पीठ झुकी हुई नहीं थी। सीधी चलती थीं। चलती क्या थीं, उड़ती थीं। किसी की बात नहीं सुनती थीं। फिर क्या होना था।"

"हाँ...गिर गईं?" चिल्की की आँखों में कौतूहल था।

"हाँ, गिरना ही था न! बच्चे भी बात नहीं मानते तो चोट तो लगती है ना?"

चिल्की ने सिर हिलाया—"मैंने भी ममा की बात नहीं मानी थी तो ये देखो..."

चिल्की के जेहन में अब भी जख्म ताजा थे। उसने अपनी बाईं आँख बन्द कर पलक पर उँगली गड़ा दी। आँख के ऊपर भौंह से लगे हुए छह टाँकों के निशान उभर आए थे। हाँ, उस दिन निखिल के ऑफिस से घर में नया फर्नीचर आया था। फर्नीचर, जो उसके ऑफिस के लिए पुराना हो चुका था और वहाँ के कर्मचारियों को औने-पौने भाव में बेचा जा रहा था। निखिल ने सोफा, दीवान और बीच की मेज खरीद ली थी। बर्मा टीक की बड़ी खूबसूरत मेज थी। चिल्की ने ज्यों ही नया सोफा देखा, लगी उस पर कूदने। नेहा चिल्लाती रही कि मेज के कोने नुकीले हैं, उन्हें गोल करवाना है, कूद मत नहीं तो लगेगा आँख पे। उसने तीन बार टोका और तीनों बार चिल्की और जोर से सोफे के डनलप पर कूदी। बस, पैर जरा-सा मुड़ा और सीधे जा गिरी मेज के कोने पर। चिल्की की बाईं आँख लहूलुहान। कमरे में खून ही खून। नेहा ने देखा और लगी चीखने। कहा था न, सुनती तो है ही नहीं। उसको उठाकर दौड़े अस्पताल। सबकी जान सांसत में। चोट गहरी थी पर आँख बच गई थी। छह टाँके लगे। वह मेज उठाकर परछती पर रखवा दिया। जब तक यह बड़ी

नहीं हो जाती यह मेज अब वहीं रहेगी, निखिल बड़बड़ाता रहा और नेहा उसे कोसती रही–अपने दफ्तर का यह कूड़ा-कचरा उठाकर घर लाने की जरूरत क्या थी। जमीन पर गद्दे और गावतकिए थे तो सोफे के बगैर भी घर कितना खुला-खुला लगता था। अब कमरे में चलना मुहाल हो गया है। कहीं कुछ रास्ता देखा नहीं कि उठाकर घर में डाल दो। घर न हुआ, स्टोररूम हो गया।

चिल्की तो उस दिन के बाद सँभलकर चलने लगी। फिर कभी उसे टाँके नहीं लगे। पर दादी तो एक बार गिरीं तो फिर नहीं उठीं। कूल्हे की हड्डी चटक गई थी। डेढ़ महीने टाँग पर वजन बँधा रहा। हड्डी की तरेड़ तो ठीक हो गई पर जब तक हड्डी जुड़ती, टाँगे बिस्तर पर पड़े-पड़े सूख गईं। अब टाँगों ने उनका वजन उठाने से इनकार कर दिया था।

"फिर?"

"फिर क्या! बड़ी मुसीबत! हमेशा उड़ती-फिरती दादी बिस्तर से जा लगीं। ऊपर से उनकी जिद कि अब तो वजन उतर गया है, अब बिस्तर पर उनको पाट नहीं चाहिए। उनके लिए शहर से दो कुर्सियाँ मँगवाई गईं। एक पाट वाली, एक पहिए वाली जिस पर बिठाकर उन्हें दिन में एक बार अमरूद और सीताफल के पेड़ के पास ले जाना पड़ता–किस अमरूद को थैली लगानी है, कौन सीताफल पक गया है, कौन-सा अमरूद बन्दर आधा खा गया है, सबकी खोज-खबर रखती थीं वो...कौन-सी चाची कितने दिनों से हाल-चाल पूछने नहीं आई...कौन आके बार-बार उनसे उनकी उमर पूछता है..."

"कितने साल की थीं वे?"

"उन्हें अपनी ठीक-ठीक उम्र कहाँ मालूम थी...वो तो ऐसे बताती थीं, जनरल डायर ने गोलियाँ चलवाई थीं तो उन्होंने नाड़े वाली सलवार पहनना शुरू कर दिया था...गांधी जी का भाषण सुन के घर पहुँचीं तो तेरे दादा जी की नई नौकरी लगने की चिट्ठी आई थी...पर कोई उनसे कहता कि झाई जी, आप तो नब्बे टाप गए हो तो उन्हें बड़ा बुरा लगता, कहतीं–नहीं, अभी तीन महीने बाकी हैं। मैं नब्बे की हुई नहीं और मुझे सब नब्बे की बताते हैं। हो भी गई तो क्या, नब्बे से ऊपर आदमी जीना बन्द कर देता है क्या? कोई उमर पूछता तो वो चिढ़ जातीं। एक बार तो एक रिश्तेदार से भिड़ गईं। उन्होंने उमर पूछी तो बहुत धीरे से उनसे बोलीं–पहले तू बता, तू कितने साल का है। उसे सुनाई नहीं दिया। उसने कहा–क्या पूछा आपने? तो कहती हैं–अब तू मुझसे इतनी आहिस्ते पूछ। मैं तुझसे ज्यादा अच्छा सुन लेती हूँ, मैं बिना चश्मा लगाए जपुजी साहब का पाठ कर लेती हूँ, फिर तू सत्तर का हुआ तो क्या और मैं नब्बे की दहलीज से पहुँची तो क्या! लोग जब खुद ऊँचा सुनने लगते हैं तो सारी दुनिया उन्हें बहरी दिखाई देती है।"

चिल्की ने हँसना शुरू किया–''आपकी दादी बहुत जोक मारती थीं। है न?''

''हाँ, बड़ी जिन्दादिल थीं वो। अपनी सेहत का इतना खयाल रखती थीं कि पूछ मत! शाम की चाय के साथ कुछ नमकीन खातीं, जैसे–चिवड़ा या निमकी या आगरे का दालमोठ–दालमोठ उनको बहुत पसन्द था तो क्या करतीं–हथेलियों पे जो चिकनाई लगी रह जाती, उसको सबकी नजरें बचाकर हाथों और पैरों में रगड़ लेतीं। एक बार हम बच्चों ने उन्हें ऐसा करते देख लिया। छिः–छिः–छिः–छिः, हमने कहा, दादी ये मिर्च-मसाले वाला तेल रगड़ते हो, गन्दा नहीं लगता? जलन नहीं होती? उन्होंने हम बच्चों को पास बिठाया, बोलीं–अब कौन उठके हाथ धोए। इस तरह एक पंथ दो काज होते हैं। वो कैसे, झाई जी? हम पूछते तो कहतीं–देखो, ये...ये जो हमारे हाथ पैरों में रोएँ हैं न, ये छोटे-छोटे रोएँ, ये हमारे शरीर के दीये हैं, दीपक हैं। जैसे दीयों के लिए तेल की जरूरत होती है न, वैसे ही इन्हें जलाए रखना है तो इनमें तेल डालना पड़ेगा। तभी तो ये गरम रहते हैं, खुश हो जाते हैं। देखो, ये चहक गए ना! जब ये दीये बुझ जाते हैं तो शरीर ठंडा हो जाता है और बन्दा सफर पे निकल जाता है। सफर पे...यानी उनका मतलब था मर जाता है...हमने कहा–पर ये नमकीन तेल क्यों लगाते हो, नहाते समय तेल की मालिश किया करो। तो कहती थीं–वो तो मैं तेरी माँ से छुपाके करती हूँ, कड़वे तेल की शीशी रख छोड़ी है गुसलखाने में। माँ मना करती हैं क्या? हम पूछते, तो कहती–नहीं, मजाल उसकी कि मुझे मना करे पर तेरी माँ ने देख लिया तो सोचेगी नहीं, बुड्ढी के पैर कबर में लटके हैं और शरीर के मल्हार हो रहे हैं...कहकर अपनी ही बात पर खिलखिलाकर हँसतीं।''

''ममा भी मुझे हर संडे को तेल की मालिश करके नहलाती थीं। ममा को तो मसाज वाली आंटी आके मसाज करती थीं। ममा तो पूरी नंगू हो जाती थीं...'' चिल्की हँसने लगी।

मैंने लम्बी साँस भरी। इस लड़की ने कैसी याददाश्त पाई है, नहीं तो बच्चे कहाँ इतना याद रखते हैं। चार-पाँच साल की उम्र होती क्या है। माँ की कितनी-कितनी तस्वीरें इसके जेहन में अक्स हैं।

एकाएक चिल्की का चेहरा बुझ गया, ''ममा अब कभी मिलने नहीं आएगी, दादी?'' चिल्की का स्वर रुआँसा हो गया। चिल्की को इतनी देर तक कहानी सुना-सुनाकर फुसलाना बेकार गया था।

''आएगी क्यों नहीं! आएगी न!''

''कब?'' चिल्की की आँखों की नमी पर आँखें टिका पाना मुश्किल था–''अब तो फोन भी नहीं करती हाँ।''

पहले कर लिया करती थी–दस-पन्द्रह दिन में एक बार। उस दिन निखिल ने ही डाँट दिया–क्यों फोन करती हो बार-बार। उसे इस तरह परेशान करने से फायदा!

अगर बेटी के लिए तुम्हारे मन में जरा भी माया-ममता बची रह गई है तो वह तुम्हें भूल सके, इसमें हमारी मदद करो। सात समन्दर पार से अपनी आवाज सुना-सुनाकर उसे हलकान मत करो। निखिल की आवाज में कड़वाहट थी और नेहा को कड़वाहट पसन्द नहीं थी। उसने फोन पटक दिया और उसके बाद फिर कभी ब्लैंक काल तक नहीं आया। समय के साथ-साथ रिश्ते धुँधलाने की कोशिश में थे।

"अच्छा, वो गिलास की बात तो रह ही गई, चिल्कू?"

"अरे हाँ।" चिल्की मेरे झाँसे में आकर वापस चहक उठी–"वो गिलास की कहानी तो आपने सुनाई ही नहीं।"

"वो गिलास तो दादी का था न बेटा, इसलिए तुझे पहले दादी की बात तो सुनानी थी न!"

"नहीं-नहीं, अब आप गिलास की कहानी सुनाओ।"

"हाँ, तो दादी के पास एक गिलास था। काँसे का गिलास।"

"काँसा क्या होता है, दादी?"

मैंने आस-पास नजर दौड़ाई। कोने में एक फूलदान था–काँसे का–"देख, ऐसा होता है काँसा। इसके गिलास भी बनते हैं।"

"वो गिर जाए तो टूटता नहीं?" चिल्की की आँखों में लुभा लेनेवाली मासूमियत थी।

"काँसा बहुत नाजुक होता है। उसे फूल भी कहते हैं। जोर से गिरे तो टूट भी जाता है पर दादी का गिलास बड़ा मजबूत था। खास तरह की बनावट थी उसकी, गिरे तो टूटता नहीं था।"

रिश्तों को इस तरह मत तोड़ो नेहा! कैरियर बनाने के बहुत सारे मौके आएँगे। निखिल नहीं चाहता। तो जाओ। साम-दाम-दंड-भेद हर तरह से उसे समझाने की कोशिश की थी मैंने–कम-से-कम चिल्की के बारे में सोचो वह माँ के बगैर रह पाएगी?–क्यों, बाप के बगैर नहीं रहती क्या जब निखिल शिप पर चले जाते हैं–छह-छह महीने नहीं लौटते, नेहा भड़क गई थी–इस तरह के मौके बार-बार नहीं आते लेकिन आप लोग मेरा साथ देना नहीं चाहते! बीसेक दिन बेहद तनाव में गुजरे...बाद में निखिल ने हमें बीच में बोलने से टोक दिया। पता चला, कैरियर और जॉब का तो बहाना था, इसकी तह में नेहा और निखिल की आपसी अनबन थी। जिस दिन नेहा को जाना था, वह चिल्की से मिलने आई थी। एक बार उसे भीगी आँखों से प्यार किया, फिर चिल्की को गोद से उतारकर ऐसे एहतियात से रखा जैसे कोई 'हैंडल विद केयर' सामान जमीन पर रखता है। बच्चों की छठी इन्द्रिय बहुत तेज होती है। गोद से उतरते ही चिल्की ने सिसकियाँ ले-लेकर रोना शुरू कर दिया था और नेहा ने उसे दुबारा भींच लिया था। माँ के आलिंगन की गरमाहट से चिल्की

पिघल गई थी। कभी गलती से भी नेहा के नाम के साथ निखिल कोई विशेषण जड़ देता तो चिल्की फौरन टोक देती–मेरी ममा को ऐसे मत बोलो। ममा अच्छी है। 'अच्छी' पर वह जोर देकर बोलती।

सहसा चिल्की मुझे जमीन पर लौटा लाई, "दादी, ये तो हमारे घर से आया है ना?"

"क्या? क्या आया है तेरे घर से?"

"ये। ये। ये।" वह दौड़कर फूलदान के पास जाकर खड़ी हो गई–"ये दादी, ये तो हमारे घर में था।" मैं भीतर तक हिल गई। कितनी जल्दी दुनियावी चीजें बच्चों को अपनी चपेट में ले लेती हैं।

मैंने अपने को फौरन समेटा, "अच्छा हाँ। पर ये घर भी तो तेरा है न। नहीं है?"

"ये तो पापा का घर है।" चिल्की ने फतवा दिया।

"अच्छा बाबा, ठीक है। ये पापा का, वो तेरा। मेरा कोई घर नहीं।" मैंने रोनी सूरत बना ली।

"नहीं-नहीं, अच्छी दादी, ये तो आपका घर है। पापा का भी और..." उसने मेरे गले में बाँहें डाल दीं–"और मेरा भी।" चिल्की अचानक अपनी उम्र से बड़ी हो गई थी और चहककर अब मुझे झाँसा दे रही थी। मैं उसकी समझदारी पर हतप्रभ थी। यह बच्चों की नई पीढ़ी है। हमारे समय से कितनी अलग–व्यावहारिक और डिप्लोमेटिक।

नेहा के जाने के बाद तीन-चार महीने घर वहीं बना रहा था। चिल्की को वही घर अच्छा लगता था क्योंकि वहाँ से उसका स्कूल नजदीक था और जब तब उसकी सहेलियाँ खेलने आ जाती थीं। पर मेरे लिए दो घरों को चलाना बहुत मुश्किल था और जिस तरह नेहा छोड़कर गई थी, उसके हृदय परिवर्तन की गुंजाइश बहुत कम थी। देर-सबेर उस घर को समेटना ही था, निखिल को फिर लम्बे दौरे पर जाना था इसलिए हमने उस घर को समेटने का फैसला लिया। चिल्की को उस घर से आने के लिए राजी करना टेढ़ा काम था। उसका कमरा हमने वहाँ से शिफ्ट कर इस घर में हू-ब-हू तैयार कर दिया था पर चिल्की थी कि न अपना घर भूलती थी, न कमरा और न उसे जिसने कमरा बड़े मन से बनाया था।

"पर दादी का भी एक घर था। ठीक?" मैंने कहानी के छूटते जाते सिरे को थामा।

"हाँ, और उनका वो गिलास..." चिल्की कहानी सुनने की मुद्रा में फिर बैठ गई।

"तो दादी उस गिलास में ही पानी पीती थीं, फिर उसमें चाय, नाश्ते के साथ गिलास भर दूध, फिर खाने के साथ पानी, फिर शाम की चाय, फिर..."

"क्यों, उनके घर में और गिलास नहीं था?" चिल्की ने यह सवाल बिलकुल चिल्की की तरह ही किया।

"नहीं, गिलास तो बहुत थे बेटा पर उनको वही गिलास पसन्द था। हम सब बच्चे उसको पटियाला गिलास कहते थे। साइज में इत्ता बड़ा था न इसलिए। गिलास

का खूब मजाक भी उड़ाते थे। कहते थे, ''दादी, आप गिलास को लेकर ऊपर कैसे जाओगे?''

''ही-ही...'' चिल्की खिलखिलाकर हँस दी–''फिर क्या बोला आपकी दादी ने?''

''कहने लगीं–हट पागल, गिलास वाले तो ऊपर ही हैं, वहाँ गिलास क्या करना ले जाकर। इसे तो यहाँ वालों के लिए छोड़ जाना है जैसे वो मेरे लिए छोड़ गए थे। हम बच्चे उनसे मजाक करते, पूछते–झाई जी, आप मरोगे कब? वो हँसतीं–तेरे घर पोता होगा तब! उन्हें क्या पता था, मेरे घर पोता नहीं, पोती होगी चिल्की जैसी...''

''आपके दादा जी नहीं थे?''

''दादा जी थे न–ऊँचे लम्बे पठान जैसे। एकदम कड़क। लेकिन वह पहले ही सफर पर निकल गए थे–दादी को अकेला छोड़कर। वैसे तो दादा और दादी की आपस में कभी पटरी नहीं बैठती थी, दोनों में छत्तीस का आँकड़ा था–एक पूरब जाए तो दूसरा पच्छिम। दोनों एक-दूसरे की टाँग खींचते रहते थे पर एक-दूसरे के बगैर रह भी नहीं सकते थे इसलिए जब दादा जी मर गए तो सबको लगा कि अब तो दादी भी ज्यादा दिन जिन्दा नहीं रहेंगी पर दादा के जाने के बाद तो दादी का नक्शा ही बदल गया। हमेशा चुप रहनेवाली गिट्ठी-सी दादी खूब पटर-पटर बोलने लगीं। हर शनीचर, इतवार हवन-सत्संग में हाजिरी लगाने लगीं, कलफ लगी कड़क साड़ियाँ पहनने लगीं। दादी पोते-पोतियों के साथ खूब मसखरी करतीं, खूब कहानियाँ सुनातीं...जैसे मैं चिल्की को सुना रही हूँ।''

चिल्की बड़ी-बूढ़ियों की तरह दोनों गालों पर मुट्ठियाँ टिकाए बैठी रही।

''लेकिन अपने मरने की पूरी तैयारी उन्होंने कर रखी थी। कहतीं–मेरी ये सोने की चूड़ियाँ मेरी बिट्टो को देना, बिट्टो मेरी बुआ का नाम था। ये कान के बुंदे मेरी पोती को, ये सोने की चेन दूसरी पोती को, ये करधन...ये भी बिट्टो को और ये मेरी आखिरी निशानी ये गिलास...ये भी बिट्टो को...माँ और बाऊ जी हँसते, सब कुछ तो आपने भैनजी को दे दिया, हमारे लिए तो कुछ भी नहीं रखा...तो कहतीं अच्छा, जो चीज उसे पसन्द न आए वो तू रख लेना।''

''आपकी बुआ को बहुत प्यार करती थीं वो?''

''सब माँएँ करती हैं।'' मेरी जबान पर आया पर मैंने बात पलट दी, ''हाँ, बुआ तो उनकी लाड़ली थीं ही। अच्छा, तो वो हम बच्चों को पास बिठाकर कहतीं–तुम लोग भगवान को बोलो–अब हमारा दादी से जी भर गया है, अब उसे अपने पास बुला लो, वो अपना बोरिया बिस्तरा बाँध के बैठी हैं, तुम्हारा रस्ता देख रही हैं।–पर दादी, आप मरना क्यों चाहते हो? हम बच्चे उनसे पूछते। वो कहतीं–मेरी दादी कहा करती थीं...''

''माय गॉड, उनकी भी एक और दादी थीं?''

"एक और मतलब? दादी की दादी नहीं हो सकतीं?...जा, मैं नहीं सुनाती कहानी।"

"अच्छा, सॉरी-सॉरी, क्या कहा दादी ने?"

"उनकी दादी कहा करती थीं...टुरदा फिरदा लोया, बै गया ते गोया, लम्मा पया ते मोया।"

"इसका क्या मतलब होता है दादी?"

"हाँ, फिर वो मतलब समझातीं–चलता-फिरता आदमी लोहे जैसा मजबूत होता है, जो वो बैठ गया तो गोबर गणेश और लेट गया तो मरे बराबर। कहती–मैं तो अब लेट गई, अब उठने की उम्मीद नहीं, तो मरे बराबर होने से मरना बेहतर। है न? पर उनको और कोई तकलीफ तो थी नहीं। बस, टाँगें सूख गईं तो खड़े होने से रह गईं। बाकी हाजमा एकदम दुरुस्त, बदन पे झुर्रियाँ नहीं, याददाश्त ऐसी कि पचास साल पहले किसके घर क्या खाया, वो उनको याद और खाना बिलकुल टाइम से खाना–बिना घड़ी देखे बोलती थीं–अब चाय का वक्त हो गया, अब खाना लगा दो। आँगन में धूप की ढलती परछाईं से समय का अन्दाजा लगा लेती थीं। उनकी नेवाड़ की मंजी जरा ढीली होने लगती तो कहतीं–कस दो। कोई आता, झट उकड़ूँ होकर कुहनी के बल आधा उठ जातीं। उन्हें मना करते–भई, आप बैठे रहो, क्यों खटाक से उठ जाते हो। कहतीं–लेटे-लेटे पीठ को गरमी लगती है। मेरी पीठ हवा माँगती है।"

"पीठ की कोई जबान होती है, फिर पीठ माँगती कैसे है?" चिल्की हँसने लगी फिर बोली–"पर दादी, आप गिलास को क्यों भूल जाते हो बार-बार?"

ओफ! चिल्की गिलास की कहानी के बगैर मुझे छोड़नेवाली नहीं थी! मैं उसे बार-बार भुलावे में डालने की कोशिश करती थी पर वह मेरी उँगली पकड़कर मुझे फिर गिलास तक ले आती थी।

"हाँ, तो वे गिलास में सुबह से रात तक की हर पीनेवाली चीज पीती थीं। पानी, चाय, दूध, लस्सी, शरबत, अटरम-शटरम सब कुछ उसी काँसे के गिलास में।"

"फिर?"

"फिर एक बार क्या हुआ कि गिलास गुम गया। सुबह उठे तो गिलास मिला ही नहीं। मेरी माँ ने उनको स्टील के गिलास में चाय दे दी। वो अपने नियम से उठीं, माँ ने चिलमची में कुल्लावुल्ला करवाया। जापवाप करके वो चाय पीने बैठीं, हाथ में गिलास लिया, देखा तो दूसरा गिलास, बोलीं–मैं नहीं पीती, ये लश्कारे (चमक) वाले गिलास में, मुझे तो मेरा वाला गिलास दो।"

"ही-ही, जैसे चिल्की का मेरा वाला गिलास...दादी कोई बच्चा थीं?" चिल्की को मजा आ रहा था।

''हाँ, बूढ़े-बच्चे तो एक ही जैसे होते हैं। अब उन्होंने जैसे जिद ठान ली–चाय पीनी है तो उसी गिलास में। चाय पड़ी-पड़ी ठंडी हो गई। पूरा घन छान मारा। कहीं गिलास का अता-पता नहीं। ऐसे अलादीन के जिन की तरह गायब हो गया।''

''तो बोलना था।'' चिल्की ने हाथ लम्बा घुमाकर अभिनय के साथ कहा–''खुल जा सिमसिम...पर दादी, वो गिलास टूटता तो नहीं था न।''

''टूटता तो नहीं था पर गुम तो हो जाता था न बच्चे। तो हम बच्चे लग गए गिलास ढूँढ़ने में। ऊपर-नीचे सारा घर खँगाल मारा। चारपाइयों के नीचे, आँगन में, छत की मुँड़ेर पर, कुँए की जगत पर, अमरूद, सीताफल के पेड़ के पास। पर गिलास तो ऐसा गायब हुआ कि बस।''

उनको खाना दिया। मेरी माँ ने मिन्नतें कीं कि झाई जी, आप खाना शुरू तो करो, पानी पीने तक गिलास मिल जाएगा। खाना तो गिलास में नहीं खाते न! पर उनकी तो एक ही रट–मेरा गिलास, मेरा गिलास। बाऊ जी ने उनको डाँट लगाई कि एक गिलास के लिए सारा घर आसमान पे उठा रखा है, गिलास न हुआ कोई कारूँ का खजाना हो गया। अब तो वो लगीं रोने। पहली बार हमने उनको रोते देखा। बोलीं–''तुम लोगों के लिए वो एक पतरे का गिलास है। मेरे लिए तो वो मेरा लाहौर है, मेरा वेड़ा है, मेरा पेका (मायका) है...मैं अटकी–मेरा सब कुछ है।''

''वो गिलास मिला फिर?'' चिल्की ने आँखें गोल करके पूछा।

''नहीं। खाना भी वैसे ही ढँका पड़ा रहा। उन्होंने हाथ नहीं लगाया। शाम तक गिलास मिला नहीं सो शाम की चाय भी नहीं पी। बेहोश जैसी हो गईं। आँखें बन्द होने लगीं। हम अन्दर-बाहर ढूँढ़ते रहे। घर के सारे बच्चे-बड़े सब गिलास ढूँढ़ने में लगे थे। आखिर गिलास मिला। पानी की पीतल की कुंडी के तले में पड़ा था। किसी बच्चे के हाथ से गिर गया होगा। किसी को खयाल ही नहीं आया कि वहाँ भी हो सकता है। जैसे ही गिलास मुझे मिला, मैं चिल्लाई–झाई जी, आपका गिलास...वो एकदम कुहनी के बल उठ गईं। फिर उनकी आँखों में ऐसी चमक आई कि पूछो मत। बोलीं–जल्दी खाना लगाओ। बड़ी भूख लगी है। उनको खाना दिया तो उन्होंने बड़े तृप्त होकर खाया। रात को एक रोटी खाती थीं, तीन रोटियाँ खाईं। चटखारे ले-लेकर सब्जियाँ खाईं। होंठों से गिलास चूमकर उसमें मटके का ठंडा पानी पिया। हम सब खुश। दादी का गिलास जो मिल गया था।''

''बस, कहानी खत्म?'' चिल्की ने पूछा, ''फिर क्या हुआ?''

''सुबह हम बच्चे उठे तो देखा–दादी एक हाथ में गिलास छाती से लगाए सो रही हैं और मुस्कुरा रही हैं। हम सब उनके चारों ओर इकट्ठे हो गए–देखो, देखो, दादी नींद में हँस रही हैं। माँ ने कहा–आज इतनी देर तक कैसे सो रही हैं! सबने कहा–रात को खाना पेट भरकर खाया है न इसलिए मजे की नींद ले रही हैं। तड़के

सबसे पहले उठनेवाली दादी अभी तक सो रही थीं। बाऊ जी ने आकर उन्हें हिलाया तो काँसे का गिलास नीचे गिर गया। दादी मर गई थीं।''

''हाँ...'' चिल्की का मुँह खुला का खुला रह गया–''मर गईं?''

''हाँ।''

''सो सैड, है न दादी? उनको गिलास नहीं देते तो नहीं मरतीं ना!'' चिल्की की आँखें भीगी थीं।

''शायद...'' मैंने अपनी दादी की वह मुस्कान याद करते हुए कहा। पर मैं कहना चाहती थी, ''मरतीं तो वो तब भी पर तब उनके चेहरे पर मुस्कुराहट नहीं होती।''

''वो गिलास अब कहाँ है, दादी?''

''दादी ने कहा था, मेरी बिट्टो को दे देना। सो मेरी माँ ने दे दिया था वो गिलास बुआ को।''

''तो उनके पास है?''

''होना तो चाहिए।''

''मुझे दिखाओगे दादी?''

''अच्छा, मिल गया तो तुझे दिखाऊँगी।''

वो गिलास कहाँ मिलनेवाला था अब।

चिल्की को पूरी कहानी सुनाते हुए एक बात मैंने छिपा ली थी कि दरअसल वह काँसे का एंटीक गिलास दादा जी का नहीं था, दादी की माँ का था। अपनी माँ के मरने के बाद यही एक चीज उन्हें विरासत में मिली थी। उसमें उन्हें अपनी माँ, अपना मायका, अपना लाहौर दिखता था। चिल्की को मैंने बहला दिया था पर मुझे पता था कि बुआ अपनी बेटियों के पास अमेरिका गईं तो पुराने बर्तन-भाँडे यहीं छोड़ गईं। पुराने पीतल के बर्तनों के साथ वह काँसे का गिलास भी कोई कबाड़ी आकर ले गया होगा, क्या पता। चिल्की ने ठीक कहा था–काँसे का गिलास टूटता नहीं था पर...पर वो गिलास खो गया था, इसमें शक नहीं।

भूलभुलैया

सारा राय

यह बनारस शहर है, काशी नगरी। शिवजी भगवान के त्रिशूल पर टिकी हुई। दुनिया के पुराने शहरों में बेमिसाल। वक्त की शुरुआत से यहाँ जिन्दगी और मौत का कारोबार चल रहा है। बनारस नगरी जिन्दा है, मरे हुए और मरते हुओं को पनाह देती हुई। गलियों को भूलभुलैया में लोगों का हुजूम। बनारस शहर में मरने की तमन्ना लिये जीते हुए लोगों का यह समन्दर है। जो यहाँ मरेगा वह स्वर्ग जाएगा, जन्नत पहुँचेगा। यह यकीन सच की तरह पुराना है। यहाँ रहते-रहते मैं भी इसे मानने लगी हूँ। यकीन ही तो आखिरी सच्चाई है।

भूतों की नगरी। सदियों पहले मरी हुई औरतें खामोशी से अपने घने बाल आसमान पर फैला देती हैं। सायों के साँस लेने से हवा भारी हो जाती है। शाम को ढलते सूरज की लाली में यह साए कलश और मीनार और बुर्ज पर झुक आते हैं। घिसे हुए पत्थर की सीढ़ी के नीचे हौज का पानी मटियाले से गाढ़ा हरा हो जाता है; उसमें से उठती काई और कीचड़ की बू सदियों से हवा पर ठहरी है। उधर गली में पतंग उड़ाते हुए बच्चे की उँगली मंझे से कट जाती है तो हजारों साल पुराना खून उसमें से बहता है। ढहती हुई इमारतों के पैर इसी सदी में गड़े हैं मगर दरीचे किसी और आसमान के नीचे खुलते हैं। शहर का यह गुंजान फैलाव, तारीख की किताब के पन्ने की तरह। यहाँ के अवाम की जिन्दगी अपनी लय के साथ उस पर से गुजरती है। वक्त की तहरीर है, शहर का यह फैलाव। और एक सदी से दूसरी तक फैली जिन्दगी की हलचल के बीच, दरारों में भूत रहते हैं।

भूतों की भीड़ में, अपने खामोश कोने में मैं अभी जिन्दा सलामत हूँ। शायद वक्त की शुरुआत से ही यहाँ कायम हूँ। मैं, कुलसूम बानो, साकिन नूर मंजिल, 18/20, औसानगंज कबीरचौरा अस्पताल

के पीछे, पीपल के बुड्ढे पेड़ की सीध में। कुलसूम बानो, सय्यद नसीम हैदर की सबसे बड़ी बेटी, वह देखो, अब्बा हुजूर की तस्वीर दीवार पर अब भी टँगी है, झुलसते हुए पीले कागज को हलके से थामे। काश्मीरी रोएँदार टोपी और जामावार दोशाला। किले की दीवारों जैसे कन्धे। शानदार मूँछें। उनके चालीस गाँव और दर्जन कोठियाँ तस्वीर में नहीं हैं मगर उनसे छलका हुआ रोब सय्यद नसीम हैदर के चेहरे पर नक्श है। इस पुराने शहर में पुश्त-दर-पुश्त रहनेवाले खानदान के शजर, बीते हुए जमाने के किसी इकलौते पल में नजरबन्द। उनके बाद इस पुराने पेड़ पर बचा हुआ आखिरी समर, मैं। मेरे बाद कोई नहीं। क्योंकि इस दरख्त पर फिर कोई फल नहीं लगा।

कल वह लड़की मुझसे मिलने आई थी, मर्दों का लिबास पहने दुबली-पतली, कटे बाल, चश्मा लगाए, शक्ल हूबहू गौरैया की तरह! आते ही मेरे चेहरे को बड़े गौर से देखती है, मेरी कागज जैसी जर्द खाल पर पड़ी गहरी खाइयों और मेरी आँखों की बेरौनक वादियों को। जैसे कि मैं अभी-अभी अपने बिल से निकले किसी गुमशुदा जानवर की नस्ल से हूँ। फिर पूछती है, ''आप कैसी हैं, आपा बेगम?''

इस अन्दाज में मानो वह मेरी बरसों की मुलाकाती हो।

बिल में बन्द रहते हुए जानवर की ही बदमिजाजी के साथ मैं गुर्राई–''मैं बहुत बुरी हूँ; बद से बदतरीन, बददिमाग, बदतमीज, निहायत बदअख्लाक, एक बेइन्तिहा तकलीफदेह बुढ़िया, बेशर्मी से जिए जा रही हूँ, जीनेवालों पर बोझ, खाक से भी कमतर, एकदम ही गई-गुजरी, नाकाबिले बर्दाश्त...'' मैं इसी तर्ज में और बोलती चली जाती मगर उसका बौखलाया हुआ चेहरा देखकर चुप हो गई। मेरी बात सुनकर वह एकदम सकपका गई थी, मुँह खुला का खुला, उसमें से एक आवाज नहीं, जैसे कि उसे साँप सूँघ गया हो!

फिर उसने दोबारा कोशिश की, हिम्मत तो देखो, उसने मेरी तरफ एक हाथ बढ़ाया, उँगलियों को प्याले की शक्ल में बाँधकर और बोली, ''इजाजत हो तो आपसे थोड़ी-सी बातें करना चाहती हूँ...''

मैंने कहा, ''थोड़ी-सी से तुम्हारी क्या मुराद? पाव भर, आध सेर, सेर भर...?''

बेचारी! वह फिर मेरा मुँह ताकने लगी, सिट्टी-पिट्टी गुम। दो ही जुमलों में मैंने उसे शहीद कर दिया। इस खयाल से मेरे चेहरे की झुर्रियाँ मुस्कुराहट में फट पड़ीं। तब लगा जैसे उसे इत्मीनान हुआ और वह भी जरा हँसी। बिलकुल चहचहाती हुई सी गौरैया।

''असल में, मैं पुराने घरों और उनमें रहनेवालों पर मजमून लिख रही हूँ, अखबार के लिए। कुछ सवाल पूछना चाहती थी...''

''आसानी से जान नहीं छूटनेवाली। अच्छा भाई, तो लो पूछो। पूछ लो फिर अपना रास्ता लो तो मैं भी चैन की साँस लूँ। उसके बाद न किसी का यहाँ आना, न मेरा कहीं जाना। किस्सा हुआ खत्म, अल्ला-अल्ला खैर सल्ला!'' मेरा इतना कहना था कि उसने

कन्धे पर टँगे अपने बैग से एक छोटी-सी काली डिब्बानुमा चीज निकाली और बोली, "गुस्ताखी माफ करें तो आपकी बातें रिकॉर्ड कर लूँ?"

तो अब मेरी आवाज भी बन्द करके ले जाएगी यह लड़की।

हाँ भाई, मैं अपने खानदान में बिलकुल आखिरी हूँ। नहीं, और कोई नहीं बचा है। क्या तुम्हें मेरे इर्द-गिर्द भीड़ उमड़ती दिखाई दे रही है? मेरे वालिद की चार औलाद। पाँच, अगर अली मियाँ को गिन लो तो। बित्ते भर के थे, तीन साल के, जब हैजा उन्हें खा गया। हैजे के शिकंजे में तो मैं भी आई थी। पर मैं तो सख्तजान थी, हैजा मुझे क्या होता, मैं हैजे को हो गई। वह दुम दबाकर भागा। गरज कि हम बचे चार। मैं सबसे बड़ी, फिर इकबाल मियाँ, फिर ताहिरा, फिर सकीना। सब गए, सब। चलो और आगे बढ़ो। वालिद क्या करते थे? वाह, यह भी क्या सवाल है। क्या करते, सिर पे हँड़िया रख के दही तो नहीं बेचते थे। रईस थे, रईसों का क्या कोई पेशा होता है? शान से सिर ऊँचा करके चलते थे!

हाँ, इस हवेली में बहुत आमदरफ्त थी। भूतों का अड्डा तो यह बहुत बाद में बना। त्योहारों पर चारों सिम्त से रिश्तेदार आते थे। घर भरा रहता था। हर कमरे में लोग अंगूर के गुच्छों की तरह। और देगें उतर रही हैं, खाना पक रहा है, दस्तरख्वान और बड़ा बिछ रहा है। एक बार में बाईस-पच्चीस लोग। कोनों-अँतरों में वह मुलाकातें, खिलखिलाहट, कानाफूसी। फिर शाम को मिरासनें आती थीं, नाच-गाना होता था, कैसी रौनक रहती थी। उन्हीं को देखकर तो मेरे सिर पर भी नाचने का भूत सवार हो गया था। कोने-कोने नाचा करती थी! मगर अब्बा ने लाख जिद करने पर भी घुँघरू लाकर नहीं दिए। लेकिन मैं भी कोई हार माननेवाली तो थी नहीं। याकूब को भेजकर मैंने खुद बाजार से मँगवा लिये! कैसा नाचने का जुनून था, दिन-भर नाचती थी मगर पैर नहीं थकते थे। खुदा की कसम, यही पैर थे। यही टेढ़े चुड़ैल के पंजे, इन्हीं से नाचती थी। मिल गया खाक में वह जमाना। जमीनें चमन गुल खिलाती हैं क्या-क्या, आसमाँ रंग बदलता है कैसे-कैसे।

सन् 1947 में मैं कहाँ थी? जब मुल्क के टुकड़े हुए? जहन्नुम में! यहीं थी, अपने वतन में, और कहाँ रहती? क्या अपना नीम का पेड़ छोड़ के चली जाती? सुना जरूर था कि पाकिस्तान बना है, सरहद के उस पार, मगर कौन-सी सरहद, कहाँ थी वह सरहद? नहीं, हमारे घर से पाकिस्तान कोई नहीं गया, सिवाय इकबाल मियाँ के। हमेशा के बुजदिल, दंगे देख के घबरा गए बेचारे। बहकावे में आ गए। और देखो उनका क्या नतीजा हुआ। अपना दिल तो इसी मधुमालती पर टँगा छोड़ गए थे, हाँ, यही लतर जिसे तुम सामने देख रही हो, गुलाबी और सफेद फूलों वाली।

वह न गया उनके साथ। मधुमालती की बेल और उसमें रहनेवाली इन्हीं कमबख्त गौरैयों को याद करते हुए वह मर गए, अजनबी मिट्टी पर।

मेरे बाद! मुझे क्या मालूम मेरे बाद इस हवेली का क्या होगा। यह फिजूल की बातें सोचकर मैं वक्त जाया नहीं करती। होगा वही जो सदियों से होता आया है। बूँद की तकदीर है समन्दर में फना हो जाना! एक तरफ के कमरे ढहने शुरू हो गए हैं, दीवारें और छत तो बहुत दिनों से बोसीदा हैं। उन्हें बनवाना मेरे बूते से बाहर है। पिछले महीने ड्योढ़ी की दोहरी चहारदीवारी का एक हिस्सा गिर गिया। और दीवार के खँडहर में से हलीमा ने मुझे लाकर क्या दिया? मेरे वही निगोड़े घुँघरू जो मैंने याकूब से मँगवाए थे करीब-करीब अस्सी साल पहले, जो न जाने कहाँ गायब हो गए थे।

खैर, अब छोड़ो, यह किस्सा बहुत पुराना और साँप की आँत की तरह बहुत लम्बा है। इसे तुम यहीं तमाम करो, जो सुना है बस वही लिख डालो। मैं अब और आगे नहीं बताऊँगी। फसाना खत्म, पैसा हजम, खुदा हाफिज!

लो, टली किसी तरह से वह बला! अपना काला डिब्बा और हाथ में टेलीफून लिये। अब तो जिसे देखो हाथ में टेलीफून लिये है, क्या कहते हैं मोबायल। उस दिन तो बिट्टन महतरानी की पोती झल्लो हाथ में मोबाइल लिये आकर मेरे सामने खड़ी हो गई। पूछती है, "आपा बेगम, तू जानत हउआ इ का बा?"

खुदा की शान! यह इक्कीसवीं सदी है, जनाब, कोई दिल्लगी नहीं। मगर इक्कीसवीं सदी मेरी बला से! मैं तो अपने ही वक्त में जीती हूँ। इस लड़की के तेजी से भागते हुए वक्त के बगल में मेरा वक्त खरामा-खरामा चल रहा है।

जो कुछ बीत गया है, वह खत्म नहीं हुआ बल्कि मेरे तसव्वुर में बार-बार खुलता फैलता रहता है। वह रोशनी और परछाइयाँ अब भी मौजूद हैं। यह शोरगुल से सन्नाटे तक का सफर, जिन्दगी का एकदम से चल पड़ना और फिर ठहर जाना। वही भूलभुलैया। नूर मंजिल, वक्त के कोहरे में खोई हुई, यही नूर मंजिल तो है। मगर नूर मंजिल सिर्फ ईंटों और दीवारों से तो बनी नहीं है। जुग्राफिए की असलियत से आगे बढ़कर वह मेरे दिमाग की दुनिया में फैल गई है, याददाश्त में, जहाँ उसकी सूरत बर्फ में जमे नक्श की तरह ठहरी है। कितना वक्त बीत गया है। मगर यह मेरी गलतफहमी है। वक्त कभी नहीं बीतता है, वह तो एक दरिया है, हमेशा बहता हुआ। इस दरिया का किनारा कहाँ है? मैं ही हूँ जो बीती जा रही हूँ। इस बरसात मेरी हड्डियाँ तिरानबे साल पुरानी हो जाएँगी। खुदा का शुक्र है, मेरे हाथ-पैर अभी दुरुस्त हैं। आराम से चलती-फिरती हूँ। कुछ और जी गई तो एक पूरी सदी की चश्मदीद गवाह बन जाऊँगी। अजल के पेड़ से टपकी पूरी एक सदी।

वह लड़की तो अपना काम करके चली गई और मेरे अन्दर तस्वीरें कड़क हैं। पूरी नुमाइश लग गई है। एक रंगीन खिन्नी खुलता जा रहा है...।

अब्बा की वजनदार आवाज सुनाई दी थी ड्योढ़ी में, दूर वेटिंग हाल में। बग्घी अभी-अभी आकर सामने रुकी थी। उनके चमड़े के जूतों की चररमरर। हाथी दाँत की उनकी बेंत की जमीन पर ठकठक। सहनची के दर में पड़े भारी से पर्दे को हटाकर, मेरे बालों में कंघी करती हुई अन्ना का हाथ झटककर मैं बाहर भागी थी। बाहर रोशनी की चकाचौंध थी। दूर पर कुएँ की जगत। उसके किनारे जंगली केले के ऊँचे पेड़ों की कतार। उन पेड़ों से और भी ऊँचा सन्तरी की तरह खड़ा अकेला सेमल जो शबाब पर था। उसके चटख लाल फूल मेरी आँखों में चुभ गए थे। मैं बेतहाशा दौड़ी थी। मेरे लम्बे खुले हुए बाल हवा में घोड़े की दुम की तरह लहरा रहे थे। मैं तेरह साल की थी। उछलकर मैं अब्बा के कन्धे पर झूल गई थी–''अब्बा, मैं कब से आपकी राह देख रही थी। आप कहाँ रह गए थे? क्या आप मेरे घुँघरू ले आए?''

वह कुछ नहीं बोले। पेशानी पर हलका-सा बल आ गया। उन्होंने धीमे से मुझे अपने कन्धे पर से हटाया और साईस की तरफ एक बार नजर घुमाकर देखा, साईस जो बड़े गौर से हमें देख रहा था और सारी बातें सुन रहा था।

''अल्लारखे, जाओ गाड़ी को अस्तबल में ले जाओ।''

फिर मुझसे मुखातिब हुए, ''चलो बेटा, अन्दर चलो। यहाँ इस तरह हौशा हैरान होकर निकलने की क्या जरूरत थी?''

मेरी बाँह पकड़कर वह मुझे अन्दर ले गए।

अब्बाजान, दुनिया के सबसे हसीन, सबसे अक्लमन्द, सबसे मजबूत आदमी। और मैं अब्बा के प्यार में बुरी तरह मुब्तिला। उनके जैसा दूसरा कोई दुनिया में हो ही नहीं सकता। जब और छोटी थी तो कहती थी, ''अगर मैं ब्याह करूँगी तो सिर्फ अब्बा से!'' इस पर क्या चहचहे कहकहे उठते थे! अब्बा हम तीनों बहनों को बहुत चाहते थे। इकबाल मियाँ को भी चाहते थे, पर उतना नहीं। लाड़-प्यार में चूर हम इतराए फिरते थे। कौन था जो इस इतराहट पर रोक लगा सकता था? अन्ना अकेले में बड़बड़ाती थीं–''ऐसे चोंचले मैंने तो कहीं नहीं देखे! लड़कियाँ हाथ से बेहाथ हुई जाती हैं। कोई-न-कोई फितना रोज बरपा रहता है।''

अन्ना झूठ नहीं कहती थीं। हम बहुत शरीर थे। मौलवी साहब पढ़ाने आते तो हम कुछ देर तो कायदे से पढ़ते। मौलवी साहब अफीम खाते थे। जैसे-जैसे उनके ऊपर अफीम की पिनक सवार होती, हम चुपके से वहाँ से खिसक लेते। बगल की दालान में निकल आते जहाँ घटाल टँगा रहता था, और उसे जोर से पीटते मौलवी साहब उछलकर 'हाँय-हाँय!' कहते हुए सीधे बैठ जाते। फिर हममें से कोई कहता–

''मौलवी साहब, आप तो सो गए थे। हम घंटे भर से सबक दोहरा रहे हैं।''

''तो क्या आमोख्ता हो गया?'' मौलवी साहब हिचकिचाते हुए पूछते।

''जी मौलवी साहब।'' हम एक आवाज में कहते।

"अच्छा तो कल का सबक याद करके रखना।" वह जूतियों में पैर डालते हुए कहते और सिर पर टोली सँभालते गली में निकल जाते। आधे घंटे में चटापट पूरा सबक खत्म। फिर क्या था। हमारी घर भर के बुजुर्गों की नक्काली और हमारी चुहलबाजी। कभी अन्ना के नकली दाँत छुपा दिए और उनकी पोपली जबान पर ठट्ठे लगा रहे हैं, या भरी दोपहरी में बुर्का पहनकर भूत बने अन्ना की बेटी सुग्गन को डरा-धमका रहे हैं। कभी चचा मियाँ के छोटे बेटे अट्टू को मुर्गी के दरबे में बन्द करके वहाँ से चलते बने। हमारी शोखी और शरारत पर सूरज नहीं ढलता था।

शिकायतें आतीं तो भी अब्बा के कानों पर जूँ नहीं रेंगती। उनकी उलफत के घेरे में महफूज, हम बेहंगम बड़े हो रहे थे। शरारत हम करते, डाँट बेचारे इकबाल मियाँ को पड़ती। इकबाल पर वह कड़ी निगरानी रखते थे कि लड़का बिगड़ने न पाए मगर बेटियों के खिलाफ वह कुछ भी सुनने को तैयार नहीं थे। हमारे लिए रिश्तों की बात उठती, तो दुनिया का कोई लड़का उन्हें हमारे लायक नहीं लगता। किसी की नस्ल ठीक नहीं, कोई नाटा था, कोई काला, कोई मगरूर तो कोई जरूरत से ज्यादा बातूनी। उनके तेवर समझकर हम भी इन होनेवाले शौहरों को तरह-तरह के खिताब दे देते। 'नटुल्ला', 'चिनिया बादाम', 'काला कलूटा बैगन लूटा', 'अरबी घोड़ा' वगैरह। गरज कि, कहीं से भी पैगाम आता तो उसमें कोई-न-कोई ऐब देखकर वह मना कर देते। सो हम अपने खानदान की नस्ल की, हुस्न की बुलन्दी पर नूर मंजिल में कायम रहे। उसे छोड़कर कहीं नहीं गए। अब्बा देखिए, मैं नूर मंजिल में अब भी हूँ। आपको मेरा पता-ठिकाना ढूँढ़ना नहीं पड़ेगा।

नूर मंजिल का यह वसीह हाता। जहाँ बरसात के दिनों में पौधे दिन दूने रात चौगुने बढ़ने लगते हैं, जोंक और लिल्लीघोड़ियाँ, बीरबहूटियाँ और छोटे-छोटे मेढक रंगरलियाँ मनाते हैं। साल भर से जमीन के नीचे कैद साँप बिलों में से निकलकर बल खाते हुए बारिश का इस्तिकबाल करते हैं और लम्बी-लम्बी घास सारे में हरी आग की तरह फैल जाती है। हाँ, बनारस शहर की गहमागहमी के बीच अब भी यह हाता मौजूद है। भीड़भाड़ को चीरते हुए अब भी आप यहाँ पहुँच सकते हैं।

नूर मंजिल। लखौरी ईंटों से बनी कम-से-कम तीन फीट चौड़ी दोहरी दीवारें, ऊँचा दरवाजा, लोहे की कीलों से जड़े दो फौलादी फाटक, दरवाजे के अन्दर लम्बी पेंचदार ड्योढ़ी और ड्योढ़ी से तीन सीढ़ियाँ उतरकर बड़ा-सा खुला हुआ सहन। सहन के बीचोबीच एक हौज जिसमें फव्वारे का पानी रोशनी को छूने के लिए बेताब, लपकता ही रहता था। सहन के दो तरफ मेहराबदार दालान जिसकी दरों में उन दिनों मोटे और भारी पर्दे पड़े रहते थे। जाड़े में पर्दे गिरा दिए जाते थे तो सर्दी का नामोनिशान नहीं रहता था और गरमी में पर्दे हटते तो सहन से सरसराती हुई हवा अन्दर घुस आती और तपिश मिट जाती। दरें के साथ-साथ

चलती मधुमालती की चार बेलें जिनके तने पुराने होते-होते इतने मोटे हो गए थे कि अफ्रीका के घने जंगल की किसी बेल के भी क्या होंगे। मधुमालती में सैकड़ों गौरैयों का बसेरा था—सुबह-शाम उनकी चाँय-चाँय से ऐसा गुल मचता था कि कान पड़ी आवाज सुनाई नहीं देती थी।

अन्दर कमरों की छतों में फर्शी पंखे, जरी की झालर समेत लटके रहते थे। अब तो बिजली के आ जाने से वह पंखे बेकार हो गए हैं मगर बड़े कमरे में अब भी एक फर्शी पंखा टँगा है। याद हैं गरमी की वह लम्बी दोपहरें जब सुग्गन पंखे की रस्सी पैर के अँगूठे में फँसाकर घंटों खींचा करती थी। कभी-कभी तो वह खुद ऊँघ जाती मगर अँगूठा अपना काम करता रहता!

सहन के एक कोने में चौड़ी सीढ़ियों का घेरदार जीना जो छत की बरसाती के सामने निकलता है। नूर मंजिल की यह दूर तक फैली, खुली हुई छत। गरमी की रातों में इस छत पर हम चारपाइयाँ डाल लेते थे। चारपाई पर बिठी चाँदनी और तकियों के सिरहाने रखे बेले और चमेली के फूलों की क्या गमक उठती थी। जब उमस और घुटन होती और आसमान से आग बरसती तो हम इन मूँज की चारपाइयों पर पानी छिड़क लेते थे, या कभी-कभी गुलाब और केवड़ा। पानी बरसता तो चारपाइयों को खींचकर बरसाती के अन्दर कर लेते। और सहन के ऊपर, छत के छज्जे के नीचे कबूतरों की काबुकें। अन्ना कहती थीं जिस घर में कबूतर हों वहाँ बीमारी नहीं आती। लक्का और शीराजी और काबुली और वह कीमती अनारदाना, अकबर बादशाह जैसी आँखों वाला।

अब तो आधे से ज्यादा कमरे बन्द पड़े हैं। हवेली का एक हिस्सा मेरे इस्तेमाल के लिए खुला है—दालान की आखिरी हद के पास चार सीढ़ियाँ उतरकर तहखाने वाला कमरा जो गरमी के दिनों में भी सर्दखाना बना रहता है, उसके बगल की सहनची जिसमें मैं जाड़े काटती हूँ और उससे लगी हुई कोठरी जो मेरे बावर्चीखाने का काम देती है। इसी के बाहर हलीमा सोती है, अपनी बहू और पोता-पोती के साथ, जब उसका हरामखोर शराबी बेटा बनारस की गलियाँ छानता फिरता है। रात को सब अपना बिछौना लाकर कतार से बिछाते हैं तो उसमें से उठती थकान और पसीने की बासी बू से मेरा कलेजा बैठ जाता है। मगर मजबूरी है। मैंने ही तो इन लोगों से यहाँ सोने के लिए कहा है। तो जाहिर है इस मजमे को बर्दाश्त तो करना ही पड़ेगा। कहीं रात-बिरात में गिरकर अपनी टाँग तोड़ लूँ तो उठाने के लिए किसी को यहाँ मौजूद तो रहना चाहिए।

वैसे हलीमा मेरी देखभाल करने में कोई कोताही नहीं करती। जब देखो सिर पे सवार रहती है, कभी, ''आपा बेगम चाय पीजिएगा?'' कभी, ''आपा बेगम, गुस्ल का पानी लाऊँ?''

खुदा महफूज रखे चुड़ैल के नहलाने से। क्या मैं रात-भर कीचड़ में लोटती हूँ? मगर उसका यहाँ होना भी ऊपरवाले की मेहरबानी है। मैं कौन उसे हीरे-जवाहरात

दे देती हूँ। बस वही जिन्दा रखने भर की दो रोटियाँ और दाल। खुद ही मुसीबत की मारी है तो यहाँ पड़ी हुई है नहीं तो मुलाजिम आजकल मिलते कहाँ हैं?

बाकी घर बन्द पड़ा है। मेरी सहनची के बगल से घेरदार जीना छत पर जाता है। वहाँ भी लम्बी-सी दालान है। इस दालान का नाम शहीद मर्द की दालान पड़ गया है। रात को, बहुत रात को जब सन्नाटा छा जाता है तो जीने पर से शहीद मर्द खड़ाँव पहने उतरता है। उसकी खड़ाँव की खटपट बराबर मेरे कानों में आती है। मगर वह किसी तरह से सीढ़ियाँ उतरना खत्म ही नहीं करता है, बस उतरता ही जाता है। दो सौ साल से वह सीढ़ियाँ उतर रहा है; उसका यह सीढ़ियाँ उतरना हमारे खानदान की तारीख में दर्ज है। बरसाती की खिड़की खोलकर गली में देखो, तो उसकी मजार सामने बनी हुई है। कुछ का कहना है यह रूह अच्छी है, कुछ और हैं जो कहते हैं कि यह परेशान करनेवाली रूह है। खैर, रूहों का क्या ठिकाना, मैं हर जुमेरात हलीमा को दालान पर भेजकर चिराग और अगरबत्ती जलवा देती हूँ। वैसे अब यह रूह मुझे क्या परेशान करेगी, मैं तो खुद ही रूह बनी जा रही हूँ।

सबको अलविदा कह चुकी। अब्बा, अम्मी, चचा मियाँ, चचीजान। फिर मेरी दो बहनें और एक भाई। यह तीनों मुझसे छोटे। हवेली में बाएँ हिस्से में चचा मियाँ की चार औलादें। सब गए। गाफिल होकर सो रहे हैं, नीम के नीचे। नीम के पीले पत्ते कब्रों पर लहराकर गिरते हैं। बार-बार मैं हाथों से पत्तों को हटाती हूँ, साफ करती हूँ। कब्र पर जमी मिट्टी को नाखूनों से खुरचती हूँ। नीचे से संगमरमर निकलता है। उस पर खुदे हुए नाम। सिर्फ नाम, और कोई निशान बाकी नहीं। मिटे नामियों के निशाँ कैसे-कैसे। बस मैं ही हूँ, एक टाँग इस दुनिया में पसारे, एक उसमें, दोनों जहाँ पर हावी। मैं, कुलसूम बानो। इस नाम से मुझे पुकारनेवाला कोई नहीं बचा है। मैंने सबको पछाड़ दिया है, मैं तो मरती ही नहीं। बस अब हर कदम फूँककर रखती हूँ। मैंने अम्मी का हश्र देखा है, सबक सीखा है। अभी मैं जीना चाहती हूँ; जीने की तमन्ना मेरे जिस्म के पोर-पोर में बसी हुई है।

नूर मंजिल के छत की काई से काली मुँड़ेर पर खड़ी होकर मैं अपने बाजुओं को डैनों की तरह फड़फड़ाती थी। बड़ा-सा चाँद, पीली रकाबी जैसा, आसमान में निकला होता था। एक गुबार के बीच, जोरदार 'हफ-हफ!' की आवाज के साथ मैं ऊपर उठती थी। चाँदनी की उजली इमारतें, पेड़, खम्भे, सब पीछे छूटे जाते थे! हवा को अपने पंखों से तराशती मैं नूर मंजिल की दालान को मुड़-मुड़कर देखती थी जो दूर, और दूर हुई जाती थी। और दिल में आजादी का वह अहसास। खुशी फुलझड़ी की तरह दिल में छूटती थी। बार-बार, बरसों तक, यह ख्वाब मेरी बन्द आँखों के पर्दे पर नाचा करता था। मैं अम्मी को इसके बारे में जाकर बताती थी। अम्मी बिस्तर पर पड़ी थीं। उड़ना तो दूर, वह चल भी नहीं सकती थीं।

मेरी अम्मी। हाँ, मुझ जैसी खबीस की भी कभी अम्मी थीं। नुसरत बानो। इसी ड्योढ़ी में गिरी थीं। कूल्हे की हड्डी ऐसी टूटी कि वह फिर कभी खड़ी नहीं हुईं। सागवान के बड़े-से पलंग पर वह सहनची में लेटी ही रहती थीं। मौसम बदलते थे–गरमी से बरसात से जाड़ा, फिर बसन्त और पतझड़ और फिर गरमी–उनके हाल में कोई तबदीली नहीं आती थी। उनके लेटे रहने से पलंग की निवाड़ झूल गई थी। वह ढलती जा रही थीं। उनका बेबाक हुस्न–कैसी आग के दरिए जैसी आँखें, चेहरे पर क्या जज्बा! उन आँखों को बुझते मैंने देखा है। या खुदा! ऐसा जज्बा दिया ही क्यों अगर उसे यूँ शिकस्त होना था?

आज मैं यह कह रही हूँ जब बीते दिनों की भूलभुलैया में भटकते हुए उनकी तस्वीर मेरी आँखों के सामने उभर आई है। उन दिनों हमें उनकी बेबसी का अहसास कम था, बहुत कम। वह हवेली के कोने में पड़ी रहती थीं, जब हम दिन-भर धमाचौकड़ी में मशगूल रहते थे, घूमती हुई दुनिया के ठहरे हुए नुक्ते की तरह। सामने से कोई गुजरता तो वह पुकारती थीं, जिस पुकार को सुनकर कभी कोई आ जाता, कभी अनसुना करके आगे बढ़ जाता। कौन-सी तेजी, कैसा जोर था वह जिसके बहाव में हम आगे बढ़े जा रहे थे, जिसमें कानों तक उनकी आवाज नहीं पहुँचती थी?

किसी दोपहर, जब उनकी पुकार सुनकर मैं चली जाती तो हाथ के इशारे से वह मुझे अपने पास बैठने को कहतीं। फिर, सहन के एक कोने में लगी हुस्ने हिना की झाड़ी से छनकर आती सूरज की रोशनी की तरफ वह मुझे मुखातिब करवातीं। हुस्ने हिना की हिलती हुई गुत्थमगुत्था टहनियाँ सामने वाली दीवार पर बारीक-सी भूलभुलैया जैसी परछाईं बना रही होतीं। हम दोनों इसको देखते, वह लेटी हुई, मैं बैठकर जब तक दोपहर के सूरज की रोशनी मद्धिम होते-होते खत्म नहीं हो जाती। यह बार-बार बनती-बिगड़ती बदलती परछाइयाँ पल भर की ही होतीं, लेकिन रोशनी और परछाईं के इस खेल में हमें जजीरें दिखाई देते, हवा से सिहरती घास और पेड़, जलते पत्तों से उठता धुआँ और रेगिस्तान पार करता हुआ कई दिनों पहले चला ऊँटों का काफिला। एक फानी दुनिया जो धीमे-धीमे काफूर हो जाती। वह फुसफुसाकर मुझसे पूछतीं–देखो, वह हवा में झूमता नारियल का झुरमुट तुम्हें दिख रहा है? वह बड़े-बड़े जहाज और रेगिस्तान में नागफनी के पेड़? उनकी खिसखिसी आवाज में पतिंगों के टूटे पंखों जैसी महीन-सी खड़खड़ाहट होती।

मगर ज्यादा मौके ऐसे होते थे कि मैं भी उनकी पुकार को अनसुना करके अपने में ही मशगूल रहती थी। बड़ी मसरूफियत रहती थी उन दिनों।

ताहिरा बीवी दौड़ी हुई चली आ रही थीं।

"आपा! आपा! जल्दी चलिए। चील फिर आ गई है।"

ताहिरा, मेरी छोटी बहन, मुझसे चार साल छोटी, मेरी मुरीद। मुर्गी के बच्चे टापे

में से निकालकर सहन में दाना चुगने के लिए छोड़ दिए गए थे। मेरे मोनार्का कल्लो के बच्चे! दो दिन से चील उन पर मँडरा रही थी; एक दिन पहले एक चूजा उठा ले गई थी। आज फिर लौटी है। खुदा गारत करे!

ताहिरा के पीछे मैं बिजली की तरह लपकी, नंगे पैर, जूती पहनने की सुध-बुध नहीं। सहन के ऊपर आसमान का नीला तम्बू तना हुआ था, तम्बू पर सफेद बादलों की झंडियाँ। एकदम साफ, चील से खाली। फिर गौर करने पर बहुत दूर की ऊँचाइयों में एक काला नुक्ता नुमायाँ हुआ जो बड़ा होता गया। चील तेजी से नीचे उतर रही थी। मेरी नजर मुर्गी के बच्चों पर गई, पीले ऊन के गोले जैसे, अपनी दो हफ्तों की जिन्दगी की मासूमियत से भरे हुए! चील को देखकर मेरी आँखों में खून उतर आया उस दिन! एकदम से जमीन पर चील की काली परछाई पड़ी और एक जबर्दश्त झपट्टे के साथ वह चूजों पर टूटी। फिर क्या था। पलक झपकते ही मैं चील पर झपटी। अपने पूरे वजन से उसे दबा लिया। उसके गरम डैने मेरे सीने के नीचे फड़फड़ा रहे थे। उनमें धूल और ऊँचाइयों की बू थी।

''सुग्गन, सुग्गन!'' मैं चीखी–''जल्दी से बड़ी वाली कैंची लाओ।'' एक तैश में, सुग्गन और ताहिरा की मदद से मैंने चील के पर काट डाले। उसको चूजों के साथ चलते हुए देख लिया तभी मेरा खून ठंडा हुआ।

वही सहन तो है, अब भी। रोज शाम को कुर्सी निकलवाकर मैं उसमें बैठती हूँ। फिजा के रंग को मटियाले से सुरमई से स्याह में बदलते देर तक देखती रहती हूँ। मेरे चारों तरफ तनहाई गाढ़े काले धुएँ की तरह फैल जाती है। सहन के एक तरफ खूँटे पर हलीमा की बकरी बँधी रहती है, वह भी काली। वह मुझे अपनी बेमकसद आँखों से निहारती है और मैं किसी अहमक की तरह वापिस उसकी तरफ ताकती हूँ। लानत है इस हलीमा पर। उसे यही एक जगह मिली है बकरी को बाँधने की! एक दिन खुल गई थी तो सारे गुले अब्बासी के पेड़ चबा गई। बकरी का चबाया दोबारा पनपता भी तो नहीं। और मेगनियाँ देखकर तो मेरे तन-बदन में आग लग जाती है। काली-काली मनहूस गोलियाँ हर तरफ फैली हुई। झाड़ने-बुहारने का शऊर नहीं है चुड़ैल को, बस लीद फैलाना आता है। मगर अब कितनी बातों के लिए बकूँ; मैं भी हाथ पे हाथ धरे बैठी रहती हूँ इस कूड़ेखाने में।

आज सहन में बैठी थी तो सामने बड़े कमरे से सकीना बीवी की आवाज मेरे कानों में आई। सकीना, मेरी सबसे छोटी बहन थी। उसकी गोल-सी फिसलती हुई आवाज, जैसे उसके गले में तेल से तर, चिकनी सुरों की रस्सी हो! सकीना का पतला किताबी चेहरा मेरी आँखों के सामने उभरा। कानों में जर्मुरत का आवेजा। उसका फीरोजी दुपट्टा बड़े कमरे की बरसों से ठहरी हवा में लहराया। वह ताँबे के एक पुराने घड़े के अन्दर मुँह डालकर गाती थी। घड़े के अन्दर बन्द, बाहर निकलने का रास्ता ढूँढ़ती-सी आवाज और भी गूँजने लगती थी। वह घड़ा बहुत दिनों तक

घर में लावारिस टकराया फिरता था, कभी उसे कोई उठाकर मोदीखाने में रख देता, तो कभी वह टूटे बर्तनों के अम्बार में पड़ा मिलता। फिर वह भी मेरे घुँघरुओं की तरह गायब हो गया। इस घर के हरामखोर नौकरों की बदौलत कोई सामान अपनी जगह पर नहीं रहने पाता। सकीना की आवाज साफ मेरे कानों में आई थी। अपना वही पसन्दीदा गाना गा रही थी जिसे वह बार-बार गाया करती थी–

झुकी आई रे बदरिया सावन की,
सावन की मनभावन की...

घंटों सकीना और मैं बड़े कमरे में बन्द रहते थे। उसका गाना और मेरा नाचना! कसम से कहती हूँ, किसी तरह से खत्म ही नहीं होता था। कैसा जुनून था जो उन दिनों मुझ पर हावी रहता था। पता नहीं कहाँ से यह नाचने का शौक मेरे सीने में उमड़ा था। क्या यह उन्हीं मिरासनों की देन थी, जो हवेली में शाम को आया करती थीं, या इस शौक की जड़ें किसी दूसरी गहरी, पोशीदा जगह तक पहुँची हुई थीं? क्या यह मुझे किसी नाचनेवाली से खून में मिला था, कोई खूबसूरत नाचनेवाली जो पान की खुशबूदार गिलौरियाँ खिलाकर मेरे परदादा, लकड़दादा के दिल में बैठ गई हो? कहीं से तो आया था मेरे खून का यह उबाल जो पैरों की हरकत और जिस्म की जुम्बिश में ही ठंडा होता था।

आँखें बन्द, चेहरे पर मुस्कान, दिलोदिमाग किसी और जहाँ में, मैं नाचती चली जाती थी। पैर छिल जाते थे मगर थकते नहीं थे। गोल-गोल, बड़े कमरे की पत्थर की फर्श पर मैं चक्कर काटती रहती थी। फिर अपने घेरदार गरारे के पायँचे सँभाले, एक ही जगह पर सिमट आती लट्टू की तरह। जितनी देर तक नाचती मैं कहीं और, कोई और होती। आखिर हाँफती हुई जब रुकती तो उस दूसरी दुनिया का अहसास देर तक मेरे जहन में नाचता रहता।

बहुत दूर, दुनिया के किसी दूसरे छोर पर सकीना बीवी घड़े के अन्दर मुँह डाले गाना गा रही है। शाम हो गई है। गुलाबी और सुनहले आसमान से उतरकर सकीना की आवाज मेरे कानों में गूँज रही है। यह भी कैसा मोजिजा है कि पिछले महीने, दीवार के पीछे छुपे हुए मुझे अपनी अस्सी बरस पुराने, खोए हुए घुँघरू मिल गए। मैंने उन्हें हाथ में लेकर, उलट-पलटकर देखा। वाकई घुँघरू तो वही हैं, बस वक्त और नमी के असर से उन पर हरी-सी कलौंछ आ गई है। तकलीफ से मैंने अपनी अकड़ी हुई कमर को झुकाया, आजमाया और अपने काठनुमा पाँव पर वह घुँघरू बाँध लिये। फिर किसी बड़ी-सी बेढंगी चिड़िया की बेढब हरकत के साथ मैंने वहीं खड़े-खड़े एक धीमा-सा लड़खड़ाता हुआ चक्कर काटा। दिल में जैसे कुछ गूँजा, कुछ याद आया। मोर्चा खाए हुए घुँघरू में से एक गूँगी-सी, दबी-दबी आवाज निकली। मुझे लगा जैसे वह दूर, कहीं और बज रहे हैं।

ये रहगुजर न होती

अलका सरावगी

एक मुद्दत के बाद बचपन के उसी पुराने मकान में घुसते हुए उसके अन्दर धड़कन-सी होती है। ऐसा लगता है, जैसे मकान की आँखें हों और वह अपनी बूढ़ी, मरती हुई आँखों से उसे गौर से देख रहा हो। अन्तिम बार, दादी की तरह—जैसे कुछ कहने की इच्छा रह गई हो।

उसने अपने साथ चलते हुए डेढ़ बरस के अपने बच्चे का हाथ छोड़कर झुककर उसे गोद में उठा लिया। उसका बच्चा इस बीती हुई दुनिया में उसकी नई जीती हुई दुनिया का छोर है। बच्चे को अपने से सटाकर वह कुछ सहज हो आई।

छोटे-से अहाते में घुसकर वह बैठक के सामने पहुँची। वे बैठक में दरवाजे के पास उसी तरह उसी पुरानी कुर्सी पर बैठे थे, जैसा कि उसे डर था कि वे बैठे होंगे। बैठक खाली पाने की उम्मीद फुस्स होने पर एक क्षण के लिए उसमें गहरी हताशा भर गई। उसके अन्दर फिर वही बचपन वाला खयाल उगा कि कितना अच्छा होता कि इस मकान के अन्दर घुसने की कोई ऐसी सीढ़ी होती, जो इस बैठक के रास्ते से गुजरे बिना भी ऊपर ले जाती। पर अब वह चूँकि बड़ी हो गई थी, उसके दिमाग में यह बात आई कि तब तो बैठक भी शायद उसी सीढ़ी के पास होती।

बाबा उसी कुर्सी पर बैठे उसी तरह उसे देख रहे थे—बिना मुस्कुराए, जैसे कोई किसी अनजान, घर में घुसे आ रहे व्यक्ति को देखता है। उसने मुस्कुराने की कोशिश की, तो उसका चेहरा उसी खिलेपन से भर गया, जिसके कारण लोग उसे हँसमुख कहते थे। कई लोगों का चेहरा ऐसा होता है कि जरा-सी हरकत होते ही हँसमुख दिखाई पड़ता है। ऐसे लोग खिसियाहट में भी हँसमुख ही दिखते हैं।

''कैसे हैं बाबा?'' उनसे न बच पाने की अपनी जानी-पहचानी हताशा को तोड़ने की जी-जान से कोशिश करते हुए उसने पूछा।

इन तीन शब्दों में उसने बाबा का स्थिर, भावहीन चेहरा बदलते देखा–जैसे किसी ने पटाखे के पलीते के अन्तिम सिरे में आग लगा दी हो और वह जलता हुआ आग को पटाखे की तरफ बढ़ा रहा हो। अचानक न जाने कहाँ से उसके दिमाग में पापा का झुका हुआ चेहरा और बाबा का इसी तरह भड़कता हुआ चेहरा कौंध गया। दोनों के कितने मिलते हुए चेहरे! पर कितने अलग! उसे यह सोचकर–बल्कि अचानक देखकर–बेहद आश्चर्य हुआ कि अब पापा साठ साल की उम्र पार करने के बाद बाबा की ही उम्र के लगने लगे हैं। या अब शायद पापा बाबा से भी बड़ी उम्र के लगते हैं। तो क्या बाबा की उम्र कहीं बरसों पहले रुक गई थी और आगे नहीं बढ़ी? नीले रंग का बुलवर्कर लेकर कसरत करते बाबा की पुरानी छवि उसे याद आ गई।

''कैसे हैं बाबा? ठीक हैं बाबा। अभी तक मरे नहीं। बैठे हैं बाबा अभी तक–साले सारे बेईमानों को देखने, जो यहाँ से जा-जाकर बड़े साहब बन गए हैं। कोई आया पूछने कि कैसे हैं बाबा? उनकी माँ मरने को मर गई, किसी ने पूछा? न पूछे तो न सही। अभी तुम्हारा बाबा इतना कमजोर नहीं हुआ, समझी? एक कान खराब हुआ तो क्या? अभी बाबा ठीक हैं। वे लोग तो सोचते थे कि पहले ही मर-खप जाएँगे। पर मरे नहीं। उसको जरूर फूँक आए–उन सालों की माँ को।''

उसका चेहरा हँसी के बिना डरा हुआ दिखने लगा है। उसके दिमाग में आता है कि 'मरने को मर गई' का क्या मतलब है! पर वह कुछ नहीं बोलती। चुप रहती है। बाबा के सामने कोई कभी नहीं बोला। पापा नहीं बोले। दादी चुप रहीं। मम्मी तो घर की बड़ी बहू थीं। वे कैसे जुबान खोलतीं? अब सब चले गए और बाबा अकेले रह गए।

उसने कोशिश की कि इस बूढ़े अकेले व्यक्ति के प्रति सहानुभूति से सोचे। वह सामने दीवार पर दादी की फोटो देखती है। हँसती हुई फोटो। फोटो के काँच पर लगी हुई बड़ी लाल टिक्की। दादी सुहागिन मरी हैं। इसी बैठक में तीन साल बिस्तर पर पड़े-पड़े। अब वे फोटो में हँस रही हैं। अन्तिम दिनों में उनका दिमाग फिर गया था, वे कुछ-कुछ अंट-शंट प्रलाप करती रहतीं–इधर-उधर की स्मृतियाँ, कहाँ-कहाँ की बातें! पर बाबा का डर पागलपन भी नहीं तोड़ पाया था। बाबा डाँटते तो चुप हो जातीं। फिर चुप रहतीं और आँखें भींच लेतीं। घंटों वैसे ही पड़ी रहतीं।

यह फोटोवाली हँसी कितनी पुरानी है? शायद उनकी अन्तिम हँसी रही हो। ऐसा भी तो हो सकता है। कितनी भयानक बात है कि आदमी को हँसते वक्त यह पता भी न हो कि यह उसकी अन्तिम हँसी है। उसके रोएँ खड़े हो जाते हैं।

कितनी देर से वह बच्चे को गोद में लिये खड़ी है। बाँहें दुखने लगी हैं। बाबा बच्चे की तरफ नहीं देखते। न ही उसे बैठने के लिए कहते हैं। वह उम्मीद से बच्चे की तरफ देखती है कि शायद वह कुछ आवाज करे और बाबा का ध्यान उसकी तरफ चला जाए। पर वह सो गया है।

क्या बाबा ने बचपन में उसे कभी इस तरह गोद में लिया होगा? कभी खिलाया होगा? उसे इतना-भर याद है कि परीक्षा के दिनों में वह बाबा के कमरे में उनसे यह कहकर सो जाती थी कि उसे सुबह चार बजे उठा दें। वे ठीक समय पर उठा देते–न चार बजने के एक मिनट आगे, न एक मिनट पीछे। वह आँखें खोलकर बाबा की विशाल 'ग्रैंडफादर्स क्लॉक' के बड़े गोल डायल में समय देखती, तो ठीक चार बजते होते थे। बाबा उस घड़ी की चाभी अपनी धोती की अंटी में रखते और उसके खराब पेंडुलम को दिखाने के लिए जब-तब किसी घड़ीसाज को ले आते और घंटों माथापच्ची करते। क्या बाबा को कोई पुरानी बात याद दिलाई जा सकती है? क्या कोई सेतु बनाया जा सकता है उनके बीच किसी पुराने मिटे हुए क्षण का। क्या बाबा को उसे देखकर, उसके बच्चे को देखकर कुछ भी याद नहीं आता?

''बाबा, हमारी पुरानी बड़ी घड़ी क्या अब तक ठीक चल रही है? अभी भी मैं घड़ी चार बजे हुए देखती हूँ, तो हर बार मुझे उसकी याद आ जाती है।''

''कौन-सी घड़ी? ग्रैंडफादर्स क्लॉक? वह कहाँ है अब? वह तो कब की बेच डाली मैंने।''

वह सन्न रह जाती है। बेच डाली? क्यों भला? उसे बताते तो क्या पता वही खरीद लेती उस घड़ी को। एक ही तो शानदार चीज थी उसके बचपन की, जिस पर वह गौरव का अनुभव कर सकती थी। कई बार तो बहुत दुख होने पर उसे लगता था कि बाबा के ग्रैंडफादर्स–जो शायद बहुत भले आदमी थे–की यह घड़ी उसके दुख को समझकर उसे दिलासा दे रही है। उस घड़ी के बिना तो यह घर कितना मामूली है! कितना छोटा अहाता है, कितनी छोटी है यह बैठक, कितनी तंग सीढ़ियाँ, कितना अँधेरा, कितनी सीलन है पपड़ाई दीवारों में! क्या यह मकान पहले से अब सिकुड़ गया है?

''जाओ-जाओ, ऊपर जाओ। बैठोगी थोड़े ही। कब तक खड़ी रहोगी? छोटे भाई से मिलने आई हो? एक वही बचा हुआ है इस मकान में। पड़ा है बेचारा फँसा हुआ। कहाँ जाए? कहीं जाने की जेब में गरमी चाहिए न? अपने बाप के जैसे ही एक वही साहब नहीं बन पाया। कमजोर रह गया। बाकी सब बेईमान चलते बने। यहाँ बिजली का बिल भी बाबा के भरोसे भरवाया जाता था। एक कौड़ी कभी किसी ने नहीं दी। तुम्हारे दोनों चाचा और बड़े भाई सेठ बन गए। पर मेरा रुपया नहीं चुकाया।''

उसका मन होता है कि कुछ कह दे। कहे कि, 'अब छोड़ो न बाबा। तुम्हारे ही तो हैं सब, कोई दूसरे तो नहीं। तुम्हारे मकान वाली बैंक से इतना किराया आता तो

है।' पर इतना कहना फिर आग भड़का सकता है। यह सोचकर उसके अन्दर कुलबुलाते शब्द शान्त हो जाते हैं। अभी तुरन्त ऊपर चले जाना सम्भव नहीं। थोड़ी देर ही सही, पर अभी यहीं बैठना होगा। और किसी के लिए नहीं, तो अपने छोटे भाई के लिए ही, जो यहाँ अपनी बीवी सहित सचमुच फँसा हुआ पड़ा है। बाबा आए दिन दोनों को बिजली-पानी बन्द करवाने की धमकी देते रहते हैं–सबका बरसों से बकाया बिजली का खर्च उससे माँगते रहते हैं। वह अपना बिल देना चाहता है तो लेते नहीं। कहते हैं कि वह पहले का हिसाब चुकता करे।

वह फिर हँसने की कोशिश करती हुई बैठक के गद्दे पर बैठ जाती है। उसे एक झटका लगता है, क्योंकि हमेशा बहुत ऊँचा रहनेवाला गद्दा नीचा हो गया है। वह बच्चे को गोद से उतारकर गद्दे पर सुलाती हुई उम्मीद करने लगती है कि अब बाबा बच्चे को देखेंगे और उसके बारे में पूछेंगे–क्या नाम रखा इसका? कितना बड़ा हो गया? तुमसे चेहरा मिलता है एकदम इसका। जब दो मिनट गुजर जाते हैं और ऐसा कुछ नहीं होता, तो वह कहती है, "बाबा, यह गद्दा पहले कितना ऊँचा था। अब इतना नीचा कैसे हो गया?"

उसने फिर एक गलत बात कह दी है। बाबा का घुटा हुआ चमकता गोल चेहरा फिर भड़क उठता है–"अब यहाँ सब कुछ नीचे जमीन में धसकने ही वाला है। गया तुम्हारी दादी के साथ ऊपर का गद्दा भी। साले सबके सब माँ के मरते ही आ खड़े हुए, अपनी माँ का क्रिया-करम करने। हम फूँकेंगे अपनी माँ को। मैंने कहा कि हाथ नहीं लगाने दूँगा किसी को। मैं अकेला ही बहुत हूँ इसे पार लगाने को। किसी ने हाथ लगाया तो खून-खराबा हो जाएगा। आए हैं बड़े माँ के वारिस! जीते-जी किसी ने पानी के लिए नहीं पूछा। अब माँ को फूँककर दुनिया को दिखाएँगे कि हम माँ के लायक बेटे हैं।"

बाबा का ऊँचा स्वर हाँफने के कारण घरघराने लगा है। वह डर जाती है। बाबा कुर्सी से उठकर गद्दे के किनारे मसनद के सहारे बैठ गए हैं। कहीं बाबा का हार्ट-फेल होकर इसी गद्दे पर उनके प्राण निकल गए तो? वह डरकर उसी गद्दे पर सोए अपने बच्चे को देखती है। उसका मन होता है कि कुछ करे–बच्चे को उठाकर दौड़कर इस कमरे से बाहर निकल जाए या फिर बाबा की तरह ही उनसे चिल्ला-चिल्लाकर पूछे, 'अपनी माँ को उन लोगों ने जीते-जी पानी तक नहीं पिलाया या आपने किसी को पिलाने नहीं दिया? उनसे बदला लेने के लिए आपने उनकी माँ को–अपनी औरत को–तीन साल इस कमरे में कैद रखा, ताकि वह किसी से न मिल सके। वह तीन साल तक ऊपर अपने कमरे में ले जाए जाने के लिए कहती रही, पर आपने उसकी एक नहीं सुनी...'

वह कुछ कहती नहीं। सिर झुकाए बैठी रहती है, उसी तरह जैसे पापा बैठे रहते

थे। वह जानती है कि उसका छोटा भाई बेचैन होकर बाबा की ऊँची आवाज को सुनता अपने को कोस रहा होगा, कि क्यों उसने जिद कर बहन को यहाँ बुलाकर फँसा दिया। उसी तरह जैसे वे लोग बचपन में कुछ फरमाइश कर पापा को इसी तरह यहाँ फँसा देते थे और बाबा के चिल्लाने की आवाज से घबराए कलेजा मुँह में लिये कहीं दुबककर बैठ जाते थे। उन लोगों की हिम्मत नहीं होती थी कि मम्मी की तरफ देखें। बाद में मम्मी पापा पर खूब बरसतीं कि वे क्यों चुपचाप बाबा की सारी बातें सुनते हैं। पापा उनकी भी सुनकर चुप रहते।

साझे कारोबार से बड़े चाचा के यहाँ टी.वी. उसी तरह खरीदकर आ गया था जैसे घर में आनेवाली मिठाई या फल से उन लोगों का सबसे पहले हिस्सा निकल आया करता था। बाबा उनसे किस बात के लिए दबते थे—वह सारे बचपन यह सोचती रह गई। बड़े चाचा के बाद हिस्सा होता बाबा-दादी का, फिर छोटे चाचा का और फिर बचा-खुचा उन लोगों का। कई बार उसे ऐसे मौकों पर पापा से लगभग नफरत होती। काश! वह बड़ी चाची के पेट से पैदा हुई होती—तब वह भी उनकी बेटी की तरह गोरी होती, उसकी तरह नए-नए डिजाइन के कपड़े पहनती, टी.वी. देखती और कभी नहीं रोती।

चाचा के घर में टी.वी. आने के चार साल बाद वे तीनों भाई-बहन अपने गुल्लक में जमा पैसों से पहली किस्त चुकाकर सफेद-काला टी.वी. घर ले आए थे—पापा के जन्मदिन पर उन्हें तोहफा देने। उस दिन पापा के चेहरे पर खुशी से अधिक शर्मिन्दगी देखकर उसे पापा पर तरस आया था। थोड़े दिनों की बात है—उसने सोचा था—थोड़े दिनों में हम तीनों बड़े हो जाएँगे और पापा को जरूरत ही नहीं होगी कि वे उन लोगों के लिए किसी से कुछ बोलें।

वह पूछना चाहती है बाबा से कि 'जिन लोगों को आप साहब बता रहे हैं, उन्हें साहब बनाया किसने? उन्हें अन्याय करना सिखाया किसने?' इस जिन्दगी में एक बार बाबा से वह यह पूछ लेना चाहती है। पर वह बिना कुछ बोले, पापा की तरह ही बैठी रहती है, जैसे उसके सिर्फ कान हों, जुबान नहीं। तो क्या पापा के अन्दर भी इसी तरह शब्द चिल्लाते रहे थे बेआवाज, जैसे उसके अन्दर चिल्ला रहे हैं?

वह चुपचाप दादी की तस्वीर की ओर आँख उठाकर बचपन की तरह शिकायत से देखती है और दादी के मरने पर अपनी जिन्दगी के सबसे शर्मनाक दृश्य के बारे में सोचती है, जिसे देखने के लिए पापा हरिद्वार से नहीं आए थे। उसने बाबा की बहन, यानी बड़ी बुआ से उसी दिन जाना था कि बाबा के पिता ने भी बाबा को अपनी माँ की अर्थी में हाथ नहीं लगाने दिया था। तो क्या बाबा अपने पिता का बदला अपने बच्चों से ले रहे थे? या इस तरह की बातें खून में आ जाती हैं और पीढ़ी-दर-पीढ़ी चलती रहती हैं?

'तुम्हारा पापा तो मोडा-साधु बनकर बैठा है हरिद्वार में। वह तो आया तक नहीं अपनी माँ को रोने। तुम्हारी मम्मी मीराबाई बनी सो बनी, वह भी उसके पीछे जोगी बनकर बैठा है। चलो, हमसे तो अच्छी ही गति है उसकी। किसी के आगे बिजली के बिल को नहीं रोना पड़ता। सुना है, तुम्हारा बड़ा भाई उसे खर्च के लिए रुपए भेजता है हर महीने?'

उसे एक अजीब तरह का सुख होता है, यह देखकर कि बाबा के स्वर में कहीं पापा के प्रति ईर्ष्या है। पापा से आज तक दुनिया में किसी ने ईर्ष्या नहीं की होगी। बरसों बाद बाबा के मुँह से मम्मी के लिए मीराबाई का नाम सुनकर उसकी जोर-जोर से हँसने की इच्छा होती है। मम्मी का कीर्तन-भजन-सत्संग बाबा को कभी फूटी आँख नहीं सुहाया, पर मम्मी ने इस बात के लिए उनकी कोई परवाह नहीं की थी। भुनभुनाने, ताने कसने और पापा को जब-तब खरी-खोटी सुनाते बाबा अन्त में थक गए थे और मम्मी की भक्ति बढ़ती ही चली गई थी। और पापा? क्या पापा में भी भक्ति जाग गई थी या शान्ति की तलाश में वे मम्मी के पीछे-पीछे चुपचाप चले गए थे?

वह दादी के चित्र की ओर फिर देख रही है। हँसती हुई दादी की फोटो के काँच पर लगी लाल रंग की बड़ी टिक्की उन्हें किसी अनजान औरत में बदले दे रही है। दादी ने कभी ऐसी टिक्की नहीं लगाई। तब फोटो में किसने लगाई? क्या दादाजी ने खुद लगा दी है यह टिक्की? खुद को बताने के लिए कि मरी हुई दादी की फोटो में उनके होने का अर्थ है! क्या बाबा के मरने पर यह फोटो विधवा हो जाएगी? दादी को बगल का एक रुपया फीसवाला होमियोपैथिक डॉक्टर हर बार कहता–'खूब हँसिए। जोर-जोर से हँसिए। ऐसे नहीं हँस सकते, तो बाथरूम में जाकर, बन्द करके हँसिए। पर हँसिए जरूर। स्वस्थ रहने के लिए।' यह कहकर वह खुद हँसता, तो उसके नकली दाँतों का सेट, जो ढीला था, बाहर निकल आता। वह हाथ से उसे अन्दर ठेलकर फिर भूत से आदमी बन जाता। इस बात को याद करके वह जब-तब हँस पड़ती थी। दादी हर दूसरे दिन डॉक्टर को बुला भेजतीं–'अरे रामजतन, डागदर बाबू को कहियो आने के लिए।' क्या दादी हँसने के लिए डॉक्टर को बुलाती थीं? उसके आते ही बाबा कमरे से तुरन्त बाहर चले जाते। क्या दादी बाबा को बाहर भेजने के लिए उसे बुलाती थीं?

उसे याद है कि दादी इसी फोटो की तरह तब भी हँसी थीं, जब उसकी सगाई पक्की हुई थी। उसने बचपन से बड़े होने तक हजारों बार दादी को उसके साँवले रंग के कारण चिन्ता करते सुना था–'कैसे होगा इसका ब्याह? आजकल सबको गोरी लड़की चाहिए।' बड़ी चाची की लड़की की सगाई होने के बाद तो उन्होंने इस बात की रट लगा दी थी। लेकिन जब दादी उसकी सगाई पक्की होने पर इस तरह खुश होकर हँसी थीं, तो उसने उन बातों के लिए दादी को माफ कर दिया था।

''दादी की फोटो क्या देख रही हो? ऊपर जाकर अपने छोटे भाई के पास फोटो देखो। उसने सारे परिवार की एक बड़ी फोटो करवाकर टाँगी है। लाया था मुझे दिखाने। बहुत बढ़िया फोटो बनवाई है–सफेद-काली तस्वीर को रंगीन तस्वीर करवा दिया हैं। सब है उसमें–मैं, तुम्हारी दादी, तुम्हारे मम्मी-पापा, तुम और वह खुद। बस, एक जन गायब है।''

दादाजी की आवाज में उत्साह है। वह चुपचाप उनकी तरफ देखती है।

''तुम्हारे बड़े भाई को उसने फोटो से गायब करवा दिया है। वह कोने में था न, इसलिए कोई दिक्कत नहीं हुई। ठीक ही है। जिससे जिन्दगी में ही कोई रिश्ता नहीं बचा, उससे फोटो में भी क्यों झूठ-मूठ रिश्ता रखा जाए! मैंने तो कभी ऐसा दोगलापन नहीं किया अपने जीवन में। मेरा सिद्धान्त ही रहा...''

वह उठ खड़ी हुई। उसे यहाँ नहीं रहना है। और एक पल भी नहीं। लेकिन उसे ऊपर भी नहीं जाना है, उस फोटो को देखने–बिना ग्रैंडफादर्स क्लॉक वाले कमरे में। वह कुछ नहीं कहती, इतना भी नहीं कि 'अच्छा बाबा, चलती हूँ।' उस एक क्षण में उसने उस पहेली को खोल लिया है, जो इतने बरसों तक अनसुलझी रही थी। पापा क्यों चुप रहते थे, यह उसे पता चल गया है। जब सामनेवाले जैसे हथियार हम अपने पास न रखना चाहते हों, तो उन्हें झेल लेना ही बहादुरी है। झूठे ही वह पापा को कायर समझती रही थी। उसने इस बात को इन्हीं शब्दों में नहीं, पर इसी अर्थ में समझ लिया।

'लेकिन नहीं बोलने से क्या सब कुछ ऐसा-का-ऐसा ही नहीं रह जाएगा?' उसके दिमाग में बचपन की तरह एक के बाद एक प्रश्न उठे और उन्हीं प्रश्नों की तरह हवा में टँगे रह गए–'क्या इस तरह सब कुछ घटिया से और घटिया नहीं होता जाएगा?' वह इन प्रश्नों से कन्नी काटकर निकलते हुए बैठक के दरवाजे तक पहुँची ही थी कि बाबा के दनदनाते स्वर से जड़ हो गई, जैसे उस पर बिजली गिर गई हो–''कहाँ चली? बेहोशी में रहते हो क्या तुम लोग सब-के-सब? इसको यहाँ किसलिए छोड़कर जा रही हो?''

उसको यह समझने में एक लम्बे क्षण का वक्त लगा कि 'इसको' का अर्थ उसका बच्चा है। वह जैसे सकते में वापस पलटी–बाबा ठीक कहते हैं। सचमुच बेहोशी की हद कर दी उसने। कैसे अपने इस अंश को यहाँ–इस जगह–भूल सकी? वह बच्चे के ऊपर झुकी। 'लेकिन न चाहते हुए भी मेरा कितना अंश यहाँ छूटा हुआ है, यह कौन जानता है?' मन-ही-मन यह सोचते हुए उसने बच्चे को गोद में उठाकर भींच लिया और बौखलाई हुई-सी दरवाजे की ओर बढ़ी, पर दरवाजे तक आते-आते एक पुरसुकून खयाल उसके चेहरे को उसी खिलेपन से भर गया, जिसके कारण उसे लोग हँसमुख कहते थे–उसकी बेहोशी के कारण ही सही, लेकिन आखिर बाबा का ध्यान उसके बच्चे की ओर चला ही गया था।

मेज कुर्सी तख्ता टाट...

हरि भटनागर

खलील को अफसोस हो रहा है।

यह अफसोस तब से शुरू हुआ जब वह बीमार पड़ा। हाथ-पैर या कहा जाए पूरा शरीर बेकाबू हो गया। चुल्लू भर पानी उठकर पीने की कूवत न रही।

गर वह रब्त-जब्त रखता या मिलनसार होता तो आज यह दिन न देखना पड़ता। लोग दौड़ पड़ते। दवा-दारू की जुगाड़ बैठाते। अब कौन है जो उसकी देखभाल करेगा! जलील भी तो नहीं। उसने तो उसे लात मारकर भगा दिया...

खलील सोचता जाता और उसकी तकलीफ बढ़ती जाती। वह एकलखोर किस्म का था। न किसी का संग-साथ, न किसी से कोई मतलब। यहाँ तक कि किसी की खुशी-गम में कभी शरीक नहीं हुआ। यह ढब उसमें नसों की तरह तब फैला जब कबाड़ के साथ के कुछ लोगों ने फँसा दिया और उसे हवालात की लम्बी हवा खानी पड़ी। इसमें उसकी जरा भी गलती नहीं थी। थी तो बस यही कि शिवशंकर वकील के यहाँ से वकालत की चुराई गई किताबों का पर्दा खोल दिया था थाने में मार-पिटाई के बीच। सो साथ के दो-तीन लोग बँध गए थे जिन्होंने किताबें चुराई थीं। लेकिन उन्होंने उसे भी बख्शा नहीं। छूटते ही कबाड़ के एक झूठे लफड़े में धरवा दिया! बहरहाल, वह बन्द हुआ और छूट गया। लेकिन इस वाकए से हिल गया। उसे न केवल फँसानेवाले बल्कि पास-पड़ोस के लोग भी खतरनाक लगे। मुमकिन है, ये लोग भी उसे किसी चक्कर में डाल दें। किसी का भरोसा नहीं! वह सबसे दूर रहता और हर वक्त गुस्से और नफरत में काँपता रहता और बेतहाशा गालियाँ बकता। गालियों की रफ्तार उस वक्त और बढ़ जाती जब वह अंडा बेचकर घर आता और ठर्रा चढ़ा लेता। टोले-पड़ोस के लोगों को यह नागवार गुजरता।

अलफ हो जाते और वे भी गालियाँ देते। धीरे-धीरे उनमें तकरार होने लगती। और यह तकरार जल्द हाथापाई में तब्दील हो जाती। इस बीच कोई उसे बुरी तरह पीटने लग जाता। यह पिटाई ही थी जिसने उसे लोगों से और दूर ला पटका। पता नहीं क्यों, लोगों से पीटे जाने के बाद वह अपना सारा गुस्सा बेटे जलील पर निकालता। वह उसे बेतरह पीटता। जो चीज सामने पड़ जाती उसी से सूँत डालता। रस्सियों से बाँध देता। पेड़ से लटका देता। जलील की उमर ही कितनी थी उस वक्त! दस-बारह साल!

खलील ने गहरी साँस छोड़ी। जलील कितना रोता था। कितनी मिन्नत-विनती करता था कि अब्बा माफ कर दो लेकिन वह था कि पूरा कसाई। जिबह करके ही दम लेता था...अब...अब वह क्यों झाँकेगा? ऐसे खूनी शख्स की शक्ल क्यों देखेगा जिसने मुहब्बत की जगह नफरत की दाग-बेल रखी!

तीन दिन तक खलील जबर्दश्त तकलीफ के बीच नम जमीन पर पड़ा कूँथता रहा। पूरा जिस्म बेपनाह दर्द से टूटता रहा। आँखें परपराती रहीं। बूँद भर पानी न मिलने की वजह से हलक में पपड़ी-सी जम गई थी।

चौथे दिन तड़के जब उसने आँखें मिचमिचाईं और अफसोस में डूबे-डूबे अल्ला-अल्ला की गुहार लगाई, माथे पर उसे किसी की सख्त उँगलियों का एहसास हुआ।

उसने आँखें खोलीं—सिरहाने जलील था जो उसका माथा टीप रहा था और उस पर बेना डोला रहा था। सामने टोले के दो-चार लोग खड़े थे, मुँह बाँधे जो जलील को बुला लाए थे।

खलील ने सोचा था कि उसके रवैए से कोई झाँकेगा नहीं और वह घिसट-घिसटकर मर जाएगा। लेकिन यहाँ हिसाब ही कुछ और था। उसे झटका-सा लगा कि वह लोगों को कमीन समझता था! लोग इतने खराब नहीं, गर होते तो जलील को क्यों बुलाकर लाते!

बीमार होने का उसे इस वक्त उतना नहीं जितना अपने तल्ख रवैए का गम हुआ। उसने जलील का हाथ पकड़ लिया और सिसक पड़ा गोया अपने किए-धरे की माफी माँग रहा हो। उसके आँसू चू पड़े और कानों में भरने लगे।

जलील बाप की तकलीफ समझ रहा था। उँगलियों से उसके आँसू पोंछे और धीमी आवाज में कहा—पुरानी बात भूल जाओ अब्बा, भूल जाओ।

इस बीच टोले के एक आदमी ने घड़े में कुएँ से पानी लाकर रख दिया। एक ने चाय लाकर दी। एक कोठरी बुहारने लगा।

खलील बाईं कुहनी के बल कराहते हुए किसी तरह बैठा मुँह बना-बनाकर चाय पीने लगा गोया नीम का अरक पी रहा हो और परपराती आँखों से टोले के लोगों को देखता जाता, अन्दर ही अन्दर भीगता।

थोड़ी देर बाद टोले के लोग सामने खड़े एक-दूसरे का मुँह देख रहे थे। खलील

को लगा कि ये लोग अभी चले जाएँगे, जलील भी...उसकी कराह बढ़ गई। हड़ीली छातियों को वह ठोंकने-सा लगा।

जलील ने दिलासा दी और कहा कि घबराइए नहीं। अब वह उसे छोड़कर नहीं जाएगा। उसकी खिदमत करेगा। हकीम को दिखाएगा।

और यकीनन जलील उसे छोड़कर नहीं गया। पास की चाय की एक दुकान में काम करने लगा और मालिक से पैसे उधार ले हकीम को दिखाकर बाप का इलाज शुरू किया।

पहले जलील जब बाप के साथ था और बाप बेतरह पीटता था तो उसे उससे सख्त नफरत थी। वह छिपा-छिपा फिरता और हमेशा सोचा करता कि अब्बा मर जाए तभी अच्छा। लेकिन अब बीमार हालत में देख जलील को उससे हमदर्दी है और चाहता कि जल्द अच्छा हो जाए। वह दुकान में काम करता लेकिन दिमाग में बाप बना रहता। उसे यह खटका रहता कि अब्बा प्यासा पड़ा होगा, दवा नहीं खाई होगी–वह तेजी से हाथ चलाता काम जल्द निपटा लेने के लिए। काम खत्म होने का अपना समय था। लेकिन जलील उसको फलाँगने के लिए जल्दबाजी करता। इसी रौ में गहकी चाय पी नहीं पाए होते, वह गिलास छीनने लग जाता या आधी पी चाय का गिलास ही उठा लाता जिस पर उसे कभी मालिक की, कभी गहकियों की डाँट-मार खानी पड़ जाती लेकिन बाप के खयाल के आगे वह यह सब कुछ भूल जाता और काम से छुट्टी पाते ही तीर की तरह घर पहुँचता।

और जैसा कि उसे खटका होता, बाप असल में प्यासा पड़ा होता, दवा धरी रह गई होती दर्द के आगे। वह उसे पानी पिलाता, दवा खिलाता और टीपता हाथ-पैर।

इस बीच चौक में उसने फूलचन्द रामनिवास के यहाँ भी काम करना शुरू कर दिया जहाँ वह रात में जाता। वहाँ वह हल्दी, धनिया, मिर्च के बोरों को ट्रक से उतारता और गोदाम में पहुँचाता और देर रात गए घर आता।

जब तक वह नींद के आगोश में आ न जाता, बाप की फिक्र में खोया रहता। उसे होश ही न रहता अपना और न साथी काले का, जिसके बिना वह एक पल भी रह नहीं सकता था। अब वह दूसरा धन्धा कर रहा है या कबाड़ के धन्धे में ही लगा है या 'उठा पटक' में लग गया जिसे दिन-दहाड़े या रात के अँधेरे में लोगों की आँखों में धूल झोंककर किया जाता है। एक दिन उसने सुना कि वह 'उठा-पटक' में लग गया लेकिन बाप की फिक्र के आगे उसने इस बात को ज्यादा देर तक दिमाग में टिकने नहीं दिया।

जलील की इस जद्दोजहद के बीच खलील माह भर में ठीक तो हो गया लेकिन पहले जैसी न देह रही, न ताकत। पथ्य न मिलने की वजह से देह खाज मारे कुत्ते

की तरह खुरदरी और हड़ीली हो आई। हाथ-पैर टुंड-मुंड पूँछ की तरह। आँखों में जर्दी घुल गई। चलना-फिरना तो दूर, बैठने में दिक्कत आती। निढाल-सा वह नीम-अँधेरे कोने में पड़ा रहता। लेकिन अपनी सारी तकलीफ भुला देने की कोशिश करता ताकि जलील को इसकी भनक न लगे, वह हलकान न हो, पहले ही वह काफी परेशानी झेल चुका है।

लेकिन जलील था कि उससे उसका यह हुलिया देखा न जाता, परेशान हो उठता। शाम को जब काम से लौटता, अपने साथ कड़ू का तेल लाता और तब तक मालिश करता जब तक फूलचन्द रामनिवास के यहाँ जाने का वक्त न हो जाता।

लेकिन दो-तीन माह बाद जब कर्ज का भार बढ़ा और तकाजा—रोटी की हाय-हाय तो थी ही, तेल के लिए एक पैसा न बचता, उधार पर उधार कोई न देता, उस पर बाप की हालत ज्यों की त्यों—उसका दिमाग बाप और मालिश से उखड़ गया। बाप को देखते ही वह गुस्से से भर उठता। मन-ही-मन मोटी गालियाँ देने लगता और सोचता—किस लफड़े में फँस गया। जी खुदकुशी करने का होता। मगर थोड़ी देर बाद सोचता—वह गलती कर रहा है। अब्बा बीमार है, मरघिल्ला है तो इसमें उसकी क्या गलती। अगर वह ऐसा होता तो क्या अब्बा उसके लिए परेशानी न झेलता। उँह झेलता परेशानी! सीधे मुँह साले ने कभी बात नहीं की, सिवाय मार-पिटाई के!

वह कड़वाहट से और भी भर जाता जब आधा पेट पानी से भरना पड़ता। चाय की दुकान से निकलकर वह गली-गली भटकता और घर जाना न चाहता। जाता भी तो रोटी के वक्त। गुस्से में भरा, बड़बड़ाता। बाप को फूटी आँख देखना पसन्द न करता, बोलने पर खौखिया पड़ता।

जलील की मुहब्बत, तीमारदारी और लगन के आगे खलील झुका हुआ था और अल्लाहताला से उसकी लम्बी उम्र की भीख माँगा करता हर वक्त। जलील का चेहरा, जिस पर हमेशा पसीने की परत छाई रहती और तकलीफ की सतरें बनती-बिगड़तीं देखकर उसे कचोट होती और यह खयाल दिमाग में चक्कर काटता कि मेरी वजह से ही जलील गर्क हो रहा है। ऐसे में उसे यह बात काँटे की तरह चुभती कि उसने उस पर काफी जुल्म ढाया जिस वजह से अल्लाहताला उसे कभी माफ नहीं करेगा। लेकिन जलील के चेहरे पर इस बात की कोई शिकन न देख उसे अजीब तरह की खुशी और तसल्ली होती...ये वही दिन थे जब जलील उसको चंगा करने के लिए कड़ू का तेल लाता और घंटों मालिश करता। पर ये खुशनुमा लमहे धीरे-धीरे कब पार हो गए, खलील को पता ही न चला। ये दिन ख्वाब लगे जब उसे जलील के चेहरे पर, उस चेहरे पर जिस पर पसीने की परत छाई रहने और तकलीफों

के दौड़ते रहने के बाद भी प्यार झाँका करता था, कोई दूसरा शख्स बैठा नजर आया जो किसी मानी में जलील नहीं था। मगर नहीं, वह जलील ही था जो उस पर बिफर रहा था, खौखिया रहा था।

उसे अपने पर कोफ्त होती कि वह मर क्यों नहीं गया। क्यों किसी पर मुनहसिर हुआ? वह यह समझ रहा था कि जलील तंगी की वजह से ही झूँझल खाता, फिर भी उसे उसके रवैए पर गुस्सा आता और गमगीन हो जाता।

उसकी गमगीनियत उस वक्त और बढ़ जाती जब जलील किसी-किसी दिन घर न आता। वह भूख से तड़पता और उसका इन्तजार करता।

अगल-बगल भुरभुरी दीवारों के मकान थे जो फट्टियों के सहारे बोरों-पन्नियों से अपने को रोके हुए थे। इनमें रहनेवाले ज्यादातर धोबी, नाई और चिकवा-कसाई थे, जो सबेरा होते ही निकल पड़ते और अँधेरा होते आते। खलील इनका जाना देखता और लौटना। एक-एक करके सब निकल जाते और लौट आते। न आता तो महज खलील जिसका उसे इन्तजार होता। आँखें उसकी दर्द से टपकने लगतीं। भूख के मारे सारे जिस्म में झुनझुनी-सी चढ़ती महसूस होती गोया बहुत सारी चींटियाँ हों जो अपने छोटे-छोटे मुँह से बदन की सारी ताकत खींचने में लगी हों। इस सबके बाद भी, उसकी आँखें बाहर लगी रहतीं। जलील किसी भी वक्त टपक पड़ता।

ऐसे ही एक दिन फरार रहने के बाद, दूसरे दिन भी जलील नहीं आया, शाम होने को आई, खलील भूख से बेहाल है। वह सबेरे से गर्दन उठा-उठाकर बाहर की तरफ देखता कि जलील आ जाए लेकिन जलील नहीं आया। टोले-पड़ोस के लोग अपने काम-धन्धे में फँसे थे। किसे फुर्सत थी उसके पास आने की। जलील है तो फिर सवाल ही नहीं था। खलील थक गया इन्तजार कर-करके। आँखें दर्द करने लगीं। बदन में झुनझुनी चढ़ गई। यकायक उसे किसी की आहट सुनाई दी। समझा, जलील आ गया, पर था नूरे कसाई जो धीरे-धीरे घिसटकर दरवाजे के पास आ खड़ा हुआ था। वह सिसक रहा था। नूरे हाथ-पैर से माजूर है और बेटे, रसूल पर मुनहसिर। रसूल उसे रोजाना टिक्कड़ तो देता लेकिन पचीसों गाली और गुच्चे रसीद कर। आज भी उसने ऐसा ही किया, फर्क इतना था कि गुच्चे की जगह उसने लातें रसीद कीं और टपरे से बाहर ढकेल दिया!

खलील को लगा कि उसकी भी यही हालत होनेवाली है। दूसरे पल इस बात के शक के बाद भी उसके दिमाग में यह बात चमकी कि नहीं, जलील ऐसा नहीं है। वह उसके साथ ऐसा सलूक कभी नहीं करेगा! कभी नहीं करेगा!

थोड़ी देर बाद नूरे खिसक के आगे बढ़ गया और खलील के दिमाग में यह बात बज रही थी कि किसी की फटर-फटर चलने की आवाज आई। यह कोई और न था, जलील था। जलील का हुलिया बदला हुआ था। पाजामे की जगह कसी पैंट पहने था

जिसके पायँचे उघड़े थे। ऊँची-ऊँची नीम आस्तीनें बेतरतीब से कुहनियों तक मुड़ी थीं। पाँव में हवाई चप्पल थी जिनके पट्टे केंचुल की तरह लग रहे थे। कमीज का कॉलर खड़ा था और गले में लाल रूमाल तस्बीह की तरह पड़ा हुआ था। बेतरह पान चबाता, झूमता हुआ-सा वह उसकी तरफ देख रहा था। उसके हाथ में रोटी का पुड़ा था।

जलील को देखकर खलील दंग रह गया। उसकी हरकत से उसे शक तो काफी पहले हो गया था कि वह गलत सोहबत में फँस गया है—चोरी-चकारी या उठाईगिरी में। आज पक्का यकीन हो गया। मगर उसने दिमाग में इस बात की जरा भी चीर-फाड़ न की और न ही खौफजदा हुआ। मुमकिन है, वह भूखा था, जलील के पुड़े पर ताबड़तोड़ टूट पड़ा, इसलिए। पर एक बात जरूर थी जिसकी चीर-फाड़ चलने लगी। वह थी जलील का उसके सामने रोटी का पुड़ा फेंकने का अन्दाज। उसे लगा जलील ने रोटी का पुड़ा नहीं, कूड़े का पुड़ा फेंका। वह भी उसकी तरह कूड़ेदान पर! नूरे से भी गया-गुजरा हो गया वह!

यह बात उसे लग गई। उसने आगे से पुड़ा न लेने की कसमें खाईं, लेकिन दूसरे दिन जब जलील आया और उसकी तरफ पुड़ा फेंका, लापरवाही से, वह सारी कसमें-बातें भूल गया, रोटियाँ खा लीं तो एक झटका-सा लगा गोया उससे कुछ गड़बड़ हो गया।

खलील ने जैसा सोचा था जलील के बारे में—सच निकला। वह काले का दामन पकड़ चुका था और उसके साथ 'उठा-पटक' में लग गया था। शुरू में ऐसा कुछ करते उसके हाथ-पैर काँपे, बोटियाँ थर्राईं, लेकिन धीरे-धीरे जब उसने एक-दो मोटे 'काम' पर हाथ साफ किया और उसे कामयाबी हासिल हुई तो उसकी धड़क जाती रही। काले, जो अब उसका उस्ताद था, उसकी पीठ ठोंकता और अपने पान से रंजे दाँतों के बीच मूँछ के बालों को चबाता हुआ बहुत ही संजीदा हो उसे नए-नए गुर बताता और जलील उसके नक्शे-कदम पर ऐसा चलता कि खुद काले को हैरत होती।

नए काम को करते जलील को एक ऐसी खुशी हुई जो मौन होकर उसकी रग-रग में समा गई। वह बेफिक्र था। मगर इस बेफिक्री में जो उसके चेहरे से छलछला पड़ती थी, उसका सब कुछ उलट-पलट गया था। उसके सोने-उठने का कोई वक्त नहीं था। कभी भी सोता, कभी भी उठता, कभी भी चल देता और कभी भी घर आता। न दिन, दिन था, न रात, रात। सब बराबर। बाप से वह पहले से फिरंट था, इस व्यस्तता ने उसमें और इजाफा किया। लिहाजा वह उससे कतई न बोलता। उसकी किसी बात का जवाब न देता। हाँ-हूँ में भी नहीं। जैसे कुछ सुना ही न हो। कठचेहरा बनाए रहता। हाँ, इतना जरूर करता, जब घर आता साथ रोटी का पुड़ा लाता और उसकी तरफ बेरुखी से फेंक देता।

घर वह झूमता आता, फिल्मी गीत की कोई कड़ी गुनगुनाता, बायाँ कन्धा झुकाए, हाथों को बिना आगे-पीछे फेंके गोया बेजान हों। पान बुरी तरह चाभे होता जिसका लुआब होंठों के कोरों पर जमा होता। पान की कूच के जर्रे सामने कमीज पर बिछे होते। पुड़ा फेंककर वह कबाड़ से लाए हिलते, चूँ-चूँ करते तख्त पर औंधा गिर जाता। थोड़ी देर उसी तरह पड़े-पड़े धन्धे के बारे में सोचता, जिसे जल्दी निपटाना होता। फिर खर्राटे लेने लगता और फिर पता नहीं कब उठकर फरार हो जाता। इस तरह दिन, महीने, साल गुजरते गए। दोनों एक कोठरी में रहते हुए भी नहीं रहते थे। पता नहीं क्या था जिसके तहत जलील उसके लिए पुड़ा लाता और पता नहीं क्या था जिसके तहत खलील सारी अकड़-फूँ भूल रोटी खा लेता!

लेकिन उस दोपहर खलील भन्ना गया। हुआ यह जब जलील पुड़ा फेंक रहा था, उस पल उसके दिमाग में कंजर टोले की वह लड़की झिलमिला रही थी जिसके इश्क में वह हाल ही में कैद हुआ था। वह पुड़ा फेंके इसके पहले ही वह हाथ से छूटकर जमीन पर गिर पड़ा। उसने उठाने की तकलीफ नहीं की। पैर का पंजा बढ़ाया और बाप की तरफ उछाल दिया जो सीधे बाप के मुँह से टकराया।

खलील को यह बात नागवार गुजरी। वह वजूद खो चुका है तभी जलील ने ऐसा किया। बेवजूद होने की वजह से ही वह रोटी का पुड़ा नहीं, कूड़े का पुड़ा फेंकता है! वह भी उस पर–कूड़ेदान पर!

और जब उसने अपने वजूद के बारे में गहराई से सोचा, पिछली सारी बातों की रोशनी में, कोई नतीजा न निकाल सका। हैस-बैस में था। जलील रोटी लाता था, वजूद की ही वजह तो! इस बात को किस सीगे में डालता।

लेकिन कुछ ही दिन बाद एक ऐसा वाकया हुआ–वह सन्न रह गया!

बात यह थी कि जलील जिस कंजर टोले की लड़की के इश्क में कैद था, उसे अपने घर लाना चाहता था, क्योंकि कंजर टोले में 'वह काम' मुमकिन नहीं था जो दोनों करना चाहते थे! बाप-भाई के डर से लड़की कहीं निकल भी नहीं पाती थी, लेकिन उस दिन निकली बाप-भाई की गैरहाजिरी में।

जलील आगे था, वह पीछे।

वह कसा सलवार-कुर्ता पहने थी जिस वजह से उसका जिस्म कपड़े फाड़कर बाहर निकल आना चाहता था जिससे जलील को लग रहा था कि कहीं कुछ धमाका हो जाएगा। धमाका और कहीं न होकर उसके दिल में होगा। उसके टुकड़े-टुकड़े कर देगा। बार-बार उसे एहसास हो रहा था कि झिरझिरे दुपट्टे, जिसे वह लड़की डाले थी, के भीतर से कोई चीज उसकी पीठ में गुदगुदी मचा रही है और वह गुदगुदी उसके समूचे शरीर में फैलती जा रही है। वह लड़की को देखता और गहरी साँस ले-लेकर आगे बढ़ जाता। लड़की जूड़ा बाँधे थी और उसमें चमेली के ताजा फूलों का हार लिपटा था।

उसके होंठ चटख लाल थे जिससे लगता था कि वह अभी-अभी लिपस्टिक लगाकर आई है। नाक में चाँदी की लौंग थी। कान में बुन्दे थरथरा रहे थे। पाउडर से सनी गर्दन में तस्बीह की तरह काला डोरा पड़ा था जिसमें भालू के नख की ताबीज थी जो छातियों के ऊपर डोल रही थी। हाथ में उसके एक छोटा-सा पर्स था जो पसीने की वजह से सरक रहा था। कीचड़-मैले पर मच्छर-मक्खियों से भरी चक्करदार गलियों और कुलियों से होती जब वह कोठरी के दरवाजे के सामने पल भर को ठिठकी, उस वक्त उसकी नाक पर रूमाल था। कीचड़-बदबू की आदत के बावजूद उसने जोरों से नाक दबा ली, क्योंकि जो मंजर उसने अभी-अभी देखा, घिन से भरा था। कोठरी के बगल, मोरी पर एक मुर्गी मरे हुए चूहे को चोंच में फँसाए गटक लेने के लिए बार-बार झिटक रही थी ताकि चूहा कुछ छोटा हो जाए। मुर्गी झटके दिए जा रही थी और शिकार को बचाने के लिहाज से अगल-बगल भागती भी जा रही थी। एक दूसरी मुर्गी उसका पीछा किए थी।

लड़की ने पल भर के लिए इठलाकर रूमाल हटाकर थूका और कोठरी में नमूदार हुई। जलील उसकी अँगुली पकड़े था। कोठरी में आते ही छोड़ दी।

कोठरी में घुसते ही लड़की की आँखों में अँधेरा झिपझिपाने लगा। उसे कुछ सूझ नहीं रहा था। एक पल ठिठकी खड़ी रह गई। धीरे-धीरे जब रोशनी लौटी, वह मुस्कुरा दी। नाक पर रूमाल जमाने की वजह से दम फूल गया था—सो गहरी साँस लेते हुए तख्त पर बैठ गई। चेहरे पर उसके थकान थी। लम्बी अँगड़ाई के साथ वह लेट गई और आँखें मूँद लीं।

थोड़ी देर वैसे ही पड़े रहने के बाद उसने आँखें खोलीं। मुस्कुराते हुए फिल्मी गीत की कोई दिलकश कड़ी गुनगुनाने लगी, पैर हिलाते हुए।

जलील तख्त के कोने पर बैठा पंजे से मुँह पर हवा कर रहा था, लड़की को देख, मुस्कुराया। दिल में उसके गीत से ताल्लुक रखती बात रोशन हुई कि घबराओ नहीं, अभी दंगल होगा। काफी इन्तजार कराया। आज मुराद पूरी कर लेंगे। यह बुदबुदाता हुआ वह लड़की के बगल में लेट गया। लड़की के बगल लेटते ही उसके पूरे जिस्म में सुरसुरी-सी मचने लगी। जिस्म के सारे रोएँ काँटे की तरह खड़े हो गए। हाथ जो काँप रहा था, धीरे-से उसने लड़की के गाल पर फिराया। एक लमहे के लिए लगा निहायत ही गुदगुदा मखमल छू लिया। ऐसा भी एहसास हुआ गोया फूलों से भरे बागीचे में किसी सतरंगी तितली को पकड़ लिया। लड़की उससे सट आई थी और उसके होंठों पर गरम-गरम साँसों की बौछार कर रही थी जिससे जलील की साँसों की रफ्तार तेज होती गई और उसे पता न लगा कि कब उसके तन से कपड़े उतरकर अलग हो गए—कब आदमजात नंगा हो गया...

जलील ने पैंट चढ़ाई और बाल भरी छाती खुजलाता बम्बे से प्लास्टिक के बड़े जग में पानी लेने गया। पानी लाकर उसने जग जमीन पर रख मेज पर गुड़मुड़ा अखबार बिछाया और कागज का पुड़ा खोला। पुड़े में पन्नी की थैली में गोश्त था और नान और उन पर प्याज के बारीक लच्छे। इन चीजों को जब जलील ने जमाया, लड़की मुस्कुराती तख्त के छोर पर आ बैठी और मेज पर झुक जल्दी-जल्दी खाने लगी। जलील भी जल्दी-जल्दी खाने लगा।

दोनों भूखे थे।

दोनों जब खा चुके, जलील ने कागज बटोरे और लड़की तख्त पर पड़े चीकट चदर से तेल सनी उँगलियाँ पोंछती कुर्सी की तरफ सरकी, जो पिछली टाँगों के गायब होने की वजह से दीवार से टिकी थी। कुर्सी पर धूल से अँटा छोटा-सा आईना था और खम भरा कंघा। चूतड़ पर रगड़कर लड़की ने आईने की धूल साफ की और उसमें अपने को निहारा। वह मुस्कुरा दी। आईने में दाँत में फँसे गोश्त के रेशे थे। जीभ और नाखून के सहारे उसने रेशों को निकाला। होंठ की लिपस्टिक पुछ गई थी। उसने पर्स खोला। लिपस्टिक चटख की। बालों में कंघा फेरा। हार कुम्हलाया दीख पड़ रहा था उतार फेंका। अब वह मुस्कुरा रही थी और उसे लग रहा था, आईने में कोई फूल उग आया!

उसने जलील की तरफ देखा मुस्कुराते हुए गोया कह रही हो—चलो तैयार हो गई।

खुशी से हाथ मलता, बायाँ कन्धा झुकाए, झूमता हुआ जलील कोठरी से बाहर निकल गया। लड़की जैसे ही सिर बचाकर बाहर निकलने को हुई कि उसे दरवाजे के पास कोने में पड़े टाट में हरकत होती नजर आई। उसने देखा—एक बूढ़ा था जो बिलकुल टाट था, बेतरतीबी से पड़ा हुआ! अगर वह हरकत न करता तो कहना मुश्किल था कि टाट है या कोई दूसरी चीज!

यक-ब-यक लड़की सकपका गई और जोरों से चीखी।

जलील काफी आगे बढ़ गया था, चीख सुनकर पीछे पलटा और लड़की के पास आ मुस्कुराकर भौंहें मटका पूछा—क्या हुआ?

लड़की काँप रही थी और कहे जा रही थी तकरीबन रोनी सूरत बनाए कि तूने बताया क्यों नहीं...यह देख...ये कौन है...इसने तो सब...

जलील ने आँखें सिकोड़ खलील पर नजर डाली, जो टाट ओढ़े था और धीरे-धीरे उठकर बैठ रहा था, कन्धे झुकाए हाथों को लहराता जोरों से बोला—कहाँ क्या है रे? कुछ तो नहीं, मेज, कुर्सी, तख्ता, टाट ही तो है यहाँ? वह भी कबाड़ का!

और ठठाकर हँस पड़ा। हँसते-हँसते उसने लड़की की कलाई पकड़ ली और टेढ़ा मुँह कर 'अर्रे चल्ल' कह तेजी से उसे खींचता आगे बढ़ गया।

खलील पसीना-पसीना था।

पड़ताल
पंकज मित्र

और किशोरीरमण बाबू यानी मेरे पड़ोस के घर के बड़े ताऊ जी घर में रंगीन टी.वी. सेट आने के आठ दिनों के बाद ही मर गए।

मुझे मालूम है कि आप कहेंगे मैं बात का बतंगड़ बना रहा हूँ। अब किशोरीरमण बाबू जिनकी उम्र थी बासठ साल, जो जीवन के बासठ बसन्तों के साथ-साथ बासठ बरसात, बासठ गरमी और बासठ जाड़ा भी देख-झेल चुके थे, कोई जिम्मेदारी नहीं बची थी उनके लिए पूरी करने को। भरा-पूरा परिवार था, भले उनका खुद का न था लेकिन था तो। इधर एक साल से तबीयत भी कुछ नरम रहने लगी थी उनकी यानी आम बुजुर्गों की तरह मिलने पर मुस्कुराकर नमस्कार का प्रत्युत्तर देते फिर तबीयत खराब रहने की बातें करने लगते। यानी क्राइटेरिया फुलफिल करने के बाद ही मरे तो इसमें अस्वाभाविक क्या था। खामख्वाह 'रंगीन टी.वी. सेट के घर में आने के आठ दिन बाद ही' वाली बात का पुछल्ला लगाकर एक सीधी-सादी कहानी को मर्डर मिस्ट्री की शक्ल देने की क्या जरूरत है। और कहेंगे आप कि मैं शायद आजकल अगाथ क्रिस्टी और कानन डॉयल ज्यादा पढ़ रहा हूँ इसलिए हर घटना के पीछे साजिश नजर आती है।

पोस्टमार्टम : जरूरत क्या है मरने के बाद मिट्टी की फजीहत कराने की। न आग में जलकर मरे, न जहर खाया, न गर्दन में रस्सी का फन्दा डालकर झूले, न छत से गिरे, न किसी गाड़ी से एक्सीडेंट हुआ, न किसी ने छुरा मारा, न गोली लगी तो पोस्टमार्टम किस बात के लिए होगा!

केस : गोल कमरे के पास वाली बरसाती-टर्न्ड-कमरे में शुक्रवार की रात को सोए तो सोए ही रह

गए किशोरीरमण बाबू। सबेरे मँझली बहू मतलब सुरंजन की पत्नी शीला चाय देने के लिए उन्हें जगाने गई तो देखा कि हाथ सीने पर है–न कहीं कोई साँस, न कोई धड़कन। शीला की चीख सुनकर दौड़े चले आए थे सब। डॉक्टर भी आया... बताया...कार्डियक अरेस्ट। अच्छा लगता है यह शब्द बोलने में भी और सुनने में भी। एक अभिजात का बोध छिपा है इसमें। 'दिल का दौरा' में कुछ फटीचरी का आभास होता है। खैर, डॉक्टर लौट गए। नेचुरल डेथ में करना भी क्या था...एक डेथ सर्टिफिकेट ही तो देना था...

चश्मदीद गवाह : लेकिन मेरा बयान भी तो कोई सुने, गोल कमरे की खिड़की के ठीक सामने थी मेरे कमरे की खिड़की और किशोरीरमण बाबू के घर का लगभग हर घटनाक्रम साफ दिखता था...एक फिल्म की तरह...एक जिन्दा खिड़की थी यह और एक जमाने में मेरी राहते-जाँ भी, पर वो दूसरी बातें हैं और कुछ अप्रासंगिक भी। अब पूरी बात बता ही डालूँ जो कभी चश्मदीद गवाह की तरह, तो कभी चक्षुकर्ण बनकर देखा-सुना था मैंने।

मौका-ए-वारदात : एक गोलाकार कमरा जिसमें से तीन दरवाजे थोड़ी-थोड़ी दूरी पर तीन कमरों में खुलते थे। चौथा दरवाजा बाहर जाने के लिए था और पाँचवाँ दरवाजा आँगन की तरफ बनी छोटी-सी बरसाती में खुलता था। पुराने जमाने में क्या डिजाइन होता था मकानों का। बरसाती के ठीक बगल से सीढ़ियाँ थीं छत पर जाने के लिए, सीढ़ियों के पास ही बना था घर का एकमात्र पाखाना। नाक-मुँह मत बिचकाइए...एक जमाने में काफी रोमांटिक जगह थी, दो प्रेमियों के लिए तारघर की तरह काम करता था वह क्योंकि दीवार के पार हमारे घर का पाखाना बना था। गोल कमरे को स्थायी रूप से किशोरीरमण बाबू का कमरा माना जा सकता है। अस्थायी रूप में इसका प्रयोग श्री निरंजन यानी घर का छोटा लड़का सराय की तरह सुश्री रंजना यानी घर की एकमात्र बहन मुझसे प्रेम प्रदर्शन के लिए करती थी क्योंकि इसकी खिड़की मेरी खिड़की के ठीक सामने खुलती थी और यही अतिरिक्त सुविधा बाद में हमारे चिरविरह का कारण बनी। खैर, वो बातें फिर कभी...

कमरा नं. एक घर के बड़े लड़के प्रियरंजन, उसकी पत्नी, दो छोटे बच्चों सोनू और मोनू के कब्जे में था। इसी कमरे में प्रियरंजन अपने ऑफिस यानी एक टायर बेचनेवाली फर्म के दफ्तर से साढ़े सात बजे लौटकर चाय पीता और गाहे-बगाहे बच्चों को पढ़ाता था। स्टील की एक अदद आलमारी, एक अदद सनमाइका लगी पलंग तथा एक सस्ते किस्म का ड्रेसिंग टेबल रखने के बाद कमरे में जरा-सी जगह न बचती थी। प्रियरंजन की पत्नी माधुरी इसी ड्रेसिंग टेबल के सामने खड़ी होकर

खुद को मुग्धभाव से निहारती हुई होंठों पर लिपस्टिक लगाती, पर यह दृश्य मैं पूरी तरह नहीं देख पाता था क्योंकि उस वक्त खिड़की के ठीक सामने पड़नेवाले कमरा नं. एक का दरवाजा बन्द हो जाता था। आखिर वह इतनी बेहयाई तो नहीं कर सकती थी कि गोल कमरे में...सामने चौकी पर लेटे या बैठे अपने पितातुल्य बड़े ताऊ जी के सामने ही लिपस्टिक...पाउडर वगैरह...छि:...

कमरा नं. दो पर कब्जा जमा रखा था घर के मँझले लड़के सुरंजन और उसकी पत्नी शीला ने। अभी बच्चे नहीं थे। यहाँ भी वही हाल था। कुछ सस्ते किस्म के हलके फर्नीचरों को रखने के बाद थोड़ी-सी भी जगह नहीं बचती थी। यानी दरवाजे से टेक-ऑफ किया और सीधे बिछावन पर लैंड करना पड़ता था। सुरंजन मँझोले कद की एक नई उग आई इन्वेस्टमेंट कम्पनी में क्लर्क था और शीला मुहल्ला स्तरीय एक गलत-सलत अंग्रेजी सिखानेवाले इंग्लिश मीडियम स्कूल में शादीशुदा होकर भी 'शीला मिस' थी।

कमरा नं. तीन सुश्री रंजना के कब्जे में था जिसमें कुछ पुराने फर्नीचरों के अलावा किताबें, कुछ पनीले टाइप के रोमांटिक उपन्यास, कुछ पेंटिंग्स, क्रोशिए की कुछ चीजें और ऐसी ही तमाम चीजें अँटी पड़ी थीं। यही सुश्री रंजना मेरे प्यार में पड़ गई थी जिसे मुहल्ले में लटपटा जाना कहा जाता था। इसके पीछे जैविक कारणों का होना मानकर बाद में सुश्री रंजना को श्रीमती रंजना में बदल देने की सामाजिक साजिश जोरों से होने लगी जो कामयाब भी हो गई। चटक गए थे अपनी-अपनी छतों पर खड़े होकर एक-दूसरे की तरफ देखते हुए देखे गए सपने। खैर, सपनों के टूटने की बातें फिर बाद में, अभी तो किशोरीरमण बाबू की मौत का मसला है सामने...

केस हिस्ट्री : कोई नहीं जानता था कि कहाँ से आकर बस गए थे किशोरीरमण बाबू इस मुहल्ले में। मेरे दादा जी भी नहीं जो यहाँ के सबसे पुराने बाशिन्दे थे। लेकिन उनके यहाँ आकर बसने के बाद की कहानी दादा जी को मालूम थी और गाहे-बगाहे उन्हें सुना था उन रंजन ब्रदर्स (जी हाँ, यही नाम दे रखा था मैंने उन्हें) को कोसते हुए..."सी क्लास के बदमाश हैं सब साले जोरुओं के गुलाम...और किशोरीरमण बाबू भी तो हाथे न कटवा लिहिन है अपना। अरे भाई! मरने के बाद जिनके नाम से मकान लिखना है लिख जाओ, जिन्दा में क्या जरूरत है? अपना बाल-बच्चा तो गदानवे नहीं करता है आजकल, तो दोस्त का। हुँह।"

दादा जी की यही बड़बड़ाहटें मेरे लिए किशोरीरमण बाबू के इतिहास को जानने का स्रोत थीं और कोलाज की तरह मेरे दिमाग में जम गई थीं और इन्हीं सूचनाओं को जोड़-जमाकर जो कहानी बनी थी वह बिलकुल 'दोस्ती पर कुरबान', 'दोस्ती की सौगन्ध' नामों वाली पुरानी फिल्मों की तरह लगती। जब भी किशोरीरमण बाबू

को मैं देखता तो जेहन में दोस्ती की खातिर त्याग करनेवाले एक शख्स की तस्वीर उभरती, हालाँकि फिल्मों के लिए अगर किसी कास्ट में सूट करते थे किशोरीरमण बाबू तो सिर्फ छोटी-मोटी हास्य भूमिकाओं के लिए ही कर सकते थे। लोगों को हँसने का मसाला देने की हद तक नाटा कद, गहरा चमकीला काला रंग, झक्क सफेद बालों के बीच में झाँकती हुई काली रंग की खल्वाट खोपड़ी...

जब आए थे मुहल्ले में किशोरीरमण बाबू तो यह मकान किसी कारेलाल साव का था जिनकी कंजूसी का इतिहास बड़े चाव से दादा जी सुनाते हैं। कैसे उन्होंने अपने एक जोड़ी जूतों को सन्दूक में रख छोड़ा था और खाली पाँव इधर-उधर घूमा करते। कारेलाल साव के इसी मकान में किशोरीरमण बाबू एक कमरे के किराएदार बनकर आए थे और इस रूप में उन्होंने इस मोलियर के महाकंजूस पात्र की बहुत बदतमीजियाँ बर्दाश्त की थीं। पी.डब्ल्यू.डी. में चतुर्थवर्गीय कर्मचारी के रूप में शुरुआत की थी किशोरीरमण बाबू ने और जल्दी ही तमाम गुर सीख लिये थे तरक्की के। पढ़े-लिखे तो थे ही, बड़े साहबों की जी-हुजूरी के एडीशनल क्वालीफिकेशन से जल्दी ही क्लर्क बन गए और इस दुधारू डिपार्टमेंट के बड़े बाबू के पद से एक दिन एक नया के.सी. पॉल का छाता, एक सेट धोती-कुर्ता, एक छोटी-सी अटैची, एक गुटका रामायण और सहकर्मियों के भाव भरे विदाई भाषणों के साथ वापस आए थे दफ्तर से फिर कभी दफ्तर नहीं जाने के लिए, लेकिन यह तो बहुत बाद की बात है।

इसके काफी वर्षों पहले ही सुखरंजन बाबू, यानी जिनका कुनबा अब किशोरीरमण बाबू को परिवार सुख दे रहा था, उनकी एंट्री हुई थी। मेरे दादा जी के शब्दों में दोनों एकदम 'टू फॉर ज्वाय' थे। साथ-साथ एक ही स्टोव पर खाना पकाते, साथ-साथ खाते, साथ-साथ दफ्तरों के लिए निकल जाते, साथ-साथ कारेलाल का मकानमालिकाना सहते, सिर्फ शनिवार को अलग होते थे वे। शाम को सुखरंजन बाबू अपने गाँव के लिए रवाना हो जाते और किशोरीरमण बाबू सिर-मुँह लपेटकर पड़ जाते। सोमवार की सुबह फिर सुखरंजन बाबू हाज़िर। एक और काम जो साथ-साथ करते थे, वह था कारेलाल साव द्वारा रामचरितमानस की चौपाइयों की गलत-सलत व्याख्या सुनना। कारेलाल तुलसीदास जी के 'ढोर गँवार शूद्र पशु नारी' वाले दोहे का तो फैन था और दिन भर में बीस बार खरजदार आवाज में पढ़ता था यह दोहा जिसका असर दोनों मित्रों पर अलग-अलग होता। सुखरंजन बाबू जिनकी शादी अभी-अभी हुई थी और पत्नी गाँव में रहती थी, खूब हँसते और किशोरीरमण बाबू थोड़े उदास हो जाते। उनकी पत्नी उन्हें छोड़कर चली गई थी। किन्हीं कमजोर क्षणों में शायद यह कहानी किशोरीरमण बाबू ने मेरे दादा जी को सुनाई थी। वह बड़े घर की खूबसूरत, फैशनेबल और बदनाम लड़की थी और उसके कभी घर से किसी नौकर के साथ, कभी हलवाहे के साथ भाग जाने का इतिहास पुराना था। सब कुछ जानते हुए भी

किशोरीरमण बाबू ने शादी की थी, शायद जेनरेशन का रंग सुधारने की आशा लेकर, लेकिन बाद में किशोरीरमण बाबू के गाँव के ही किन्हीं सिंह जी के लड़के के साथ भागी तो न वह लौटकर आई, न किशोरीरमण बाबू लौटकर कभी गाँव गए। 'ताड़न के अधिकारी' को उसका अधिकार अपनी भलमनसाहत की वजह से न दे पाने के कारण ही शायद हो जाते वह।

एक बार सुखरंजन बाबू गाँव गए छुट्टियाँ लेकर और छुट्टियाँ खत्म हो जाने के बाद भी न लौटे तो किशोरीरमण बाबू को चिन्ता हुई। एक दिन...दो दिन...तीसरे दिन भी जब नहीं आए तो दफ्तर से छुट्टी लेकर सुखरंजन बाबू के गाँव पहुँचे और एक दिन के बाद ही तीन सिर-मुंड़े लड़कों तथा एक छोटी-सी लड़की को लेकर लौटे, जो कालान्तर में कौन हुए आप समझ ही गए होंगे, मेरे दादा जी के शब्दों में, ''ऊ दिन भुला दिहिन हैं साले सब जब यही किशोरीरमण बाबू सबको भीखमंगई से निकालकर आए थे। इन्हीं लोग के लिए उ आदमी दोबारा शादी नहीं किहिस। अरे गोतिया लोग तो पहले ही जगह-जमीन पर नजर गड़ाइस था। वही लोग मारवे किहिस होगा।'' धनकटनी के दिनों में सुखरंजन बाबू और उनकी पत्नी खेतों की ओर गए थे तो नहर के उस पार उनकी सिरकटी लाशें बरामद हुई थीं कई दिनों के बाद। किसने मारा उन्हें, क्यों मारा, ये बातें तो सात परदों में ही छिपी रह गईं।

तब से लेकर किशोरीरमण बाबू ने कैसे उन चारों बच्चों की परवरिश की, कैसे माँ-बाप दोनों की भूमिका निभाई, कैसे दूसरी शादी के हर प्रस्ताव को विनम्रता से टाल दिया, कैसे पढ़ाया-लिखाया, कब किसे पेटदर्द होने पर घृतकुमारी का तेल और गरम पानी की बोतल लेकर रात भर बैठे रहे, कब किसके बुखार में रात भर पानी की पट्टियाँ बदलीं, कब कितनी बार किसके बिछावन में पेशाब कर देने पर तोशक-चादर धूप में सुखाए। किसे मैट्रिक में फर्स्ट डिवीजन आने पर नई साइकिल खरीदकर दी, कब कैसे फीस के पैसे जुटाए, कब किसे बेलबॉटम बनवाकर दिया, कब किसे सिलाई-बुनाई के स्कूल में दाखिला दिलाया, कब किसकी नौकरी लगने पर मुहल्ले भर में मिठाइयाँ बाँटीं—ये सब डिटेल्स अगर देने लगूँ तो कहानी में जो थोड़ा-बहुत रहस्य का मसाला है वह जल जाएगा। असल मसला तो है कि किशोरी बाबू मरे कैसे, वो भी घर में रंगीन टी.वी. आने के आठ दिन बाद ही। लेकिन इसके पहले एक वाकया सुनाने से अपने को रोक नहीं पा रहा हूँ, क्योंकि वही मेरी प्रथम और दुखदाई प्रेम कहानी की शुरुआत भी है और अन्त भी।

घर की लड़की यानी सुश्री रंजना इंटर में आ गई थी और मैं बी.ए. में था । अब जब सेटिंग इतनी शानदार हो तो प्यार भला न हो...एक दीवार के आर-पार घर, मिली हुई छतें, एक-दूसरे के घर में झाँकतीं खिड़कियाँ, एक ही दीवार के आर-पार

रोमांटिक पाखाना जो तारघर का काम करता। टाइम फिक्स्ड था। अपने-अपने पाखानों में जाकर पानी के डिब्बे को विशेष पद्धति से तीन बार टनटनाने का मतलब 'आइ लव यू' वगैरह होता था। नजरों के इशारे, उड़नचुम्बन आदि का स्टेज पार होने के बाद जब खतों के स्टेज पर बात पहुँची तो सब गड़बड़ हो गया। किशोरी बाबू रिटायर होकर ज्यादातर गोल कमरे में ही रहते। शाम को चार से पाँच के बीच घर बिलकुल खाली होता। किशोरी बाबू हनुमान मन्दिर की ओर निकल जाते थे। बड़ी बहू पड़ोस में गप्पें मारने, मँझली बहू स्कूल, निरंजन तो घर पर रहता ही नहीं कभी और दोनों बड़े भाई दफ्तरों से लौटे नहीं होते।

ऐसे में ही एक दिन सुश्री रंजना को एक लम्बा-सा खत लिखकर जिसमें मेरे खूनेजिगर से उसके होंठो पे लाली वगैरह लगाने की और भूगोल के सारे सिद्धान्तों को झूठा बनाकर तारों को तोड़कर माँग में सजाने वगैरह की अव्यावहारिक बातें थीं, एक छोटे-से ईंट के टुकड़े में लपेटकर खिड़की के जरिए गोल कमरे में प्रक्षेपित किया ही था कि अचानक खिड़की के आकाश पर वलयाकार ग्रहण सहित सूर्य उदय हुआ और यह यू.एफ.ओ. बिलकुल बुल्स आइ पर जा लगा था। इसके बाद ही किशोरी बाबू ने दौड़-धूप शुरू कर दी और सुश्री रंजना बदल दी गई श्रीमती रंजना में, जो किसी बैंक के क्लर्क के यहाँ बर्तन माँज रही होगी और टी.वी. पर सीरियल देखकर कभी खुश, कभी उदास हो रही होगी।

किसी भी घटना का प्रभाव अलग-अलग लोगों पर अलग-अलग पड़ता है सुश्री रंजना की शादी जहाँ मेरे लिए बेवफाई के शेर लिखने का कच्चा माल बनी, वहीं किशोरी बाबू के लिए निश्चिन्तता का कारण, बहुओं के लिए बोझ हटने का रिलीफ और निरंजन के लिए एक अलग कमरा पा जाने के सुख का एहसास। इसी सुख के एहसास ने शायद उसको आत्मविश्वास दिया कि वह जल्दी ही एक स्थानीय कोऑपेरेटिव बैंक में क्लर्क हो गया और एक शाम किशोरीरमण बाबू और उनके घर के लोग, मुहल्ले के कई बुजुर्ग, कई अल्हड़ किस्म की अर्द्धवयस्का महिलाएँ, शोहदे किस्म के कई लड़के, सभी श्री निरंजन के साथ एक रिजर्व्ड बस, जिस पर 'निरंजन वेड्स सीमा' का विजय प्रतीक सटा था, सवार हुए और शोहदों द्वारा 'मुकाबला मुकाबला' की धुन पर कूल्हे मटकाने का सांस्कृतिक कार्यक्रम और वापसी बस यात्रा में कई महिलाओं द्वारा उलटी किए जाने का असांस्कृतिक कार्यक्रम पेश करते हुए घर की छोटी बहू मय रंगीन टी.वी. के ले आए।

रंगीन टी.वी. को जल्दी घर लाने के चक्कर में एक बात तो बताना भूल ही गया कि अब वह मकान किशोरी बाबू का अपना मकान था क्योंकि वर्षों पहले कारेलाल साव ने अपना मकान किशोरी बाबू को बेच दिया था। निरंजन की शादी के ऐन पहले इसमें कुछ ढाँचागत परिवर्तन भी किए गए थे, मसलन—वो रोमांटिक पाखाना अब

पहले की शक्ल का न रहा था, विदेशी संस्कृति के आक्रमण की तरह उस पर कमोड बिठा दिया गया था, पानी की सीमेंट की टंकी छत पर बन गई थी जो मुझे सुश्री रंजना की यादों से भी महरूम कर देने की साजिश-सी लगती थी क्योंकि जिस जगह पर टंकी बनी थी वहीं पर सुश्री रंजना कभी बड़ियाँ, कभी गेहूँ सुखाने जैसे नितान्त अनरोमांटिक कामों में भी रोमांस का टच देने आती थी। बरसाती को दीवार से घेरकर एक कमरे की शकल दे दी गई थी और घर का सारा कबाड़ इसी कमरे में फेंक दिए जाने की परम्परा बन गई थी। हालाँकि सोनू-मोनू कभी-कभी चोर-सिपाही खेलते समय इसका रचनात्मक उपयोग भी करते थे।

पहला दिन–शुक्रवार : रंगीन टी.वी. सेट आ गया। भगवान आ जाएँ तो कहीं मन्दिर का अभाव रहेगा? बड़े धूमधाम से भगवान की प्राण-प्रतिष्ठा की गई और भगवान को धरती पर उतार लानेवाले भक्त की प्रेस्टिज का वोल्टेज अचानक बढ़ गया, दूसरे कमरों में जगह तो थी नहीं, सो गोल कमरे में ही इसे प्रतिष्ठित किया गया, ठीक किशोरी बाबू की चौकी के सामने खिड़की के नीचे। यानी टी.वी., फिर चौकी और फिर सामने कमरों के दरवाजे। तमाम बहस-मुबाहिसों के बाद इस जगह का चुनाव किया गया था क्योंकि यही एकमात्र जगह थी जहाँ पर रखने से टी.वी. तीनों कमरों से दिखता था। इस रात किशोरी बाबू हनुमान मन्दिर से लौटे तो कुछ अतिरिक्त लड्डू लेते आए ताकि घर के बाशिन्दे टी.वी. के आगमन को सेलीब्रेट कर सकें। देर रात तक पिक्चर चलती रही और कुर्सी पर उकड़ूँ बैठकर किशोरी बाबू ऊँघते रहे। 'साली ये रात के नौ बजते ही अर्ली टू बेड एंड अर्ली टू राइज' वाली कहावत कानों में क्यों गूँजने लगती है, पता नहीं–किशोरी बाबू को आत्मग्लानि हुई। कब रात का डेढ़ बजा, कब पिक्चर खत्म हुई और कब किशोरी बाबू को जगाकर उन्हें अपनी चौकी पर सोने को कहा गया, बहुत हलकी-सी याद है।

दूसरा दिन–शनिवार : घर की बड़ी और छोटी बहू की मेरी माँ से बातचीत के अंश, जो दोपहर में गप्पों के सेशन में हुई। जब बड़ी बहू नई आई छोटी बहू को लेकर मेरे यहाँ पड़ोसी का फर्ज निभाने आई, 'पड़ोसी की ईर्ष्या मालिक का गौरव' (नेबर्स एन्वी ओनर्स प्राइड) विज्ञापन का मूर्त रूप बनाकर–"एकदम फिल्म की तरह लगता है चाची। कल रात देखी पिक्चर में गजब का रोल किया था अमिताभ। सोनू-मोनू को देखिए, एक मिनट के लिए भी पलक तक नहीं झपकाया, एकदम फैन हैं दोनों अमिताभ का।" माता द्वारा अपने पुत्रों का गौरवगान चलता रहा और मैंने अपने घर के फटीचर ब्लैक एंड व्हाइट टी.वी. को जी-भर के कोसा और सोच डाला कि साले सोनू और मोनू तो जहन्नुम में जाएँगे ही, पूरे आवारा निकलेंगे, अभी से यह हाल है तो...

"दादी! जानती है आज वाला पिक्चर भी अच्छा है, पापा जी वी.सी.आर. लाए थे भाड़ा पर तो हम लोग देखे थे यही वाला पिक्चर।" ये छोटी बहू थी, जो जेठानी को अधीनस्थ कर्मचारी की तरह समझा रही थी।

"किशोरी बाबू को तो सोने में दिक्कत हो गया होगा," माँ भी गुब्बारे की हवा निकाल देने की कला जानती है! फुस्स...अब वे ज्यादा देर तक टिक नहीं पाएँगी।

"नहीं, वैसा कुछ नहीं था, ताऊ जी को बोले हम कि आप सो जाइए, लेकिन माने ही नहीं। शुरू-शुरू में थोड़ा देख भी रहे थे। अब उठते हैं, शाम में पिक्चर भी है...आज खाना भी जल्दी बनाना होगा–चलो छोटी..."

तीसरा दिन–रविवार : आज सुबह-सुबह ही गाने की आवाज से नींद खुली तो याद आया कि टी.वी. पर रंगोली आती है इस वक्त लेकिन हम लोगों की किस्मत में रंगोली के रंग कहाँ...वही दो रंग...स्याह और सफेद...सबसे ज्यादा कोफ्त तो तब होती जब पुरानी फिल्मों में श्वेत-श्याम का कैप्शन बार-बार आता। अरे, हमारी जिन्दगी तो पहले से ही श्वेत-श्याम है भइया...

सोनू-मोनू एक बड़े-से सफेद कागज पर चार्ट बना रहे थे ये बात किशोरीरमण बाबू की डाँट से पता चली–"क्यों कागज बर्बाद कर रहे हो?"

"मम्मी बोली है न दादा जी, टी.वी. के सब प्रोग्राम का चार्ट बनाने।"

"छोटी मम्मी, छोटी मम्मी! 'स्वाभिमान' दिन में कितने बजे आता है?" सोनू कह रहा था। छोटी मम्मी यानी छोटी चाची के टी.वी. कार्यक्रमों के ज्ञान को प्रमाणिक मान चुके थे वे।

रात को किशोरी बाबू तकरीबन साढ़े नौ बजे लौटे हनुमान मन्दिर से, खाना खाया और नाजी शिविरों की यातना, यानी न सोने देने की सजा भुगतने कुर्सी पर बैठ गए। मच्छरों ने इस यातना के दृश्य में भरपूर ऑर्केस्ट्रा बजाया।

चौथा दिन–सोमवार : आमतौर पर किशोरी बाबू दिन में कभी सोते नहीं, पर उनकी पलकें जैसे मुँदी जा रही थीं। कल सुबह तो रंगोली के चक्कर में रामायण भी नहीं पढ़ पाए, आज लेकर बैठे भी हैं तो आँखें झिप रही हैं। दोपहर में बाजार के बहाने निकल पड़े–"बहू! निरंजन को मना कर देना, अब हम ही दोपहर में सब्जी ला दिया करेंगे।"

"छोड़िए न ताऊ जी, धूप में कहाँ..."

"नहीं, ले आते हैं, थोड़ा घूम भी लेंगे। जाड़े का दिन है, धूप क्या है।" किशोरी बाबू दोपहर में आनेवाली 'शान्ति' की अशान्ति से डरे हुए थे। 'यह शत बार पाठ कर जोई' का पाठ करते हुए बाजार की तरफ थैला लेकर निकल पड़े।

पाँचवाँ दिन–मंगलवार : शाम को 'स्वाभिमान' सीरियल देखने के बाद हुई बहुओं की बातचीत के अंश, जो खिड़की के पास ही हुई इसलिए अनायास कानों में चली गई : "दोपहर वाला सीरियल सब तो देख लेते हैं, रात वाला में दिक्कत हो जाता है। ताऊ जी कुर्सी पर बैठे-बैठे सोते रहते हैं, ठीक भी नहीं लगता...एक एपिसोड छूट गया तो मजा भी तो नहीं आएगा।"

"जानती हैं दीदी। इसलिए पप्पा जी वहाँ घर में किरासन वाला जेनरेटर ले लिये हैं। किसी भी सीरियल का एक भी एपिसोड छूटा तो मेरी माँ का ब्लडप्रेशर हाई हो जाता है।"

"यहाँ तो लाइटे नहीं रहता है कभी-कभी। इधर संयोग से तीन-चार दिन से लाइट है..." बोलते-बोलते सचमुच लाइट चली गई। आज किशोरीरमण बाबू जी भर के सोएँगे। आज शाम से ही जो बिजली गुल हुई है तो अभी तक आई नहीं। बहुएँ बेचैनी से बरामदे में टहल रही हैं। जैसे फिल्मों में ऑपरेशन थिएटर के बाहर हीरो टहलता है जब हिरोइन को प्रसव वेदना हो रही होती है। बच्चे धमाचौकड़ी भी नहीं मचा रहे हैं।

"मम्मी, आज टीना बोल रही थी उसकी मम्मी रात वाली फिल्म नहीं देखने देती। बोलती है सो जाओ!" सोनू बोल रहा था।

"छोटी मम्मी! छोटी मम्मी! सुनो न," मोनू नई चाची की ठुड्डी पकड़कर अपनी ओर घुमा रहा था, "हम न, अमित है न, उससे पूछे कि बताओ तो उस दिन वाला पिक्चर में अमिताभ कौन रंग का स्वेटर पहना था, उसके यहाँ ब्लैक एंड व्हाइट टी.वी. है न, नहीं बता सका, हम बता दिए...लाल काला था न।"

किशोरी बाबू मन-ही-मन खुश होते हुए, आँखों में प्यारी नींद का सपना लेकर हनुमान जी की स्तुति गुनगुनाते हुए अभी अपने घर से चार मकान पीछे ही थे कि बिजली आ गई। सभी पी.टी. उषा की स्पीड में गोल कमरा, जिसे अब टी.वी. रूम कहा जाता था, की ओर दौड़े। उलटे पाँवों किशोरी बाबू लौट पड़े। 'एक घंटा और हनुमान मन्दिर में काट लेंगे, लेकिन साढ़े दस बजे तो पुजारी जी दरवाजा बन्द कर देते हैं...तब लौट आएँगे...' सोचा उन्होंने।

छठा दिन–बुधवार : आज उठते ही सोचा किशोरी बाबू ने कि आज बात करनी ही पड़ेगी। प्रियरंजन ऑफिस के लिए तैयार हो रहा था–"ऐसा है प्रियरंजन कि कल हम डॉक्टर साब के पास गए थे, आँखों में जलन हो रही थी, वे बोले कि अनिद्रा से हो रहा है। ये टी.वी. अगर तुम लोग अपने कमरे में ले जाते तो अच्छा रहता थोड़ा..."

आई झनझनाती आवाज बड़ी बहू की–"कहाँ जाएगा टी.वी., जगह किसके कमरे में है और एक कमरे में जाएगा तो दूसरे लोग कैसे देखेंगे?"

छोटी बहू का भी मुँह खुल गया था, ''पप्पा जी सत्रह हजार लगा के दिए हैं टी.वी., तो कबाड़घर में रखा जाएगा क्या?''

''अच्छा-अच्छा! ऑफिस जाने के टाइम पर कच-कच मत करो तुम लोग। देखेंगे शाम में।''–यह प्रियरंजन था।

शाम में चित्रहार था और सभी अति व्यस्त थे इसलिए इस विषय पर बात करना गैरजरूरी समझा गया। हर रात की तरह किशोरी बाबू दस बजे आए, खाना खाया टेबल पर रखा हुआ, और कुर्सी पर सजा भुगतने बैठे। आज ज्यादा देर यह सजा नहीं चली, कोई शास्त्रीय संगीत का कार्यक्रम आ रहा था और 'धत् तेरी की' की समवेत् ध्वनि के साथ 'उस्ताद फलाने खाँ' का गला दबा दिया गया।

सातवाँ दिन–गुरुवार : आज ऑफिसों में हॉलीडे है और सभी खुश हैं किशोरी बाबू के सिवा। शायद बूढ़े लोग जवानों की खुशी नहीं देख पाते। आज दोपहर में कई मंत्रणाएँ हुईं, कई गृह कमेटियों की संयुक्त बैठकें हुईं और चूँकि ये सभी काफी धीमी आवाजों में हुईं और 'इन-कमरा' हुईं तो मेरे लिए जानना और आपको बताना भी मुश्किल है कि क्या तय हुआ...''सॉरी फॉर इंटरप्शन...''

शाम में किशोरीरमण जल्दी ही घर लौट आए बुखार में थर-थर काँपते हुए। आते ही बिस्तर पर लेट गए। कम्बल ओढ़ लिया, खाना भी नहीं खाया। इस उम्र में हनुमान मन्दिर का संगमरमर का फर्श कुछ ज्यादा ही ठंडा लगता है तिस पर रोज-रोज और वो भी दिसम्बर के महीने में...

कुछ सेवा-सुश्रुषा की गई लेकिन आखिर कब तक लोग लगे रहें। आजकल सीरियल वगैरह का समय ऐसा नौ बजे के बाद बना दिया है कि रात में नौ बजे के बाद कोई काम ही नहीं हो पाता। ठीक है अब ताऊ जी गहरी नींद में सो गए हैं, धीमी आवाज में तो चलाया ही जा सकता है टी.वी.। तस्वीर में क्या डिस्टर्बेंस होगा? और एंटरटेनमेंट का साधन भी क्या है इस छोटे-से शहर में।

अभी दस मिनट बीते ही थे कि ताऊ जी ने करवट ली, और कम्बल हटकर, धोती सिमटकर नंगी, काली टाँग खड़ी हो गई खम्भे की तरह, कई जोड़ी नजरों और टी.वी. स्क्रीन के मिलनपथ में बाधा बनकर। घुटनों को ऊपर की तरफ खड़े करके सोने की आदत भी कितनी खराब है। तीनों कमरों से 'ओह', 'च', 'धत्त', 'चौपट' का कोरस। बड़ा जोरदार सीरियल है ये 'स्वाभिमान' भी, सब कुछ कितना ग्रैंड लगता है...चमकीला...मन खुश हो जाता है। बड़े लोगों के बीच का तनाव भी बड़ा होता है लेकिन ताऊ जी की काली टाँग...उफ...अब क्या, अब तो विज्ञापन आने लगे।

आठवाँ दिन–शुक्रवार : आज शायद पहली बार किशोरी बाबू सुबह टहलने नहीं जा सके। बुखार काफी बढ़ गया था। ढन-ढन...ढन...अरे-अरे-रे...उधर...'ए सोनू हटो उधर से, देखते नहीं जंग लगा हुआ है, कट गया तो सेप्टिक हो जाएगा' हट उधर से...अर्र-र्-र् ढनाक...इन सब साउंड इफेक्ट्स को जमा करके विश्लेषण करने पर ऐसा लगा कि आज कबाड़घर की सफाई हो रही है।

बड़ी बहू–"अरे खटिया रहने दो न एक कोने में, और ये टी.वी. वाला डिब्बा वहीं पर रहने दो न एक तरफ, काम देगा। सामान-उमान हटाओ उधर से, ताऊ जी का बहुत सारा कल्याण होगा। सब डाल दो इसी डिब्बे में।"

सुरंजन–"ताऊ जी का बक्सा भी रख दो उधर कोने में, अब तो खाली चौकी ला के बिछा देना है बस।"

निरंजन–"ये ठीक इन्तजाम हुआ, ताऊ जी को भी सोने में डिस्टर्बेंस होता था, इसी से लगता है बुखार आ गया होगा।"

प्रियरंजन–"चलो, चौकी पकड़ दो जरा।"

सोनू–"आज अमिताभ का फिल्म है न मम्मी रात को?"

मोनू–"बड़ा मजा आएगा न भैया, ढिशुम-ढिशुम..."

अब स्क्रीन मेरे सामने है, सभी गोल कमरे में आ गए हैं।

प्रियरंजन–"ताऊ जी, ताऊ जी...उठिए, चलिए..."

किशोरी बाबू कराहते हुए आँखें खोलते हैं, "कहाँ?"

बड़ी बहू–"सब इन्तजाम हो गया है फस्सक्लास उधर, कोई दिक्कत नहीं होगी।"

किशोरी बाबू फटी-फटी आँखों से देखते हैं–"किधर?"

छोटी बहू–"यहाँ आपको डिस्टर्ब होता था, उधर सेपरेट में ठीक रहेगा।"

किशोरी बाबू का क्लोजअप...जैसे कुछ समझ नहीं पा रहे हों...इसी बीच वह उठकर खड़े भी हो जाते हैं, दोनों छोटे भाई चौकी मय-बिस्तर के उठा ले जाते हैं। पीछे-पीछे किशोरी बाबू थके कदमों चलते हैं। कैमरा पैन करता हुआ उनको गोल कमरे के दरवाजे से बरसाती की ओर जाता हुआ देखता रहता है...

देर रात तक अमिताभ बच्चन चीखता रहा। असामाजिक तत्त्वों को पीटता रहा। सभी ने निश्चिन्त होकर चीखें सुनीं। पिटाई देखी। दाँत पीस-पीसकर दुनिया को जलाकर राख कर देनेवाले डायलॉग सुने और परमतृप्ति के साथ सोए और सुबह ही किशोरी बाबू मरे हुए पाए गए, बरसाती में चौकी पर...सीने पर हाथ धरे। अब ये पड़ताल आपको करनी है कि किशोरी बाबू घर में रंगीन टी.वी. आने के ठीक आठ दिन बाद ही मर गए तो इसमें किसी का अपराध सिद्ध होता है कि नहीं।

एक बूढ़े की मौत

शशि भूषण द्विवेदी

कहानी लिखने के लिए कहानी ढूँढ़नी पड़ती है। पता नहीं, यह कितना सच है मगर अब तक हर कहानी लेखक ने मुझसे यही कहा कि कहानी लिखना खासा मुश्किल काम है। कभी-कभी मुझे भी ऐसा ही लगता है, कारण कि जो चीज हमारे सबसे ज्यादा नजदीक होती है वही इतनी दूर होती है कि हम उसके बारे में कोई निर्णय नहीं कर पाते। मगर यहाँ निर्णय किसे करना था? हम तो उस दिन एक अदद कहानी की तलाश में थे। एक ऐसी कहानी जो सिर्फ कहानी हो और कुछ नहीं...हाँ, कई बार ऐसा होता है कि कहानी उपन्यास भी हो जाती है, कविता भी और...खैर, जाने दीजिए, हम क्यों बेवजह कहानी का पुराण खोलें। सौ बात की एक बात यही कि कहानी कभी विशुद्ध नहीं होती, 'बहुत कुछ' होती है। इस 'बहुत कुछ' के बीच ही हमें एक कहानी तलाशनी थी। कहानी का विषय था—एक बुड्ढा मर गया। अब भला बताइए कि ये भी कोई विषय हुआ? बुड्ढे तो मरते ही रहते हैं। उनका क्या?

मगर नहीं, बात इतनी आसानी से टालना उस वक्त हमारे वश में नहीं था। रह-रह कर एक ही बात दिमाग में आती कि आखिर बुड्ढा मरा क्यों? 'बूढ़े मरते ही क्यों हैं? जैसे मूर्खतापूर्ण सवाल भी तब हमारे जेहन में कौंध रहे थे। इस बीच बूढ़ों की मौत के सम्बन्ध में कई सम्भावनाएँ भी हमने ब्योरेवार खोज निकालीं, मसलन—बुढ़ापा स्वयं में एक रोग है जो धीरे-धीरे शरीर और मन-मस्तिष्क को क्षीण करता जाता है। अन्ततः मौत की त्रासद नियति ही उसका सार्थक उपचार है। या—बुढ़ापा जवानी की गलतियों का नतीजा होता है, परिणामस्वरूप मौत उसका पलायन बिन्दु...!

एक सम्भावना और थी जो कि बम्बइया हिन्दी फिल्मों से उठाई गई थी यानी बुढ़ापे में

आदमी नाकारा हो जाता है। बच्चे उसे घर से निकाल देते हैं और वह आत्महत्या जैसा जघन्य क़दम उठा लेता है।

सम्भावनाएँ अपार थीं, उतनी ही जितनी कि आसमान में तारे होते हैं और हम इन तमाम सम्भावनाओं से रूबरू होते हुए एक से एक शानदार बूढ़ों की जन्मपत्रियाँ खोल रहे थे। आप यकीन नहीं करेंगे–इस बीच हमने इतने बूढ़ों की जन्मपत्रियाँ खोलीं कि एकबारगी तो हमें शक ही हो गया कि हिन्दुस्तान कहीं बूढ़ों का ही देश तो नहीं। एक ढूँढ़ो तो हजार मिलते हैं और फिर जवानी में बुढ़ापा और बुढ़ापे में जवानी के किस्से भी यहाँ कम नहीं।

कुल मिलाकर कहानी लिखने के लिए सारे हालात कन्फ्यूजन पैदा करनेवाले थे। ऐसे में बाबू जानकी प्रसाद सिंह का मिलना एक सुखद संयोग ही कहा जाएगा...हालाँकि यह दुखद भी कम नहीं था, लेकिन वह दूसरा किस्सा है, फिलहाल, छोड़िए उसे...!

तो जिस अस्पष्ट से बूढ़े की हमने अब तक कल्पना की थी, जानकी बाबू उससे ठीक विपरीत चुस्त-दुरुस्त और सुलझे हुए इनसान थे। फिर जैसी आज के बूढ़े से आशा की जाती है ठीक वैसे ही सूट-बूट की तमाम आधुनिकता से लैस...जानकी बाबू सत्तर-पचहत्तर की उम्र में भी खासे जवान दिखते थे। जिस सधी हुई राजसी चाल से वे चलते उसे देखकर लगता जैसे पुराने राजवंशों का इतिहास यकायक पलटी मारकर आज के उत्तर-आधुनिक युग में पहुँच गया है। हालाँकि यह बीसवीं सदी का अन्त था और सारा देश इक्कीसवीं सदी में जाने को तैयार था, तब भी सदी के अधिकतर बूढ़े अभी तक अठारहवीं सदी के आगे नहीं बढ़ पाए थे। उनके चेहरे की झुर्रियाँ सदियों के फासले की गवाह थीं।

ऐसे में जानकी बाबू झंडू च्यवनप्राश के विज्ञापन के बूढ़े नायक की तरह हमारे सामने अवतरित हुए। अपने वंश और कुल-गोत्र के सम्बन्ध में एक बार उन्होंने मुझसे कहा था कि "विशुद्ध क्षत्रियों के सूर्यवंशी कुल में जन्मा, वत्स गोत्र में उत्पन्न एक अविवाहित कुमार हूँ मैं...!"

अगर कुमार हैं तो अविवाहित होंगे ही मगर इन दो शब्दों पर उनके विशेष जोर ने हमारे सामने कई अनुत्तरित सवाल छोड़ दिए थे। उस वक्त हमने सोचा कि ठाकुर साहब अब शायद अपने अखंडित ब्रह्मचर्य की कथा कहेंगे! मगर उन्होंने कुछ नहीं कहा...सिर्फ शून्य में ताकते रहे!

यह जानकी बाबू की आदतों में शुमार था कि जरा-सा असहज होने पर वे झटपट विषयान्तर कर देते या फिर शून्य में ताकने लगते...! काफी पढ़े-लिखे थे और अच्छी अंग्रेजी बोल लेते थे। शायद इसीलिए जब कभी अपनी बात कहते तो बात में दम लाने के लिए किसी-न-किसी विश्वप्रसिद्ध पुस्तक या लेखक का नाम जरूर लेते। 'फलाँ लेखक ने भी यही कहा है' वाला भाव उनकी बातचीत का स्थायी

भाव था। वैसे जानकी बाबू बोलते कम ही थे, इतना कम कि कई बार तो लोग उन्हें गूँगा या बहरा तक समझ लेते।

इतनी सब खासियतों के बावजूद जानकी बाबू अकेले थे। हालाँकि अपने अकेलेपन का दुखड़ा उन्होंने कभी किसी के सामने नहीं रोया फिर भी लोग मानते थे कि वे अकेले हैं और अकेलापन उन्हें सालता है। नाते-रिश्तेदार और मित्रों से कटे जानकी बाबू की दिनचर्या सुबह चार बजे से शुरू होती जब उठकर वे नहाते-धोते, पूजा-पाठ करते और फिर घूमने निकल जाते। प्रातः भ्रमण का यह शौक उन्हें कब से लगा–कोई नहीं जानता लेकिन हाँ, लोगों ने जब से उन्हें घूमते देखा है पीतल की मूँठ वाली खूबसूरत छड़ी हमेशा साथ देखी है। एक तरह से यह छड़ी जानकी बाबू की पहचान थी क्योंकि जानकी बाबू जिस सुबह अपने कमरे में मरे हुए पाए गए तब भी यह छड़ी उनके हाथ में ही थी।

इस छड़ी का प्रयोग भी वे किसी तलवार की तरह ही करते थे। कभी-कभी राह चलते कुत्ते जब उन्हें घेर लेते तो उन्हें लगता जैसे दुश्मनों ने उन पर हमला कर दिया हो और वे चक्रव्यूह में फँस गए हों...फौरन उनकी तलवार यानी पीतल की मूँठ वाली छड़ी सक्रिय हो जाती। ऐसे अनेक वाकए जानकी बाबू के साथ जुड़े थे। इस तरह के किस्सों के पीछे का मूल भाव यही था कि ठाकुर साहब आज भी खुद को मध्यकालीन राजवंशों का एक कुल दीपक ही मानते थे। हर वक्त उन्हें यही शक रहता कि कहीं-न-कहीं, कोई-न-कोई उनके खिलाफ षड्यंत्र कर रहा है। हमारा खयाल है कि शायद अपनी शादी भी उन्होंने इसीलिए नहीं की वरना जानकी बाबू में कमी क्या थी? खैर, यह हमारा एक कयास ही है। इस सम्बन्ध में हमारी उनसे कोई विशेष बात नहीं हुई।

जानकी बाबू की मौत के ठीक एक दिन पहले मैं उनसे मिला था। गजब का उत्साह था उस दिन उनमें। शायद यह खबर उन तक पहुँच गई थी कि सुदूर अमेरिका के किसी भू-भाग में एक विलक्षण चेतनाशील वैज्ञानिक ने मानव क्लोन का आविष्कार कर लिया है। क्लोनिंग की मोटी-मोटी जानकारी भी अब तक जानकी बाबू को हस्तगत हो चुकी थी।

अखबारों की कटिंग और पत्रिकाओं का पुलिन्दा लिये जानकी बाबू उस दिन अपनी स्टडी में बैठे कुछ सोच रहे थे। सोच क्या रहे थे–शून्य में ताक रहे थे जैसी कि उनकी आदत थी। हमारे यूँ अचानक पहुँच जाने से भी उनकी मुद्रा में कोई विशेष परिवर्तन नहीं आया। सिर्फ उनके हाथों ने कुछ हरकत की और एक तरह से हमें बैठने का इशारा कर दिया।

याद नहीं हम कितनी देर तक यूँ ही बैठे रहे...कभी मेज पर पड़े कागजों को उठाते पढ़ते...कभी जानकी बाबू को देखते। हमने देखा कि उस वक्त जानकी बाबू

के चेहरे पर एक गहरी उदासी छाई हुई थी। अचानक उनके मुख से कुछ अस्फुट से शब्द हवा में लहराने लगे। 'न हन्यते हन्यमाने शरीरे...' सूक्ति से उठनेवाले आरोह-अवरोह के बीच उनकी आवाज जैसे काँप रही थी। चेहरे का भाव कुछ ऐसा था कि ढूँढ़ने वाले उसमें करुणा भी ढूँढ़ लेते, भय भी, साहस भी...और किसी सीमा तक भविष्य भी...!

"नाभिकीय अन्तरण विधि के द्वारा शरीर की किसी कोशिका के नाभिक को यांत्रिक रूप से निकालकर तत्पश्चात् नाभिक रहित अंडाणु में प्रतिस्थापित कर हलकी विद्युत तरंगें प्रवाहित करो। कोशिका का तीव्र विभाजन होगा, फिर तीव्र विकसित अंडाणु को माँ के गर्भ में प्रतिस्थापित कर दो। लो, तैयार हो गया क्लोन...।" हलकी वेदनामय मुस्कान के साथ जानकी बाबू ने कहा। उन्हें जैसे यह अहसास ही नहीं था कि मैं भी वहाँ बैठा हूँ। उनकी नजरें शून्य में अटकी हुई थीं और पूरे राजसी अन्दाज में जानकी बाबू की वाणी कमरे के कोने-कोने में गूँज रही थी। उनके हाथों की गति वाणी की लयात्मकता के साथ जैसे एकाकार हो गई। मैं कुछ पूछना ही चाह रहा था कि जानकी बाबू अचानक फुर्ती से मेरी ओर मुड़े और एक जड़ नजर के साथ मुझे घूरने लगे।

उनकी इस नजर में एक सम्मोहन था...एक जादू...। मुझे लगा जैसे मेरे शरीर की त्वचा पारदर्शी हो चुकी है और जानकी बाबू की जड़ नजरें उसके आर-पार देख रही हैं...। हृदय की धड़कन एकाएक बढ़ गई और शरीर में रक्त का प्रवाह असन्तुलित हो उठा...। एक पल को तो लगा जैसे साँस ही रुक जाएगी मगर जल्द ही खुद को व्यवस्थित करते हुए मैंने जानकी बाबू से पूछ ही लिया कि आखिर उनकी बेचैनी का राज क्या है?

"राज...!" वे धीरे से मुस्कुराए..."जानते हो...जिन्दगी में मृत्यु का आना कितना जरूरी है...।"

"हूँ..." मैंने अनचाहे हामी भरी...!

"नहीं, तुम कुछ नहीं जानते...उस फूल को देखो और मेरी बात ध्यान से सुनो।" जानकी बाबू ने गमले में लगे एक गुलाब के फूल की ओर इशारा किया और एक गहरी साँस छोड़ी (यहाँ जानकी बाबू ने शायद महाकवि टेनीसन का सन्दर्भ दिया था जिनका कहना था कि यदि मैं फूल को उसके स्वयं में जान जाऊँ तो जान जाऊँ कि मनुष्य क्या है और ईश्वर क्या है!)।

जैसे कोई आदमी किसी पहाड़ की चोटी से छलाँग लगाने को तैयार हो और अपनी बीती जिन्दगी पर अफसोस कर रहा हो—ठीक वैसे ही जानकी बाबू की हर साँस जिन्दगी के प्रति गहन प्रेम और विरक्ति की सूचना एक साथ थी। मैं उनकी ठहरी हुई जड़ आँखें देख रहा था और वे बोल रहे थे...लगातार...!

"बचपन में हम एक किस्सा सुना करते थे। एक राजा था, एक रानी। उनकी एक सुन्दर-सी बिटिया थी, बिलकुल फूल जैसी कोमल। राजा धर्मात्मा था और प्रजा सुखी। प्रजा सुखी हो या दुखी राजा तो हर हाल में दूर-दूर तक प्रसिद्ध हो ही जाता है। मगर यहाँ राजा प्रसिद्ध था तो प्रजा भी सुखी थी। प्रजा और राजा के सुख का ये आलम था कि पड़ोसी राज्य का दुखी राजा इसी बात से दुखी रहता। होता है...ऐसा भी होता है। अकसर लोग दूसरों के सुख से ही दुखी होते हैं। तो पड़ोसी राजा तमाम सुखों के बीच भी दुखी था। उसका ये दुख तब और घना हुआ जब उसने सुखी और प्रसिद्ध राजा की सुन्दर फूल-सी बिटिया को देखा।"

"पड़ोसी और दुखी राजा तमाम जुगत लगाकर भी जब सुखी राजा की फूल-सी बिटिया को न पा सका तब उसने अपने दुख के चरम पर आकर आत्महत्या कर ली। दुखी राजा मर गया मगर उसका दुख जिन्दा रहा और उसने एक राक्षस का अवतार लिया। यह राक्षस इतना तेज और ताकतवर था कि बड़ी-बड़ी फौज भी उसका सामना करने से डरती थी। बार-बार वह मारा जाता फिर बार-बार वह जी जाता। उसके जीने-मरने की यह कहानी बरसों तक चलती रही। इस बीच वह सुखी राजा भी मर गया और उसकी फूल-सी बिटिया भी। कहते हैं कि एक बार एक ऋषि से उसका झगड़ा हुआ और ऋषि ने उसे भस्म हो जाने का शाप दे दिया। राक्षस भस्म तो हो गया मगर उसकी आत्मा कलपती रही। यह कलपती आत्मा लम्बे समय तक किसी शरीर में न रह पाने के लिए आज भी अभिशप्त है...मौत तो सबको आती है न बाबू...सो वह राक्षस हर रोज जाने कहाँ-कहाँ मरता रहता है...मगर अब?"

जानकी बाबू एकाएक खामोश हो गए। उनकी यह अनर्गल-सी बिना किसी सन्दर्भ की कहानी मुझे बड़ी अटपटी लगी। (हालाँकि यहाँ भी उन्होंने प्रसिद्ध दार्शनिक सार्त्र का सन्दर्भ दिया था और कहा था कि आदमी स्वतंत्र है किसी भी स्थिति में—वह अपना निर्माता और स्रष्टा स्वयं ही है।) मगर उस वक्त जानकी बाबू की इस कहानी से मैं कुछ ठोस ओर भौतिक तत्त्व निकालना चाहता था, सो मैंने सोचा कि क्या कभी जानकी बाबू भी किसी फूल-सी राजकुमारी को चाहते थे? हो सकता है कि वह राजकुमारी किसी कारणवश उन्हें न मिल पाई हो और उनका प्रेम किसी अन्धे मोड़ पर आकर आत्महत्या कर बैठा हो। कुल मिलाकर उस वक्त यही अनुमान लगाया जा सकता था कि जानकी बाबू का मृत प्रेम उसके साथ विध्वंसक हो गया और राक्षस के प्रतीक में इस कहानी में जीने लगा।

जो हो, जानकी अपनी रौ में बहे चले जा रहे थे। कहने लगे—"महाशय, जीवन के बाद पुनर्जीवन होता है या नहीं—मुझे नहीं मालूम, लेकिन इतना तो निश्चित है कि इस जीवन का खत्म होना बहुत जरूरी होता है।"

"क्यों?" मैंने पूछा। फिर मुझे अपने ही सवाल पर शर्म भी आई, कारण कि कई बार नैराश्य के चरम क्षणों में मैं भी इस बात का हामी हुआ हूँ कि इस जीवन का खत्म होना जरूरी है। लेकिन यह अच्छा ही हुआ कि जानकी बाबू ने मेरा 'क्यों' नहीं सुना वरना मुझे और जाने क्या-क्या सुनना पड़ता।

उस रात की बात का कुल लब्बोलुवाब यही था कि जानकी बाबू अपने कथानायक राक्षस के पुनर्जीवन की आशंका से व्यथित थे। ये तो हमें बाद में पता चला कि वह राक्षस कौन था और जानकी बाबू उसके पुनर्जीवन की आशंका से क्यों व्यथित थे? उस रात जब हम बिना कुछ समझे-बूझे लौटने लगे तो जानकी बाबू ने हाथ पकड़कर रोक लिया और कहा, "अभी मेरी बात पूरी नहीं हुई, पता नहीं पूरी होगी भी या नहीं...फिलहाल ये डायरी तुम ले जाओ। पढ़ लोगे तो समझ जाओगे कि यह बूढ़ा मरने को इतना उतावला क्यों है?"

मैंने डायरी ले ली और चुपचाप चला आया। सुबह उठा तो सुना कि जानकी बाबू अपने घर में मरे पाए गए। सचमुच यह खबर सुनकर मेरे रोंगटे ही खड़े हो गए थे। कारण कि उस रात जानकी बाबू से मिलनेवाला अन्तिम व्यक्ति शायद मैं ही था। पुलिस कभी भी मेरा दरवाजा खटखटा सकती थी। इस कदर अफरा-तफरी मची कि खयाल ही न रहा कि जानकी बाबू की डायरी भी मेरे पास पड़ी है।

इस डायरी को पढ़ने का समय भी हमें तब मिला जब हम तमाम पुलिसिया झंझटों से बरी हुए। ज्यादा विस्तार में न जाते हुए क्या यह कहना पर्याप्त नहीं होगा कि पुलिस को कइयों पर शक था। आस-पड़ोस से लेकर दूधवाला, धोबी, कामवाली बाई...कोई भी तो नहीं बचा था उनकी शक्की निगाहों से...मगर जब कुछ नहीं मिला तो हारकर जानकी बाबू की मौत आत्महत्या मान ली गई। हालाँकि अन्त तक पुलिस यह भी नहीं बता पाई कि अगर यह आत्महत्या ही थी तो आखिर हुई कैसे?

न तो जानकी बाबू के शरीर पर कोई खरोंच का निशान था और न उन्होंने फाँसी का फन्दा ही लटकाया था। पोस्टमार्टम रिपोर्ट भी कुछ ऊलजलूल-सी बातों के सिवाय कुछ खास नहीं कर पाई। यद्यपि कि इन ऊलजलूल बातों में ही जानकी बाबू की मौत के सूत्र थे तथापि पुलिस उन सूत्रों को पकड़ने में असफल रही या हो सकता है कि इन बेकार की बातों की जरूरत ही न समझी गई हो। खैर...

जानकी बाबू की डायरी में एक क्रमवार कहानी थी और उस कहानी में थी एक क्रमवार डायरी। पिछले दो महीनों से जानकी बाबू की मानसिक हालत का अन्दाजा इस कहानीनुमा डायरी से लगाया जा सकता था। पहले पेज पर 1997 की कोई तारीख थी। लिखा था—"आज अचानक सावित्री की याद आ गई। सड़क से गुजरते हुए खयाल आया कि पास की झाड़ी में एक अकेला फूल पड़ा है...चम्पा का। स्मृति

पचास साल पहले घिसटती चली गई जब चम्पा के फूल की सफेदी मन में प्रेम की पवित्रता भर देती थी। सावित्री को देखकर चम्पा की याद आती और चम्पा को देखकर सावित्री की...श्वेत-धवल बादलों पर मन-मयूर उड़ा करता था तब...''

इसके बाद डायरी के पाँच पृष्ठ खाली थे। छठे पर लिखा था-''पिछले पाँच दिनों से अन्दर की व्यथा लगातार गहरी होती जा रही है। बार-बार बचपन में सुनी दुखी राजा की कहानी याद आती है...राक्षस के पुनर्जीवन की आशंका व्यथित कर रही है। अब जीना सम्भव नहीं और मरना और भी मुश्किल...स्मृतियाँ लगातार पीछे मुड़ रही हैं...कैनवास पर बने चित्र खंड-खंड हो रहे हैं और जिन्दगी को रेशा-रेशा बुनने की ताकत हाथों से चुकती जा रही है। ये क्या होता जा रहा है मुझे? क्या ये आनेवाली मौत की धमक है या...। सुमित्रा कहा करती थी कि जिनमें जीने का जज्बा होता है वे कभी नहीं मरते मगर मरने की इच्छा ढोता यह अभिशप्त जीवन...न जीने देता है न मरने...एक-एक कर सब साथ छोड़ते जा रहे हैं...सारे मित्र, हितैषी, सारे सपने...बोलता हूँ तो लगता है कि शब्द पराए हैं, फिर बोलना, बोलना नहीं रहता...आत्मालाप हो जाता है। इस अन्त समय में जब इच्छाओं का अन्त हो जाना चाहिए—वे बढ़ती जा रही हैं। बीते जीवन को लेकर मन में नित नवीन सम्भावनाएँ भी उठती हैं।'' बीते जीवन का रोना है—''ऐसा न होता तो कैसा होता? काश! कि वैसा होता। शादी कर ली होती तो आज जिन्दगी क्या होती? सोचता हूँ तो मन भ्रमित हो जाता है। अब वैसा रोमांटिक भाव भी नहीं रहा। उस वक्त तो मन पर चरम आदर्श का मुलम्मा चढ़ा था। सपने थे कि आँखों के सामने दिन में भी लहराते हुए लगते। और फिर जब क्रान्तियाँ जगहँसाई बन गईं तब भ्रम टूटा। क्षत्रिय कुल-गोत्र में उत्पन्न ठाकुर जानकी प्रसाद सिंह तुम मान क्यों नहीं लेते कि पूर्वजों की कीर्ति पताका फहराने का जीवट तुममें नहीं था...तुम एक हारे हुए राजा की तरह आगे युद्ध न करने की कीमत पर महज पेंशनयाफ्ता होकर रह गए।...''

फिर अगले पेज पर लाल रंग की स्याही से लिखा था—''जीने के लिए कुछ तो ऐसा होना ही चाहिए जो जीवन को प्रेरणा देता रहे...कोई सपना...कोई आदर्श...। मगर देखता हूँ कि इधर हर चीज बिछलकर टूट रही है। जिस जवानी से कभी प्रेरणा लेता था उसकी बातें भी अब समझ से बाहर होती जा रही हैं। रोज नए-नए शब्द जो कभी हमने सुने ही नहीं थे...आँखों के आगे छाते जा रहे हैं। मन जाने किस मायालोक में पहुँच गया...समझ नहीं आता...।''

इस प्रकार पृष्ठ-दर-पृष्ठ बाबू जानकी प्रसाद सिंह की कहानी आगे बढ़ रही थी। ये एक ऐसी कहानी थी जिसमें किसी तरह का कोई उतार-चढ़ाव नहीं था। सुमित्रा नामक जिस चरित्र का जगह-जगह जिक्र था, उसके बारे में भी कहानी में कोई पूर्व सूचना नहीं थी सिवाय इसके कि सुमित्रा के साथ जानकी बाबू ने एक बार

सम्भोग किया था। कहानी में एक अजीब अन्तर्विरोध यह भी था कि सुमित्रा के लिए जानकी बाबू घृणा और प्रेम का इजहार लगभग साथ-साथ कर रहे थे।

''सुमित्रा तब जवान थी और मैं उससे प्रेरणा लेता था...'' जैसे वाक्य डायरी में कई जगह बिखरे हुए थे। सच पूछिए तो जानकी बाबू की यह प्रेरणा स्रोत सुमित्रा एक वेश्या थी। वेश्या और प्रेरणास्रोत? बात कुछ अटपटी है लेकिन यह सच था क्योंकि सुमित्रा एक मँजी हुई वेश्या थी।

यह उस समय की बात है जब जानकी बाबू किशोर वय थे और राष्ट्रीय स्वतंत्रता आन्दोलन में भाग ले रहे थे। डायरी में खोजबीन से पता चला कि उस समय जानकी बाबू कभी नेहरू की तरह बोलते तो कभी गांधी की तरह...। बात-बात में राष्ट्र, स्वतंत्रता और स्वाभिमान उनके चिर परिचित जुमले हो गए थे। घर पर एक बड़ी कोठी थी, जमीन-जायदाद थी, नौकर-चाकर और कारिन्दों की तो खैर कोई कमी ही न थी। एक खास सामन्ती ठसक के बीच जानकी बाबू का बचपन बीता था। संस्कार थे कि छुड़ाए न छूटते...खादी के वस्त्रों के बीच भी स्वर्ण खचित अंगवस्त्रम् का खयाल आता...। उस समय भी उनके घर में एक हाथी था और पिता बताया करते थे कि दादा ने मरते वक्त घर पर पाँच हाथी छोड़े थे। हाथी, घोड़े, तलवार और कोड़ों की दुनिया से निकलकर किस तरह से एक किशोर खादी की दुनिया में आया...यह एक लम्बी कहानी है। उस संघर्ष के समय में ही शायद कभी जानकी बाबू की सुमित्रा से मुलाकात हुई होगी। जानकी बाबू द्वारा सुनाए उस मिथक के अनुसार यहाँ हम अटकलें ही लगा सकते हैं कि शायद सुमित्रा किसी बड़े घर की बिटिया रही हो, राजकुमारी-सी लगती हो, फिर किसी कारणवश वेश्या बन गई हो। या हो सकता है कि वह वेश्या ही हो। अपने अहं की तुष्टि के लिए जानकी बाबू ने उसे राजकुमारी का दर्जा दे दिया हो। जो हो–इसमें एक शब्द कॉमन है–'वेश्या' जिसका जिक्र सुमित्रा के लिए जानकी बाबू कई बार अपनी डायरी में कर चुके थे। तो जानकी बाबू का सुमित्रा के साथ ठीक उसी दिन सम्भोग हुआ जिस दिन दिल्ली के वायसरॉय हाउस में वायसरॉय लॉर्ड इरविन ने प्रवेश किया था।

(साभार : जानकी बाबू की डायरी)

पुराने समय में जब कोई राजा अपने नए महल में प्रवेश करता था तो जनता खुशियाँ मनाती थी। वायसरॉय लॉर्ड इरविन के गृह-प्रवेश के समय जानकी बाबू खुशियाँ तो न मना सके...हाँ सुमित्रा के साथ सम्भोग जरूर किया। इस घटना का वर्णन करते हुए वे लिखते हैं, ''गुस्से से खून खौल रहा था...शिराओं में उत्तप्त रक्त का प्रवाह एक अजीब हलचल भरी उत्तेजना पैदा कर रहा था...मन करता था कि एक झटके में सब नष्ट-भ्रष्ट कर दूँ। सुमित्रा को बाँहों में लेकर जब मैंने उस विध्वंसक प्रक्रिया को जानना चाहा तो पाया कि मेरा गुस्सा नपुंसक है...।''

इस नपुंसक गुस्से के साथ जानकी बाबू एक तरफ सुमित्रा में चम्पा के फूल की धवल पवित्रता का पान करते तो दूसरी तरफ उसी शरीर से भयानक दुर्गन्ध का अहसास भी उन्हें कचोटता रहता। मगर ये सब गौण बातें थीं। जानकी बाबू की मौत के असली कारण दूसरे थे।

जानकी बाबू जब मरे तब उनके हाथ में एक छड़ी थी। जैसाकि कहा जाता है–'अन्धे का लाठी' (एकमात्र सहारा) ठीक उसी तरह यह छड़ी उनका एकमात्र सहारा थी। जवानी में यह कभी भाँजने के काम आती थी। बुढ़ापे में तो हमने उसे सहारे के रूप में ही देखा। जानकी बाबू से बात करते समय लगता कि देश, दर्शन, समाज और संस्कृति सभी कुछ जैसे उनकी छड़ी के सहारे ही खड़े हों। जब वह छड़ी हवा में घूमती तो लगता कि दुनिया शेषनाग के फन पर नहीं बल्कि जानकी बाबू की छड़ी के सहारे ही टिकी है।

अपने बारे में इस तरह के जाने कितने भ्रम उन्होंने पाल रखे थे। डायरी के ही किसी पृष्ठ पर लिखा था कि वे सुमित्रा के गहन प्रेम में पड़े तब सारी दुनिया उन्हें अपने आस-पास घूमती हुई-सी लगती। सुमित्रा के बौद्धिक तेज से वे कई बार सम्मोहित भी हुए...कई बार आहत भी। एक वेश्या के इस बौद्धिक तेज ने उन्हें इतना अभिभूत कर रखा कि बस, पूछिए मत! उसके शरीर से खेलते हुए भी उन्हें यही लगता जैसे वे किसी रहस्यमय डाकिनी के संसर्ग में हैं। वैसे, सुमित्रा कुछ थी भी ऐसी। उसका कमरा एक आम वेश्या की तरह इत्र-फुलेल से सराबोर नहीं रहता था और न ही ग्राहकों से ज्यादा लपड़-झपड़ होती थी। उसके कुछ खास ही ग्राहक थे जो उसके मुरीद भी थे। उसके इन ग्राहकों/मुरीदों के बारे में भी जानकी बाबू के बड़े दुरुस्त विचार हैं। वे कहते हैं–"ये अक्खड़-फक्कड़ से लोग जब आते तब सुमित्रा खुशी से खिल जाती थी। ये अजीब लोग थे। न कभी दारू पीते न प्यार-मोहब्बत की सस्ती बातें करते। ये हमेशा कुछ अल्लम-बल्लम बतियाते जो उस वक्त तक मेरी समझ में नहीं आता था...।"

एक बार जानकी बाबू ने सुमित्रा के कमरे में बारूद और कुछ तमंचे देखे थे। उन्हें बहुत आश्चर्य हुआ और जब सुमित्रा से पूछा तो उसने हँसकर टाल दिया। सुमित्रा को चम्पा के फूल बहुत पसन्द थे और जानकी बाबू रोज उसके लिए चम्पा के फूलों की एक माला लेकर जाया करते थे। यह रोज का क्रम था। इसमें व्यवधान तब पड़ा जब एक दिन सुमित्रा ने जानकी बाबू से कमल के एक फूल की माँग कर डाली।

यह भी एक पुराना तरीका था कि गुरु दक्षिणा में शिष्य वही कुछ देने को बाध्य होता जिसकी गुरु इच्छा करता। सो जानकी बाबू कमल के फूल की तलाश में निकल पड़े और चार दिन तक सुमित्रा के पास नहीं गए। चार दिन बाद जब जानकी बाबू

को कमल का फूल मिला तब उन्होंने सुमित्रा के घर की राह पकड़ी। और लीजिए साहब, कहानी में यहाँ से एक नया मोड़ आ गया। जानकी बाबू के अनुसार जब वे प्रथम स्वतंत्रता संग्राम का प्रतीक चिह्न यानी कमल का फूल लिये हुए सुमित्रा के घर गए तो देखा कि बारूद के एक भयानक विस्फोट से सुमित्रा का शरीर तार-तार हो चला है। खून के धब्बे दीवारों पर उस हादसे का बयान दे रहे थे। जानकी बाबू ने किसी तरह खुद को सँभाला और कहा–"न हन्यते हन्यमाने शरीरे।" उस वक्त उनके हाथ में कमल का एक फूल था और उसी से उन्होंने सुमित्रा को श्रद्धांजलि दी थी। इस घटना पर जानकी बाबू ने अपनी डायरी में लिखा कि "कीचड़ में ही कमल खिलता है।"

जो होना था, हो चुका। सुमित्रा मर गई और जानकी बाबू को पागल कर गई। जानकी बाबू पागल हो गए और शहर छोड़कर क्रान्तिकारी हो गए। कभी इस शहर तो कभी उस शहर दर-बदर भटकते जानकी बाबू ने उस दौर में कई खतरनाक कारनामे अंजाम दिए थे। गांधी जी से उनका मोहभंग हो चुका था और देश का एक बड़ा तबका जल्द-से-जल्द अपने सपनों को साकार करने की उतावली में था। जानकी बाबू ने एक कुशल योद्धा की तरह इस युद्ध में भाग लिया और बहुत जल्द अपने लोगों के बीच हीरो बन गए। एक नहीं कई-कई बार जानकी बाबू मौत के मुँह से बाहर आए थे। मगर उनका गरम खून था कि कभी हार ही न मानता।

फिर देश स्वतंत्र हो गया। अपनी सरकारें आईं। एक लम्बे समय तक जानकी बाबू गुमनाम रहे। शायद यह गुमनामी का वही दौर था जब जानकी बाबू ने दुनिया भर की तमाम किताबें चाटी थीं।

उस समय सुभाष चन्द्र बोस की मृत्यु के सम्बन्ध में सारे देश में एक भ्रम फैला हुआ था। लोग यह मानने को तैयार ही नहीं थे कि सुभाष बाबू मर भी सकते हैं। गली-मोहल्लों में यह बात अकसर उठती कि सुभाष बाबू मरे नहीं बल्कि अंग्रेजी सरकार को चकमा देकर कहीं गायब हो गए हैं। सही समय पर वे सामने आएँगे और देश को अंग्रेजी पिट्ठुओं से बचाएँगे।

सुभाष बाबू के बारे में यह अफवाह और जानकी बाबू का वह गुमनामी जीवन लगभग एक ही समय की दो प्रमुख घटनाएँ थीं। इन दोनों घटनाओं के बीच का सूत्र यह था कि जानकी बाबू की कद-काठी कुछ-कुछ सुभाष बाबू की तरह ही लगती और लोग अकसर उन्हें सुभाष बाबू का ही रूप समझ लेते। उन दिनों जानकी बाबू अयोध्या में एक कुटिया बनाकर रहा करते थे। दाढ़ी बढ़ा ली थी और हमेशा एक रामनामी दुपट्टा ओढ़े रहते।

जानकी बाबू लिखते हैं कि उन्होंने करीब बीस वर्ष तक लोगों की इस आशावादिता का सम्मान किया और अपने बारे में तमाम तरह की अफवाहें सुनते रहे।

फिर एक दिन की बात–जानकी बाबू सरयू के किनारे खड़े थे। सूर्य अस्ताचल में था। चारों ओर एक अभूतपूर्व शान्ति बिखरी हुई थी सिवाय एक बाँसुरी की धुन के जो रह-रहकर उनके कानों तक आती और लौट जाती। मंत्रमुग्ध से जानकी बाबू इस बाँसुरी की धुन में खोए रहे। जब चेतना लौटी तो पाया कि उनके शान्त पड़े खून में फिर से गरमी आ गई है। उन्होंने जब उस बाँसुरीवादक की खोज की तो पाया कि सरयू किनारे एक बुढ़िया हाथ में बाँसुरी लिये अकेली बैठी है। जानकी बाबू को फिर अचानक सुमित्रा की याद आई और देखा कि उस बुढ़िया के चेहरे में सुमित्रा का चेहरा लहरा रहा है।

बिना किसी सामान्य शिष्टाचार के जानकी बाबू ने जब उससे कहा कि बहन, तुम्हारी बाँसुरी में मुझे पहली बार प्यार के नहीं, घृणा के स्वर सुनाई दिए तो बुढ़िया बोली कि भैया ये बाँसुरी नहीं, एक युद्ध का तुमुलघोष है।

जानकी बाबू हतप्रभ देखते रहे और बुढ़िया अन्तर्धान हो गई।

जानकी बाबू ने लिखा है कि इसके बाद उन्होंने अयोध्या छोड़ दी और काशी आकर बाँसुरी बजाना सीखने लगे। वर्षों तक जानकी बाबू बाँसुरी सीखते रहे मगर कभी भी उन्हें वह स्वर पकड़ में नहीं आया जो उस बुढ़िया ने बजाया था।

कहते हैं कि बाँसुरी की ईजाद कृष्ण ने की थी और इसके जरिए प्रेम का अपना सन्देश दिया था। जानकी बाबू ने भी बाँसुरी का उपयोग किया और युद्ध का सन्देश दिया।

वे जब भी बाँसुरी बजाते तो उन्हें लगता कि दुनिया में कहीं-न-कहीं किसी-न-किसी कोने पर विद्रोह का बिगुल बज उठा है। वे खुश होते और फिर दूने जोश से बाँसुरी बजाते।

जानकी बाबू को अपने जीवन में दो चीजों से विशेष प्रेम था। एक तो पीतल की मूँठ वाली छड़ी, दूसरा उनकी बाँसुरी। छड़ी भीतर से खोखली थी और जानकी बाबू अपनी बाँसुरी को छड़ी के खोखल के भीतर ही छुपाकर रखते मानो वह कोई अवैधानिक हथियार हो।

(जानकी बाबू के अन्तिम वक्त में भी यह बाँसुरी उनकी छड़ी के खोखल में ही थी।)

जानकी बाबू ने लिखा कि "जब रोम जलता था तो नीरो बाँसुरी बजाता था। मैं भी बजाता हूँ क्योंकि दुनिया में कहीं-न-कहीं तो यह आग जलनी ही चाहिए।" तो इस तरह अपनी अन्तिम साँस तक जानकी बाबू बाँसुरी बजाते रहे और जलते हुए रोम को अपना आशीर्वाद देते रहे।

जानकी बाबू ने लिखा कि "दुनिया जो है उसे वैसा ही नहीं होना है। चीजों को बदलना होगा। चीजें बदलती भी हैं। मगर सवाल बदलाव के हथियारों का है। सारी दुनिया अपने-अपने हथियारों के लिए लड़ रही है।"

इस लड़ाई में जानकी बाबू अपने हथियार को कितना सुरक्षित रखते थे–यह तो जाहिर हो ही गया। अब दूसरी बात कि लड़ते हुए जानकी बाबू ने आत्महत्या क्यों की और किस तरह की? तो जानकी बाबू की हत्या या आत्महत्या का किस्सा कुछ इस तरह है।

उस रात जब जानकी बाबू मानव क्लोन के आविष्कार से हतप्रभ थे और निराशा के उस दौर में मुझे दुखी राजा की कहानी सुना रहे थे, ठीक और ठीक उसी रात एक घटना घटी।

जानकी बाबू अपने कमरे में बैठे जीवन और मृत्यु की सम्भावनाओं पर विचार कर रहे थे। उनके हाथ में जापानी यौगिक क्रियाओं की एक पुस्तक थी। अपने गुमनामी के दौर में जानकी बाबू ने इस तरह की यौगिक क्रियाओं का खासा अध्ययन किया था और उनका व्यावहारिक प्रयोग भी! सिर्फ एक 'हाराकीरी' ही थी जिसका उन्होंने कभी कोई प्रयोग नहीं किया, हमेशा विचार ही करते रहे। उन्होंने सुना था कि 'हाराकीरी' करनेवाला आदमी मरता नहीं सिर्फ शरीर छोड़ता है। अपने तमाम कर्मों की स्मृति के साथ सही समय पर वह नए शरीर में प्रवेश करता है। उसकी यात्रा फिर वहीं से शुरू होती है जहाँ से उसने छोड़ी थी।

जानकी बाबू ने लिखा–मैं कर्मबन्धन से मुक्ति नहीं चाहता। अभी मुझे बाँसुरी के उस स्वर को पकड़ना है जो उस बुढ़िया ने सरयू किनारे बजाया था।

और फिर जानकी बाबू उस छड़ी के खोखल से अपनी बाँसुरी निकालकर बजाने लगे जो उनके हाथ में थी। यह रात के नौ बजे का समय था। लोग अपने-अपने घरों में दुबक चुके थे। जानकी बाबू की बाँसुरी की धुन ने जैसे उन सबको एकाएक सोते से जगा दिया। कुछ खीझे, कुछ बौखलाए, कुछ ने शराब का सहारा लिया तो कुछ टी.वी. की हाई वॉल्यूम पर सब कुछ भूलने का प्रयास करने लगे। कुछ ऐसे भी थे जो गुस्से से झींकते जानकी बाबू का दरवाजा पीटने लगे। जानकी बाबू ने उस वक्त लिखा–"लगता है, मानव क्लोन आ गए हैं। अब लड़ाई अपने अन्तिम दौर में है।"

दरवाजा पीटते लोगों का शोर जब ज्यादा बढ़ गया तब जानकी बाबू उठे। दरवाजा खोला तो देखा बीसियों तमतमाए चेहरे उनका स्वागत कर रहे हैं। जानकी बाबू को उन चेहरों में धुँधलाता हुआ सुमित्रा का चेहरा भी दिखाई दिया। जानकी बाबू इससे पहले कुछ कहते कि लोगों ने उनके हाथों से बाँसुरी छीन ली और उसके दो टुकड़े कर दिए। काफी देर तक लोग बड़बड़ाते रहे और जब बड़बड़ाते हुए गए तब जानकी बाबू ने टूटी हुई बाँसुरी के टुकड़े उठाए और फिर उन्हें अपनी छड़ी के खोखल में सहेजकर रख लिया। इस बार उन्होंने उसे किसी हथियार के रूप में नहीं बल्कि किसी पुरातात्विक स्मृति चिह्न के रूप में सहेजा था।

मैं शायद इस घटना के बाद ही उनसे मिला था। अपनी डायरी में उन्होंने जो अन्तिम बात लिखी, उसका कुल सार यही था कि क्या आदमी को अपनी जान लेने का अधिकार है? यह एक गम्भीर दार्शनिक सवाल था जिसे वे मानव क्लोनों की मायावी दुनिया के बीच से पूछ रहे थे। उन्होंने लिखा कि क्लोन भी लड़ाई का एक हथियार होगा जो अन्ततः दुनिया की तमाम बाँसुरियों को तोड़ देगा। फिर न जलता हुआ रोम होगा न बाँसुरी बजानेवाला नीरो...!

जानकी बाबू ने उस रात अपने नाभि प्रदेश के नीचे किसी निश्चित बिन्दु पर सुई चुभोकर हाराकीरी की थी। अन्तिम समय तक उनका यह विश्वास बरकरार रहा कि उन्हें फिर आना है मानव क्लोनों की इस दुनिया में और बाँसुरी की उस धुन को पकड़ना है जो बुढ़िया ने सरयू के किनारे बजाई थी। इसके बाद जानकी बाबू ने कांट का यह प्रसिद्ध वाक्य लिखा कि "वस्तु स्वलक्षण अज्ञेय है।"

जानकी बाबू मर गए मगर हम सबको एक गहरा अपराध-बोध दे गए। मैं आज भी सोचता हूँ कि उनकी इस हत्या या आत्महत्या का जिम्मेदार कौन है? इधर सुनने में आया है कि सरकार सुभाष बाबू की अस्थियाँ जापान से अपने देश लाने की तैयारियाँ कर रही है। अब सचमुच सुभाष बाबू के बारे में प्रचलित वे तमाम अफवाहें खत्म हो चली हैं जिनमें यह विश्वास था कि सुभाष बाबू मर नहीं सकते। वे छिपे हैं। सही समय पर वे फिर आएँगे और...।

मैं माँ को उसकी नई दुनिया में छोड़कर वापस लौट रही हूँ।

जिन्दगी हमें कभी-कभी उस मुकाम पर ला खड़ा करती है जहाँ हमारी भूमिकाएँ बदल जाती हैं। आज मैं भी उसी मुकाम पर आ खड़ी हुई थी।

एक यात्रा में कितनी और यात्राएँ समानान्तर चलती होती हैं। मैं लौट रही हूँ माँ को छोड़कर उसे उसकी दुनिया में, पर फिर भी माँ साथ-साथ क्यों आ रही है? उसके पास जाने की यात्रा भी इस यात्रा में क्योंकर सम्मिलित हो आई है? हम दोनों अपनी-अपनी यात्रा में हैं, माँ पीछे लौट रही है और मैं आगे। गलत क्या है, जब धरती-आकाश, ग्रह-नक्षत्र सब घूमते रहते हैं अपनी धुरी पर। नदियाँ बदलती रहती हैं अपना रास्ता, फिर माँ से ही अथाह धीरज की अपेक्षा क्यों? माँ ही क्यों थमी रहे आजीवन उसी मोड़ पर जिसकी चाहत उसे नहीं थी। हम सब तो चल दिए थे अपनी-अपनी जिन्दगी में फिर माँ क्यों अटल-अडिग भाव-से प्रतीक्षारत रहे हमारे लिए।...माँ पर्वत नहीं थी और पर्वत भी तो टूटता-छीजता है समय के साथ-साथ। हम भले ही भूल चुके थे यह सच, पर आदिम सुख-दुख, भय-पीड़ा, वितृष्णा-क्रोध उसे भी व्यापते थे। फिर भी हम सबने चाहा था, माँ अडिग बनी रहे पर्वत की तरह।

बचपन में माँ ही तो सुनाती थी यह कहानी, यह सृष्टि के शुरुआती दिनों की बात है। कीट-कीटाणु, जल-थल, धरती-आकाश, पेड़-पौधे रचने के बाद तब मनुष्यों को सिरजा ही होगा भगवान ने। सबकी अपनी गति थी, अपनी नियति। ऐसे ही समय में एक दिन चन्द्रमा और सूरज ने यह तय किया, वे आपस में अपना काम, अपना स्वभाव बदल लेंगे। चन्द्रमा अपनी शीतलता से

छुट्टी पा सकेगा और सूरज अपने रोज-रोज के तपने से। अगला दिन उनके लिए अद्‌भुत था, वे अपनी जिन्दगी की एकरसता और ऊब से दूर थे। जिन्दगी जैसे नई हो चली थी...बस सुख ही सुख...

पर उनके जीवन के इस छोटे-से बदलाव से जैसे सृष्टि का क्रम ही भंग हो गया था। लोग-बाग रात भर तपते, नींद आँखों से कोसों दूर और दिन लिये आती नींद जिससे सारे काम-काज ठप्प। एक दिन...दो दिन...यह बदलाव थमने को ही नहीं था। इस छोटे-से बदलाव से जैसे तूफान आ गया था, भूचाल आ गया था सृष्टि में। दिन-रात, भूख-प्यास, जीवन-मरण की परिकल्पनाएँ ही जैसे खत्म होने लगीं। ईश्वर का शाप लगा था उन्हें।

तुम खुद ही कैसे भूल गई अपनी सुनाई वह कथा, कबीर की उलटबाँसियों को कहती-गुनती उन उलटबाँसियों-सी ही क्यों उलट ली तुमने अपनी जिन्दगी? क्यों उठीं आखिरकार लहरें तुम्हारे जीवन-समुद्र में, तुम सागर क्यों हो चली थी माँ...तुम जानती थी माँ ये लहरें सिर्फ तुम्हें ही विचलित नहीं करेंगी, हम सबकी जिन्दगी में भूचाल आ जाएगा! और सचमुच भूचाल ही तो आया था हमारे छोटे-से परिवार में। तुम्हारे छोटे-से विचलन से हिल गई थी हमारी दुनिया।

मुझे तुम्हारी याद बहुत आ रही थी माँ, बहुत...बहुत। अनुज मेरा दुख समझते थे, कहते, ''माँ को फोन कर लो, हाल-चाल मालूम हो जाएगा।'' मैं उनकी इस दरियादिली को छोटा करते हुए कैसे कहती...फोन करूँगी तो अपनी मजबूरियाँ और ज्यादा मुँह चिढ़ाएँगी। सीमाएँ और लाचारगी और ज्यादा मुँह बाकर खड़ी नजर आएँगी। अगर माँ बीमार ही हुई तो...

उस दिन फोन की घंटी बज रही थी लगातार। मेरे भीतर का डर मेरी हथेलियाँ बाँधे था। इतनी रात गए किसका फोन है? अनुज की नींद उचटी थी, ''फोन उठाओ अप्पू।'' अनुज का साथ पाकर मैंने भी जैसे किसी भी अप्रत्याशित के लिए मन को तैयार कर लिया था...''हलो...''

''कौन अप्पू...?''

''हाँ, मैं अप्पू ही बोल रही हूँ। भाभी, आप इतनी रात गए, कोई खास बात?''

मेरे मन की कँपकँपी शरीर तक आ पहुँची थी, आवाज तक भी। अनुज उठकर, बैठ गए थे।

''क्या हुआ?''

''कोई खास बात नहीं पर तुम कल ही पहली ट्रेन से यहाँ के लिए चल पड़ो।''

''पहली ट्रेन...'' मैं रुआँसी हो उठी थी। ''भाभी, माँ की तबीयत तो ठीक है न, आप वहाँ कब आईं?''

"हाँ, माँ ठीक है, मैं ही नहीं पूरा परिवार यहाँ इकट्ठा है। बस, अब तुम आ जाओ।"

मैं और कुछ कहती-पूछती इससे पहले ही फोन कट चुका था। मैं बेजान-सी बिस्तर पर आ गिरी थी कि अनुज ने मुझे अपनी बाँहों का सहारा दिया। कब से पूछ रहा हूँ, "क्या हुआ अप्पू?"

"पता नहीं, कहती है माँ ठीक है पर तुम कल ही आ जाओ। दोनों एक साथ कैसे हो सकता है अनुज?"

"अरे, वो लोग इतने दिनों से घर नहीं आए थे, प्लान बना होगा कि सब चलते हैं, तुम्हें भी बुला लिया। इसमें परेशानी की कौन-सी बात है?"

सुबह अनुज ने ही जैसे-तैसे मेरा सामान बाँधा था, ट्रेन में बिठाते वक्त उन्होंने कहा था, "जल्दी आना अप्पू, वरना तुम तो जानती ही हो कि तुम्हारे बगैर एक भी दिन बिताना मेरे लिए कितना मुश्किल है।" ट्रेन चल दी थी खिड़की से मेरी हथेलियों को थामे अनुज की हथेलियाँ पहले हटी थीं, फिर धीरे-धीरे अनुज भी ओझल हो चले थे। अनुज गए ही थे कि दृष्टि में माँ फिर तिर आई–आखिर ऐसा क्या हुआ माँ के साथ कि सारे लोग इकट्ठे हो गए और मुझे खबर तक नहीं। मैंने आँसू से धुँधलती आँखों को बार-बार बरजा। अशुभ होता है ऐसे रोना। कुछ नहीं हुआ माँ को वरना भाभी बताती नहीं...?

हुँह भाभी...उसी शहर में रहते हुए भी साल से ज्यादा से अपनी माँ के दड़बे जैसे घर में रह रही हैं पर माँ के साथ नहीं। और भाई भी कुछ नहीं कहता, माँ का दुलारा छोटा बेटा। बड़े बेटों की गृहस्थी में तो उनके लिए पहले ही जगह नहीं थी। बेटे भी अब यही चाहते थे कि माँ न ही आए तो अच्छा...इसका मतलब यह हरगिज न था कि वे माँ को प्यार नहीं करते थे, जब आते, माँ के लिए ढूँढ़-ढाँढ़कर दाई-नौकर रख जाते। माँ को छुपा-दिखाकर ढेरों पैसे दे जाते और हर बार घर में न जाने कितने नए सामान जुट जाते। सब माँ के लिए, माँ की सुख-सुविधा के लिए ही न! पर इससे माँ की जिन्दगी का, मन का अकेलापन कम हो जाता था क्या...

एक बार मैंने फोन किया, घंटी बजती रही। कोई उठा क्यों नहीं रहा...दो बार...तीन बार...चार बार...अब रखने को ही थी कि क्षीण-सी माँ की आवाज उस तरफ से आई, "हलो...कौन?"

"मैं अप्पू बोल रही हूँ, ऐसे मरी-मरी आवाज में क्यों बोल रही हो, फोन क्यों नहीं उठा रही थी, क्या हुआ...?"

"सुबह आँगन में गिर गई थी।"...

"गिर गई थी। मुझे फोन क्यों नहीं किया? ठीक तो हो? कोई हड्डी-वड्डी तो नहीं टूटी?"...

‘‘नहीं रे, जरा-सी मोच है, सो बिछावन से उठा नहीं जा रहा। फोन इसीलिए देर से उठाया।’’

‘‘डॉक्टर को दिखलाया है?...’’

‘‘कौन ले जाता? पड़ोस की नौकरानी को पैसे देकर बुलाया था। उसने हल्दी-चूना लगा दिया था, ठीक हो जाएगा धीरे-धीरे।...’’

‘‘पड़ोस की नौकरानी, और वह देबू तुम्हारा नौकर?’’

‘‘वह तो कब का भाग गया। तुम्हारे पापा की तस्वीर के आगे उनकी घड़ी रखी थी वो भी ले गया और कुछ पैसे भी...’’

‘‘रिपोर्ट दर्ज करवाई?’’ कहते-कहते मैं चुप हो आई, कौन वहाँ बैठा था रिपोर्ट दर्ज करवाने के लिए, ‘‘और वह तुम्हारी बाई?’’

‘‘वह तो दो महीने पहले ही चली गई थी यह कहकर कि उसकी नातिन की शादी है और लौटकर भी अब शायद ही आना हो, नातिन के ब्याह के बाद बेटी बिलकुल अकेली हो जाएगी।’’

मैं मन-ही-मन सोच रही थी...माँओं को बेटियों की कितनी परवाह होती है, और बेटियाँ...माँ अब भी बोल रही थी कुछ।

‘‘माँ, फिर खाना क्या खाया?’’...

‘‘वही पड़ोसिन खिचड़ी दे गई थी, आधी तो अभी तक बची पड़ी है, मन होगा तो खा लूँगी।’’

मेरा मन कतरा-कतरा पिघल रहा था, कितनी अकेली हो चली है माँ। अनुज से कहूँ, जाने देंगे? पर कहना क्या है, और माँ ही कहाँ पसन्द करती हैं कि वह अनुज को छोड़कर उनके पास आकर रहे। अनुज ने कभी तो यह नहीं कहा, ‘माँ को यहीं ले आते हैं, कुछ दिन यहाँ रह लेंगी।’ भूल से भी नहीं। उसे इतना प्यार करनेवाले अनुज इस बिन्दु पर क्यों नहीं समझ पाते उसका मन। यह ही याद कर कि भाइयों के हठ को माँ की जिद ने ही तोड़ा था, वरना कब चाहते थे भाई कि उसकी शादी अनुज से हो। अनुज की साधारण-सी नौकरी, साधारण-सा रंग-रूप, कद-कादी सब उनकी आँखों में चुभते थे। सबसे ज्यादा चुभता था उन्हें अनुज का अपूर्वा की पसन्द होना, लोग-बाग क्या कहेंगे, ‘पिता नहीं थे तो तीन-तीन भाई मिलकर इकलौती बहन का अच्छा ब्याह नहीं कर पाए।’ माँ ने ही तब कहा था जिसे आना हो आए, न आना हो न आए। जो जिसके समझ में आए वही सोचे। मैंने तो अपने सारे बच्चों की इच्छाओं और सपनों की कद्र की है, मेरे बेटों की तरह अपूर्वा को भी अपनी जिन्दगी चुनने का हक है और मैं उसका साथ जरूर दूँगी।

बासी खिचड़ी कैसे उतार पाई होगी माँ अपने गले से, माँ जिसे बेस्वाद चीजों से हमेशा परेशानी रही। हँसी, रंग, स्वाद जिन-जिन चीजों से माँ का कभी गहरा नाता

था सब जीवन से चली गई थीं। माँ को हलके रंग की साड़ियाँ बिलकुल पसन्द नहीं थीं पर पिता की मृत्यु के बाद उसे केवल सफेद साड़ियाँ बाँधनी पड़ीं। मछली खाने की शौकीन माँ के जीवन मे अब सिर्फ शाकाहार बचा था पर स्वाद फिर भी वह जोड़ लेती थी बहुओं के बनाए बेस्वाद खाने में भी थोड़ा-सा दही, थोड़ा-सा अचार, थोड़ी-सी चटनी के साथ।

मेरी आँखों में आँसू कौंधे थे, पलकों की ओट में मैंने उन्हें चुपके से पोंछा था, किसी दूसरे मुसाफिर ने गर देख लिया तो क्या सोचेगा?...माँ स्वस्थ हो बस। उसके बिसरे हुए सुख, उनकी भूली हुई खुशियाँ, उससे किए गए अपने सारे वायदे मैं लौटाऊँगी उन्हें।

मुझे पुरानी बातें बार-बार याद आ रही हैं, शादी के बाद जब मैं पहली बार माँ से मिलने गई थी, हनीमून के कई अल्बम थे मेरे पास। माँ ने उस दिन सूरज ढलने के पहले ही कहा था, 'तस्वीरें पहले मुझे दिखा दे और सब तो बाद में भी देख लेंगे पर धूप की कमी में तो शायद ही मुझे दिख पाए।' माँ को मोतियाबिन्द है, वर्षों से। पर कभी उसके ऑपरेशन की बात नहीं उठी। माँ अब भी सिलती-काढ़ती रहती है कुछ-कुछ। भले ही बाद में उसे तेज सिर-दर्द क्यों न झेलना पड़े। गुणवन्ती माँ का सिलाई का शगल आज तक नहीं कमा, ठीक उसी तरह जैसे लगातार गठिया के दर्द को झेलते रहने के बावजूद उसका काम करना, चलते-फिरते रहना। मुझे शिकायत होती, 'तुम चुपचाप बैठकर तो देखो; अपनी तकलीफें दूसरों से कहो तो, बिना कहे तुम्हारे चुपचाप सहते रहने से कौन जान पाएगा कि तुम्हें तकलीफ है! तुम छोड़ दो सारे काम और देखो सब सँभलता है कि नहीं?'

माँ फिर भी शान्त-संयत ही दिखती, ''उम्र होने लगी, तकलीफें तो होंगी ही, बैठ जाऊँ सब छोड़-छाड़कर तो बदन में और जंग लग जाएगी, फिर एक गिलास पानी के लिए भी मुँह ताको। ये सारी बीमारियाँ ये बताने को आती हैं कि बुढ़ापा अब कहीं आसपास से झपट्टा मारनेवाला ही है।''

शायद इन्हीं तर्कों का फल था या कि हमारी लापरवाही, माँ अचानक लँगड़ाने लगी थी, लँगड़ाते-लँगड़ाते भी बरस पर बरस बीत रहे थे; आँखों की परेशानी भी ज्यादा बढ़ने लगी थी पर हम भाई-बहनों ने इन बातों की परवाह छोड़ दी थी। हमने उनके इस बदले रूप को उनके व्यक्तित्व का हिस्सा ही मान लिया था।

हाँ, तो बात मेरी तस्वीरों की हो रही थी। माँ ने आँगन में दरी बिछाकर आस-पास मेरी तस्वीरें फैला ली थीं। बहुत ध्यान से देख रही थी वो एक-एक तस्वीर, तस्वीर की एक-एक चीज, बच्चों जैसी उत्सुकता और भोलेपन के साथ, ''लहरें जब आती होंगी तेज-तेज तो किनारे पर खड़े लोग भी भींग जाते होंगे! है न? कैसा लगता होगा उस वक्त...?''

वह मुझसे नहीं जैसे खुद से मुखातिब थी और मैंने भी उसके इस प्रलाप को प्रश्न की तरह नहीं सुना था। हालाँकि वह मेरे भीतर गूँज रहा था बार-बार...कुछ देर बाद फिर वैसा ही कुछ–"ये पहाड़ फोटुओं में तो बड़े छोटे होते हैं, पास से देखकर न जाने कैसा लगता होगा, बौने हो जाते होंगे न लोग इनके आगे।" माँ जैसे खुद से ही बतिया रही थी...

बचपन की तरह ही मेरी जुबान तक कुछ आवाजें आ फिसली थीं जिन्हें बरबस साधना था–"मैं दिखाऊँगी तुम्हें सब, अबकी तुम मेरे साथ चलो माँ..." चाहने और करने के बीच का फासला कभी-कभी कितना लम्बा होता है तभी समझ आया था। मेरी खुशियाँ, मेरी जिन्दगी के अनमोल पल मुझ पर शर्म की तरह हावी होने लगे थे, माँ ने अपनी जिन्दगी में बड़े शहर नहीं देखे, बड़ी नदियाँ नहीं देखीं, समुद्र की लहरें नहीं देखीं, पहाड़ छूकर नहीं देखा और अब तो...अपनी लाचारगी पर मुझे रोना आया था। क्यों नहीं पूरा कर पा रही मैं अपने बचपन का वह वायदा–'माँ बली होकल मैं हवाई-जहाज उलाऊँगी और तुम्हें खूब-खूब दूल घुमाऊँगी।' पर तब तो मेरे ही नए-नए पंख उगे थे, सपनों में आवाजाही करते रहने, अपने और अनुज के कल्पना के घर को सजाने-सँवारने से तब वक्त ही कहाँ बचता था कि माँ को दिए वायदे को पूरा करने की खातिर जमकर-ठहरकर जी से पढ़ूँ। प्यार में अकसर ऐसा ही होता है, नए वायदे के सामने पुराने वायदे फीके पड़ने लगते हैं।

अगर उदास या संवेदनशील पलों में अनुज को यह सब कुछ बता भी दिया तो वे सिर्फ इतना ही कहेंगे, "कैसे हैं तुम्हारे भाई, इतने बड़े-बड़े ओहदे पर हैं उन्हें माँ को थोड़ा घुमा-फिरा भी देना चाहिए...उम्र होने लगी है, न सही और जगहें कहीं तीर्थ पर ही ले जाते..." जैसे माँ को जिन्दगी की सारी खुशियाँ, सारे सुख देने का जिम्मा सिर्फ उनके बेटों का हो...

पिछले तीन-चार दिनों से माँ इतनी ज्यादा क्यों याद आ रही है...कारण माँ के पास समझकर ही पहुँच पाई...माँ नींद में कुनमुनाई थी, चादर उसके बदन और बिस्तर से सरकती हुई नीचे गिर पड़ी थी। माँ का चेहरा बिलकुल किसी निष्पाप शिशु-सा था, सपने बुनता हुआ। इतना इत्मीनान पापा की मौत के बाद कब था उसके चेहरे पर। मैंने उठकर बत्ती बुझा दी थी।

मैं चुपचाप उतरी थी प्लेटफॉर्म पर। बाहर आई, रिक्शा लिया। बरसों बाद भले ही लौटो पर ऐसा क्यूँ लगता है, हम यहीं तो थे, यहाँ से कहीं गए कहाँ थे। इतना ज्यादा चीन्हापन कि लगता है कुछ बदला ही नहीं। माँ के साथ भी तो ऐसा ही लगता है कि यहीं थे हम सदा उनके पास...

कुलबुल-कुलबुल करते आशंका के कीड़े को मैंने कसकर अपनी मुट्ठियों में बाँध लिया था, उसकी कुलबुलाहट से इनकार करती-सी। पूरा मुहल्ला शान्त है, घर

भी। मैं रिक्शेवाले को पैसे थमाकर चुपके से उतरती हूँ बेआवाज। नहीं, कोई बुरी खबर होती तो घर इतना शान्त तो न होता। भीड़, हलचल, आवाजें कुछ भी तो नजर नहीं आ रहीं। पर ये बेआवाज चुप्पी भी बड़ी भयावनी है, इतने-इतने लोग हैं घर में, कई-कई बच्चे भी...फिर भी...मैं गेट खोलती हूँ। बड़े भैया दरवाजे तक निकल आए हैं, "आओ अपूर्वा! रास्ते में कोई दिक्कत तो नहीं हुई, हम तो तुम्हारी ही राह तक रहे थे।"

मैं गौर से देखती हूँ, बड़े भैया बहुत हद तक पिता जैसे लगने लगे हैं, वही कनपटी के सफेद बाल, वैसा ही भरा-भरा शरीर, वही आँखें। आवाज तक वैसी ही...भैया का चेहरा-मोहरा तो पिता जैसा नहीं था पर अचानक ही आया वह बदलाव...?

बैठक में माँ नहीं दिखी। बड़ों के पैर छूते-छूते मैं सहमी, "भाभी, माँ...?" माँ चौके में होंगी। कलेजे में राहत की लहर शीतलता ले उतरी...फिर कुछ अजीब-सा...मैं आई थी और उछाह में माँ दरवाजे तक नहीं आई, ऐसा पहली बार हुआ था। "मैं माँ से मिलकर आ रही हूँ...बस दो मिनट में।" मैं किचेन की तरफ बढ़ी थी।

भैया की गम्भीर-सी मुद्रा और भारी आवाज ने कदम जकड़ लिये, "अपूर्वा माँ से भी मिल लेना, बातें भी कर लेना इसीलिए तो तुम्हें यहाँ बुलाया है। पर इतनी जल्दी नहीं, पहले हमारी बात सुनती जाओ।"

"कहिए क्या कहना है?" मैंने अपनी आवाज के रूखेपन को भरसक ढाँकने की कोशिश करनी चाही थी। मैं अपने में डूबी-डूबी सोचती हूँ...जरूर माँ बीमार पड़ी होंगी, ये लोग माँ को साथ ले जाना चाह रहे होंगे पर माँ की कटु-स्मृतियाँ उन्हें साथ जाने की इजाजत नहीं दे रही होंगी। अब मुझे बुलवा लिया माँ को समझाने की खातिर। यही समझते हैं सब माँ मेरी बात सुनेगी...पर कैसे कहूँगी मैं माँ से और क्या?

"अप्पू, सुन रही हो न मेरी बात? मैं कह रहा था—माँ शादी करना चाह रही है।" भैया ने 'शादी' शब्द पर बल दिया था, भरपूर बल! उसी बल की ताकत मेरे सिर पर हथौड़े की तरह गिरी थी, मस्तिष्क में गूँजी थी टन्न। मैं झटके से अपने खयालों से निकल आई थी।

"क्या?" मेरी आवाज चिहुँकी थी।

"हाँ, माँ शादी करने जा रही है और मैं...यानी हम सब सोचते हैं कि माँ को आखिर ऐसी क्या जरूरत आन पड़ी? बचे-खुचे कुछ दिन हैं जिन्दगी के सुख-आराम से काट ले। कुछ दिन में नाती-पोते ब्याहेगी।"

"सठिया गई हैं माँ।" छोटी भाभी बुदबुदाई थीं, "सब लोग तो बाहर के हैं उन्हें क्या दिक्कत, इस शहर में तो हम हैं, मुँह उठाकर कहीं आने-जाने के लायक नहीं रहे हम..."

मैं हतप्रभ-सी बस सब सुन रही थी...आखिर सुन भी रही हूँ तो क्या? ''किसकी शादी?'' मैंने बात को फिर नए सिर से जाँचना चाहा।

''अपनी और किसकी? तुम्हारी बात वह जरूर मानेंगी, तुम समझाओ उन्हें। फालतू फितूर बैठा लिया है उन्होंने अपने दिमाग में। अगर यहाँ रहकर अकेली पड़ गई हैं वह, तो चार-चार महीने हम तीनों की बीवियाँ रहेंगी उनके पास बारी-बारी। और अगर वह हम सबके साथ, मेरा मतलब है बारी-बारी से रहना चाहें तो और भी अच्छी बात है।''

मुझे लगा माँ ने अपने बच्चों को अपने पास बुलाने और रखने की खातिर, अपनी जिन्दगी के एकान्त को एक बार फिर गृहस्थी के रंगों से रँगने की खातिर कोई नया खेल खेला है। मैं भी बेआवाज इस खेल में क्यों न सम्मिलित हो लूँ, ''आप सबकी बीवियाँ यहाँ रहेंगी, लेकिन बच्चे?''

''बच्चों की पढ़ाई तो छुड़वाई नहीं जा सकती। उतने अच्छे स्कूल भी यहाँ नहीं हैं। हाँ, हम छुट्टियों में उन्हें जरूर यहाँ लेकर आया करेंगे।''

''बच्चों को सँभाल लेंगे आप भाभियों के बगैर भी, चार-चार माह?''

''हाँ, और चारा भी क्या है? सिर उठाकर जी तो सकेंगे न। माँ ने अगर इस उम्र में शादी कर ली तो हमारा जीना मुहाल हो जाएगा।''

''अगर माँ शादी कर रही है तो वह अपने अकेलेपन से ऊबकर, देह की भूख से हारकर नहीं भैया। फिर सिर उठाकर जी न सकने की बात कहाँ से आई? जो स्वप्न हम सबने पाले, माँ ने सबका सपना पूरा किया। हमारे हर निर्णय में वह हमारे साथ खड़ी रही और आज जब वह बिलकुल अकेली पड़ गई हैं हमसे कोई शिकायत न करते हुए उन्होंने बस एक छोटी-सी इच्छा जाहिर की है और हम सब इसी में उबले हुए हैं। कितने दिन और जी सकेगी माँ...दस साल, पन्द्रह...इससे हद से हद बीस साल। इतने दिन अगर वह खुशी-खुशी जीए, हमें भी रह-रहकर यह चिन्ता न हो कि वह अकेली कैसी होगी तो इसमें बुरा क्या है?''

''जिस उम्र में लोग तीर्थ करते हैं, भक्ति में मन रमाते हैं उस उम्र की नाती-पोतों वाली औरत का ब्याह रचाना...आज तक नहीं सुनी थी यह अनहोनी। पिता जी की आत्मा कितनी दुखी हो रही होगी यह सब देखकर...''

''आत्मा होती है या नहीं, मुझे पता नहीं, अगर होती है तो वह यह देखकर भी कम दुखी नहीं हुई होगी कि माँ के खून-पसीने से पाले हुए बच्चों ने उससे एकबारगी कैसे किनारा कर लिया। सिर्फ यादों के सहारे जिन्दगी नहीं बिताई जा सकती। पिता की आत्मा को शायद शान्ति ही मिले कि अब माँ चैन से है, सुखी-सन्तुष्ट है, कोई है उसके सुख-दुख की परवाह करनेवाला...'' मैं चुप हुई हूँ, क्रोध से भभके हुए चेहरे को लिये मैं हैरान हूँ। अपने बड़े भाइयों से मैं इतना बुरा बोल रही

हूँ। भाभी चुपचाप वहाँ से उठ ली हैं...इतनी कड़वी बातें शायद मुझे नहीं कहनी थी, मैं देखती हूँ भैया, मँझले भैया के चेहरे का दुख-भाव कम हुआ है वहाँ उद्विग्नता है, वहाँ विचार-प्रक्रिया के असमंजस चिह्नित हैं। वे शायद मेरी बातों पर विचार रहे हैं।

''पिता होते तो कुछ दिनों बाद हम लोग माँ-पिता की शादी की 50वीं वर्षगाँठ मनाते, 'गोल्डन जुबली'। उसे आज के चलन में अगर सेलीब्रेट करते तो वह पूरी शादी जैसा ही होता, वही सारी रस्म। हमें तब शायद बुरा भी नहीं लगता...सब कर्तव्यों से मुक्त होकर माँ ने हमसे अपने लिए जिन्दगी के कुछ साल ही तो माँगे हैं, हम उसे वह भी नहीं दे सकते? उसी की जिन्दगी के बरस?'' छोटे भैया जैसे खुद से ही बहस कर रहे हैं, मैं खुश होती हूँ कि मेरी दलीलों ने किसी एक पर तो असर किया। वैसे भी छुटपन से उन्होंने मेरी हर बात सुनी-मानी है, मेरे विचारों से इत्तफाक रखा है। हम दोनों छुटके ज्यादा भावुक थे, ज्यादा संवेदनशील। इसीलिए जिन्दगी में वह ठौर नहीं बना सके जो बड़े या मँझले भैया ने हासिल किया। छोटे भैया की पत्नी की नजर में भैया की इज्जत अगर कम है तो इसलिए कि दूसरे भाइयों की तरह उन्होंने सिर्फ अपनी जिन्दगी के बारे में नहीं सोचा। जब दोनों भाई बाहर रहकर अपना लक्ष्य साध रहे थे, वह यहाँ पढ़ाई के साथ-साथ माँ का सहारा बने खड़े थे, माँ की एक-एक इच्छा का खयाल रखते हुए, उसे हँसाते-खिझाते हुए। भाभी की नजर में बेवकूफ थे और उनकी बेवकूफी का अंजाम वे भुगत रही थीं...

''थोड़ी देर के लिए अगर माँ की जगह पापा होते तो शायद एक बार हम विचार कर भी लेते इस मुद्दे पर...पर माँ...नहीं। वैसे कौन है वह, करता क्या है, माँ उसे मिली कहाँ, कोई बताएगा मुझे कुछ?''

''सवाल यह नहीं है कि वह कौन है, कैसा है। सवाल यह है कि माँ शादी कर रही है। अगर आप हामी भरें तो वे बातें भी होंगी, वरना इसका कोई मतलब है?''

''पप्पू तो हमेशा से ही बेवकूफ है पर तुमने भी इस बाबत कुछ नहीं सोचा अपूर्वा...''

''तुम लोगों को जो जी में आए करो पर मैं इस नाटक में कहीं नहीं हूँ। मैं कल सुबह ही लौट जाऊँगा।''

मुझे लगता है अगर आज कोई ट्रेन होती तो बड़े भैया आज भी नहीं रुकते...

''मैं भी...'' तो मँझले भैया भी जाएँगे...बचे छोटे भैया और मैं...''मैं तो अभी मायके जा रही हूँ, तुम रहो यहाँ, निबटाओ माँ की शादी पर लौटकर मुझ तक या मेरे बच्चों के पास मत आना।''...मैं जानती हूँ अब वह भी नहीं रुकेंगे...उनके बच्चे उनकी कमजोरी हैं जिनके कारण वह माँ को छोड़कर भी बीवी के साथ हैं उसके ताने-तिश्ने सहकर भी...तो अब बस मैं...नाटक अब क्लाइमेक्स तक आ पहुँचा है।

मैं गम्भीरता का लबादा ओढ़े हुए ही किचेन की तरफ बढ़ती हूँ, हँसी को कहीं पेट में ही थामते हुए। अभी हँसी तो पूरा घर हिलाकर रख दूँगी और खेल ही बिगड़ जाएगा।

मैं बड़े भैया के पसन्द की उड़द-पूरी छानती माँ के कन्धे पर पीछे से अपनी दोनों बाँहें डालती हूँ। कहना चाहती हूँ, "तुम्हारे बेटे तो निरे बेवकूफ हैं, भोली-भाली माँ की छोटी-सी होशियारी भी नहीं परख सके..."

पर उससे पहले माँ ही मुझसे मुखातिब है, उसकी गम्भीर आँखें और आवाज साथ-साथ कह रही हैं, मुझे पता था अप्पू कोई मेरा साथ दे न दे, तुम जरूर दोगी...

"माँ, मुझसे भी नाटक..." मैं हँसती हूँ।

"नाटक नहीं है ये...तो क्या तुम इसे नाटक बूझकर ही मेरा साथ दे रही थी। मैंने एक निर्णय लिया है, पहली बार अपने लिए कोई निर्णय। और देखना है मेरे बच्चों में से कौन मेरे साथ आ खड़ा होता है।" माँ स्थिर है, शान्तचित्त..."जा यह थाली बड़े को दे आ..."

भैया थाली परे कर देते हैं, "रहने दो यह सब चोंचलेबाजी। मैं सपरिवार अपने मित्र के घर जा रहा हूँ। कल वहीं से ट्रेन पकड़ लूँगा।"

माँ सुन तो रही होगी सब। पर बड़े भैया को रोकती नहीं, मनाती नहीं। तो क्या यकीन करना होगा माँ सच कह रही है?

वह बड़े भैया को नहीं रोकेगी, वह जानती है उनकी जिद...पर यह क्या निशा क्यों आ खड़ी हुई है ठीक माँ के पीछे, "मुझे नहीं जाना।"

बड़े भैया उसका हाथ खींच रहे हैं, वह फिर भी नहीं बढ़ती। अनहोनी-सा घटा है कुछ, फूल की तरह अपनी बच्ची को सहेजकर रखनेवाले भैया ने संयम खो दिया है। हाथ पहले हवा में लहराया है फिर गाल पर। माँ की आँखों में आँसू हैं, बचपन की देहरी पार कर चुकी लड़की पर उठा पिता का हाथ वह। आँखों ही आँखों में कहती है—जाओ निशा। निशा जैसे समझकर भी कुछ नहीं समझती।...वह बढ़ रही है पर दरवाजे की ओर नहीं...उसने कमरे का दरवाजा अन्दर से बन्द कर लिया है। भाभी रो रही है, "मेरी बेटी को कुछ हुआ तो...उसने अगर जिद में कुछ कर ही लिया...इस घर का साया ही मनहूस है।"

"कुछ नहीं करेगी वह, रहे सड़े यहीं। मैं नहीं बुलाऊँगा...चलो तुम..." भैया भाभी का हाथ खींचे लिये जा रहे हैं।

मुझे इस बच्ची से हौसला लेना होगा। माँ के पास कितना रही है वह, पर माँ के लिए बिला शर्त इतना प्यार। मुझे तो माँ ने पाला-पोसा है, जिन्दगी दी है फिर रास्ते भर सोचती आई थी माँ को उनकी पीछे छूटी खुशियाँ लौटाऊँगी पर इसके लिए जब मौका हाथ आया तब?

दिल दिमाग की सुन रहा है या नहीं, कुछ पता नहीं। भाइयों की पीड़ा मेरे भीतर भी काँपती है...तस्वीर में सामने टँगे पिता मेरे मन में भी कौंधने लगते हैं...माँ उनकी जगह किसी को भी कैसे दे सकती है? वह सिर्फ माँ की नहीं हमारी भी थाती है।...माँ दे भी तो हम क्यों दें? कैसे ढूँढ़ पाएँगे हम किसी अनजाने चेहरे में पिता का चेहरा? भाइयों का दर्द मेरे कलेजे को भी उमेठता-मरोड़ता है।

मैंने तो सोच ली थी सारी अनहोनी, मैं आती और माँ सचमुच नहीं होती तब? तब तो मन को धीरे-धीरे समझा ही लेती...माँ की खुशी के लिए क्यों नहीं समझा पा रही अपने मन को? मैंने कलेजे को भीतर ही भीतर थामा है।

फोन की घंटी बजती है, निशा ने फोन उठाया है...बुआ...फूफाजी...

''क्या हुआ था''...''कुछ भी नहीं"...''फिर तुम्हें बुलाया क्यों अचानक?''...''माँ शादी कर रही है''...''व्हाट''...''माँ शादी कर रही है''...''और तुम क्या कर रही हो वहाँ''...''मैं शादी के बाद ही आ पाऊँगी अनुज''...''पागल हो गए हो तुम सब, और वे तुम्हारे भाई? हमारी शादी के वक्त तो इतनी हाय-तौबा मचा रखी थी''...''भैया लोग लौट गए?''...''भैया लोग लौट गए हैं'' अनुज ने क्रोध से मेरी कही पंक्ति मेरे ही अन्दाज में दुहराई ''और तुम वहाँ बैठी हो शादी करवाने, इतनी इज्जत करता था उनकी...''

''इज्जत ही की है तुमने उनसे, माँ की तरह प्यार नहीं...'' ''क्या कह रही हो तुम वह मेरी माँ जैसी हैं''...''हाँ माँ जैसी ही हैं, माँ नहीं।''''इस तरह की प्रतिक्रिया का तुम्हारा कोई हक नहीं बनता...अपूर्वा? अगर तुम्हें मुझसे प्यार है तो तुम कल ही वापस आओगी''...''तुम भूल रहे हो शायद हमारा प्यार अपनी परिणति तक पहुँचा तो सिर्फ माँ के कारण, और अनुज तुम्हारे साथ-साथ मुझे अपनी माँ से भी प्यार है। शायद तुमसे ज्यादा।''

अनुज निरुत्तरित है। चुप्पी के बाद गुस्से के बगूले फिर उठे हैं...

''उस शादी में रुकने के बाद यहाँ आने की जरूरत नहीं।'' फोन कट चुका है। तो क्या यही थी अनुज के प्यार की सीमा, उस प्यार की सीमा जिसका दम्भ वह दिन-रात भरते हैं। इतनी कच्ची थी उसकी डोर जो एक बार उनके विरुद्ध जाते ही टूट पड़ी?

मैं खुद को समझा रही हूँ, क्षण का गुबार था वह सब। अनुज गुस्से में हमेशा ऐसे ही होते हैं और गुस्सा उतरते ही...मँझले भैया सो चुके हैं। हम सब पिता के कमरे में हैं। माँ ने खोल रखी है अपनी पुरानी सन्दूक, वह समेट रही है बिखरे सामान। माँ कह रही है—डॉक्टर है वह, दोनों बार जब मैं गिरी थी इलाज उन्होंने ही किया था। माँ पूछ रही है हम मिलना चाहेंगे उनसे...'नहीं'...तो फिर फोन पर बात...? नहीं माँ...तुमने जिसे चुना है वह कोई भला इनसान ही होगा, वरना मेरी

माँ इतना बड़ा फैसला कैसे लेती? यह माँ पर भरोसा है कि माँ के साथ होते हुए भी पिता की जगह किसी और को न देने की जिद! सन्दूक से निकली गन्ध बहुत परिचित है, बहुत अपनी। बहुत-कुछ माँ जैसी, इस घर जैसा, पिता की स्मृतियों जैसा। मुझे लगा मुझसे छूट रहा है बहुत-कुछ...माँ से मायका था, माँ जा रही है...माँ की आँखों में भी नमी है जैसे कह रही हो मैंने गलत फैसला तो नहीं लिया...क्या माँ भी हर औरत, हर लड़की की तरह दुविधाग्रस्त है, आशंकित भी? मैं भी तो थामे रही थी शादी के पहले उस वक्त पूरी रात माँ का हाथ, अब सब कुछ पीछे छूट जाना है।

निशा ने उनके कन्धे पर सिर रख दिया है, मैंने उनकी कलाइयाँ अपने हाथों में ले ली हैं। अब हम तीन पीढ़ी की औरतें नहीं। दादी, बुआ और पोती तो बिलकुल नहीं। बस तीन स्त्रियाँ हैं, तीन बहनें या फिर तीन सहेलियाँ। समय ने हमारे चारों ओर से अपनी चौहद्दियाँ हटा ली हैं, वह मूक-सा ताक रहा है, कोने में खड़ा हम तीनों को। शायद उसकी दृष्टि में भी ये पल ऐतिहासिक हैं, हमारी चुप्पी आपस में बतिया रही हैं, बहुत सारी बातें। निशा कब बड़ी हो गई, हमें पता ही नहीं चला। औरत कब बड़ी हो जाती है, कौन जान पाया है?

माँ ने कमरे को बन्द कर एक चाभी मुझे थमाई है।

"मुझे क्यों?"

"ऐसे ही...पूरा मकान खाली पड़ा है। चाहती तो छोटी इसी में रहती पर जानती हूँ, वह मायके से यहाँ नहीं आएगी। अब तो और भी नहीं...और कोई आया भी तो यह कमरा बन्द ही रहेगा। इसकी चाबी या तो मेरे पास है या तेरे...कभी लौटना हुआ तो..." माँ आगे कुछ नहीं कहती।

निशा के उछाह में कमी नहीं, वह दादी के लिए चूड़िया ढूँढ़ती है, हलके रंग की साड़ियाँ भी। माँ झेंप रही है, यह सब कुछ क्या मुझे जँचता है? फोन की घंटी फिर घनघनाई है, मुझे लगता है अनुज होंगे...फोन पर फिर निशा है..."आ जाऊँगी पापा, बस कल भर...आप अंकल को भेज देना..."

भैया की तरह अनुज भी मुझे माफ कर देंगे न? कितना तो प्यार करते हैं मुझे?...पर भैया पिता हैं और अनुज पति। मैं बार-बार उनके मोबाइल पर फोन लगाती हूँ, वे उठाते क्यों नहीं? अब घर पर लगाती हूँ, "आंटी, मैं ऋषभ बोल रहा हूँ, अंकल घर पर नहीं हैं, उन्होंने मुझे चाभी दी थी, मैं मैच देख रहा हूँ। अंकल के लिए कोई मैसेज?"

"कहना कल सुबह मैं आ रही हूँ, मुझे लेने स्टेशन आ जाएँ नहीं तो..." मेरा गला रुँध गया है। मैंने बात पूरी किए बगैर फोन काट दी है। क्या सचमुच अनुज वहाँ नहीं थे?...क्या अनुज वहीं थे...

मैं माँ के आँचल में अक्षत, दूब और रोली के साथ उनके सुखद जीवन की प्रार्थनाएँ बाँधती हूँ। माँ ने भी इसी तरह बाँधा था मेरे आँचल में खोइंछा। माँ चली गई है और हम दोनों भी चल दिए हैं अपनी-अपनी मंजिल की तरफ।

मेरे मन में उथल-पुथल है पर ट्रेन तो स्टेशन पर आ लगी। मैं चाहकर भी खिड़की से बाहर झाँकने की हिम्मत नहीं जुटा पा रही...बाहर अनुज नहीं हुए तो...

पर्स में माँ की दी हुई चाभियाँ खन-खन कर मेरे सवाल का उत्तर दे रही हैं...माँ ने आखिर मुझे यह चाभियाँ क्यों दीं? क्या समझ लिया था माँ ने सब कुछ...फिर भी...? तो क्या मुझे लौटना होगा माँ की उस कोठरी तक, माँ के उसी अकेलेपन के पास? तो क्या चाँद और सूरज की तरह मैंने और माँ ने अपनी-अपनी भूमिकाएँ आपस में बदल ली थीं?

फोटो का सच

तरुण भटनागर

जब वे सरकारी दफ्तर पहुँचे, वे हाँफ रहे थे। वह दफ्तर बिल्डिंग की तीसरी मंजिल पर था। वे कुछ दिनों से कई बार यहाँ आते रहे हैं। वे बड़ी मुश्किल से सीढ़ियाँ चढ़कर इस दफ्तर तक पहुँच पाते हैं। सीढ़ियाँ चढ़ते हुए उन्हें एकाध दो-बार थकावट भरा चक्कर-सा आ जाता है। ऐसे में वे अपनी छड़ी किनारे टिकाकर, किसी कुर्सी पर बैठ जाते हैं। दफ्तर के हर मंजिल पर प्रतीक्षार्थियों के लिए कुछ कुर्सियाँ रखी हैं जहाँ बैठकर उन्हें सुस्ताना पड़ता है। पर तीसरी मंजिल तक पहुँचते-पहुँचते वे थककर चूर हो जाते हैं। उन्हें अपने दिल की धड़कन कान में बजती सुनाई देती है। पूरे कपड़े पसीने से भीग जाते हैं और एक बार जो छाती की धौंकनी चलनी चालू होती है, वह फिर घंटों तक बन्द नहीं होती।

तीसरी मंजिल पर पहुँचकर वे उस कमरे तक पहुँचते हैं। वे पिछले छह माह में कई बार यहाँ आ चुके हैं। उस कमरे के बाहर पड़ी बेंच पर वे थोड़ा देर सुस्ता लेते हैं। फिर धीरे-धीरे अपनी छड़ी टेकते हुए कमरे में उस क्लर्क की टेबल तक पहुँचते हैं।

उन्हें वह क्लर्क हमेशा उसी टेबल पर मिला है। उस दिन भी वह वहीं था। उन्हें हर बार उस क्लर्क को वहाँ पाकर सन्तोष होता है। वह एक-सी मुद्रा में फाइल को गोद रहा होता है। उसके एक तरफ टेबल पर फाइल का अम्बार लगा होता है और दूसरी तरफ लाल-पीले कपड़ों में लिपटी कुछ फाइलें बेतरतीब ढंग से जमीन पर पड़ी होती हैं।

उस दिन वे सीधे उस क्लर्क की टेबल के पास पहुँचे और उसकी टेबल पर दो फोटो रख दीं। एक ब्लैक एंड व्हाइट फोटो जो आकार में थोड़ी बड़ी थी और पुरानी होने के कारण ब्लैक एंड व्हाइट की बजाय थोड़ा सीपिया रंग की हो गई थी और दूसरी एक रंगीन फोटो जो हाल ही में खींची गई एक नई फोटो है।

क्लर्क अपने काम में लगा रहा। उसने अपने चश्मे के काँच और भौंह के बीच से अपनी आँख चुराते हुए उन्हें देख लिया था। उसे पता चल गया कि वे उसके सामने खड़े हैं। उसे यह भी पता था कि वे क्यों खड़े हैं। पर फिर भी वह फाइलों को गोदने में लगा रहा। वह कुछ यूँ प्रदर्शित कर रहा था कि वह व्यस्त है। उसके पास और भी जरूरी काम हैं। उसे उनकी परवाह नहीं। ऐसा प्रदर्शित कर वह उन्हें टालना चाह रहा था। पर उन्हें यह बात समझ में नहीं आई। वे उसकी टेबल के सामने खड़े रहे। उन्हें उम्मीद थी कि वह क्लर्क उनकी ओर देखेगा। वे पहले भी कई बार आ चुके हैं। उन्होंने क्लर्क से कई बार बात की है। कभी-कभी देर तक बात की है। क्लर्क उन्हें जानता है। वह उन्हें अवश्य तवज्जो देगा। पर क्लर्क ने बहुत देर तक उनकी ओर नहीं देखा। थोड़ी देर बाद वे टेबल के पास रखी बिना हत्थे वाली कुर्सी पर बैठ गए। वे तिहत्तर वर्ष के हैं। यहाँ तक आते-आते वे इतना थक जाते हैं कि देर तक खड़े नहीं रह पाते। उन्हें बैठना पड़ता है।

सीढ़ियाँ चढ़ते-चढ़ते वे कई बार खुद से खिन्न हो जाते हैं। वे मन-ही-मन इतने कड़वे हो जाते हैं कि अपने शरीर को और सीढ़ियों को गालियाँ देने लगते हैं। ये कमबख्त सीढ़ियाँ खत्म होने का नाम ही नहीं लेतीं...बूढ़े आदमी का खयाल ही नहीं। कम-से-कम बूढ़े आदमी के लिए तो इन्हें खत्म होना चाहिए। साँप की तरह बढ़ती जाती हैं। और यह शरीर...। कितनी तेजी से कब्र ढूँढ़ रहा है। इन टाँगों को जाने क्या होता जा रहा है। ये टाँगें तो उनका कहा मानती ही नहीं। जब से आर्थराइटिस हुआ है, बिलकुल लक्कड़-सी हो गई हैं। जरा-सा घुटना क्या मोड़ लो, पूरा पैर सूजकर शकरकन्द जैसा हो जाता है।

वे थोड़ी देर तक कुर्सी पर बैठे रहे।

वे बीसियों बार इस दफ्तर आ चुके हैं। उनके बेटे जीवेन्द्र की मृत्यु के बाद सरकार ने कहा था कि उन्हें पैसा मिलेगा। आदेश भी आ गया है। पर क्लर्क कहता है कि उन्हें कोई ऐसा सबूत पेश करना पड़ेगा जिससे सिद्ध हो कि वे ही जीवेन्द्र के पिता हैं। उन्होंने घर में बहुत छान-बीन की। दोनों अलमारियाँ, बड़ा सन्दूक, जीवेन्द्र की अलमारी, टेबलों के ड्राअर और यहाँ तक कि दीवान का बॉक्स और उसमें रखा सारा सामान और तो और उन्होंने बुक शेल्फ की एक-एक किताब को पलटकर-झटकारकर देखा...। शायद कहीं कोई ऐसा कागज हो, जो प्रमाणित करे कि वे ही जीवेन्द्र के पिता हैं। पर ऐसा कोई कागज नहीं मिला। जीवेन्द्र की मार्कशीट, उसका बर्थ सर्टिफिकेट,...सब जीवेन्द्र के पास ही था। पता नहीं उसने कहाँ रखा था। अब बहुत मुश्किल हो गई। पहले-पहल उन्हें क्लर्क ने बताया था कि म्युनिसपैलिटी से दूसरा बर्थ सर्टिफिकेट मिल सकता है। उन्होंने म्युनिसपैलिटी के भी चक्कर लगाए। पर वहाँ इतना पुराना रिकॉर्ड नहीं है। वहाँ का अधिकारी कहता है, पुराना रिकॉर्ड

न होने से डुप्लीकेट बर्थ सर्टिफिकेट नहीं मिलेगा। उन्होंने यह पूरी कहानी क्लर्क को सुनाई। क्लर्क ने उनसे कहा कि वे युनिवर्सिटी से जीवेन्द्र की मार्कशीट ले सकते हैं। फिर उन्होंने युनिवर्सिटी के चक्कर लगाए। युनिवर्सिटी के सेक्शन ऑफिसर ने उनसे कहा कि डुप्लीकेट मार्कशीट के लिए उन्हें ओरिजिनल मार्कशीट के गुमने की एफ.आई.आर. पुलिस के पास करवानी पड़ेगी...। अब इस उम्र में वे कहाँ-कहाँ भटकें। एक दिन उन्होंने क्लर्क से कह दिया कि वे भाग-दौड़ नहीं कर पाते हैं। उनका शरीर साथ नहीं देता है। वे क्या करें? फिर शालिनी को भी देखना पड़ता है। शालिनी उनकी पत्नी है। उनसे तीन साल छोटी है। उसकी शुगर बहुत बढ़ गई है। उसे हाइपोग्लाइसीमिया के कारण चक्कर आते हैं। जीवेन्द्र की मृत्यु को एक साल होने को आया। पर वे आज भी घुटती हैं। ढंग से खा-पी नहीं पाती हैं। डॉक्टर कहता है कि ऐसा ही रहा तो प्रॉब्लम और बढ़ जाएगी। एक बार तो शालिनी की शुगर इतनी लो हो गई थी कि उसे गश आ गया। वे घबरा गए थे। वे शालिनी को देर तक अकेला नहीं छोड़ सकते। दूसरा कोई देखनेवाला नहीं है।

उस दिन क्लर्क को यह सब कहते हुए वे कुछ रुआँसे हो गए थे। फिर उन्हें हमेशा की तरह खुद पर, अपने शरीर पर खीज हो आई। वे अपनी तुलना अपने दोस्त विश्वेश्वर के साथ करते हैं। विश्वेश्वर उन्हीं की उम्र का है। पर वह पूरी तरह भला-चंगा है। छिहत्तर साल में भी चकाचक। उसे न तो दमा है और ना आर्थराइटिस। वे खुद को बहुत ढाढस बँधाते हैं। पर क्या करें शरीर साथ नहीं देता। उन्हें अपने शरीर को धकियाना पड़ता है।

उस दिन क्लर्क ने उनकी सारी बातें सुनी थीं। उस दिन से उन्हें यह क्लर्क ही सब कुछ नजर आने लगा है। उन्हें लगता है यह क्लर्क उनकी समस्या का देर-सबेर निदान निकाल ही लेगा। जो काम म्युनिसपैलिटी और युनिवर्सिटी में नहीं हो पाया, वह यह क्लर्क कर सकता है। एक तरह से उन्होंने खुद को आश्वस्त किया है कि यह क्लर्क उनका काम कर सकता है। फिर यह दफ्तर भी उनके घर के पास ही है। वे यहाँ आसानी से आ-जा सकते हैं। दिनोदिन वे मजबूर-से होते जा रहे हैं। वे इस दफ्तर से आगे नहीं जा सकते। वे इस दफ्तर से आगे उम्मीद नहीं कर सकते। उनके शरीर ने उन्हें ज्यादा उम्मीद करने लायक नहीं छोड़ा है। उनकी उम्मीदें इस दफ्तर और क्लर्क पर आकर रुक गई हैं। ये अपने शरीर को तो किसी तरह धकियाकर आगे बढ़ा लेते हैं, पर उम्मीदों को नहीं।

"ये क्या है?"

क्लर्क ने कुछ ढिठाई के साथ, उन फोटुओं की ओर इशारा कर उनसे पूछा। उन्होंने अपना गला खखारकर साफ किया। वे झिझक रहे थे। उन्होंने जान-बूझकर अपना गला खखारा। पर जब उस दिन शालिनी ने उनसे कहा था कि वे ये फोटुएँ क्लर्क को दिखाएँ,

तब उन्हें कुछ भी अटपटा नहीं लगा था। वे तुरन्त तैयार हो गए थे। शालिनी ने कहा था कि शायद इन फोटुओं से बात बन जाए। और उन्हें लगा कि यह खयाल उन्हें क्यों नहीं आया? उन्हें लगता है कि इन फोटुओं से बेहतर कुछ भी नहीं। कितना आसान है, यह बताना कि यह जीवेन्द्र है और यह मैं। देखो ये हम दोनों हैं और ये शालिनी है। देखो...। क्या अब भी किसी प्रमाण की जरूरत है। क्या अब भी शंका है। ये फोटुएँ कितना स्पष्ट कहती हैं। ये फोटुएँ कहती हैं कि मैं ही हूँ जीवेन्द्र का पिता। हाँ वे ही...कितना साफ है कि वे ही जीवेन्द्र के पिता हैं। और यूँ सोचते हुए उनका मन भारी हो जाता, जैसे बरसात में भीगकर कपड़े भारी हो जाते हैं। जैसे मरने के बाद शरीर भारी हो जाता है। जीवन के इस अन्तिम पड़ाव पर खुदा को, अपने जिगर के टुकड़े, अपने बेटे का पिता बताने के लिए, भटकते हुए, अकसर उनका मन भारी हो जाता है। हाँ, उनका मन दोनों तरह से भारी हुआ है। कभी बरसात में भीगे कपड़ों की तरह, तो कभी मरी हुई लाश की तरह...। उन्होंने अपने को झटकारा। वे मन के भारी होनेवाली बात को झटककर अलग करना चाहते थे। उन्होंने खुद को उस बात से अलग कर लिया।

कितनी अजीब चीज है, किसी बात को याद करना। जैसे बैकवॉटर होता है। समुद्र में डूबनेवाली नदी में रोज चढ़ता समुद्र के ज्वार का बैकवॉटर। वह नदी के प्रवाह के विपरीत नदी में चढ़ता है। नदी का जो पानी समुद्र में मिल जाता है, समुद्र में डूब जाता है और यूँ खुद को खोकर समुद्र हो जाता है, वही पानी फिर से नदी में चढ़ता है। नदी में उतरता है। नदी के बहाव के विपरीत नदी में फैलता जाता है। कभी आपने देखा है यह दृश्य। यह समुद्र किनारे का सामान्य दृश्य है। वहाँ यह रोज होता है। हमारे जीवन में भी यह रोज होता है। एक ज्वार के साथ, यादें चढ़ती हैं समय की धार के विपरीत। फिर ज्वार खत्म होने लगता है और यादें समय के प्रवाह के विपरीत उतरती हैं और फैलने लगती हैं। पता ही नहीं चलता है कि कहाँ है बहते समय की धार और चढ़कर धुलती यादें। सब कुछ फैलने लगता है और यूँ समुद्र के किनारे एक झील-सी बन जाती है। वह झील-सा इकट्ठा पानी देर तक बना रहता है। हम खुद में डूबे रहते हैं। पर फिर चढ़े हुए पानी को वापस जाना होता है। यादों को लौटना होता है। यादें लौटती हैं। पानी वापस समुद्र में उतरता है। दिन फिर से चल निकलता है। नदी वापस बहने लगती है। सारा पानी फिर से समुद्र में मिलने लगता है। दिन अपनी धार पकड़ लेता है। रुका हुआ समय बहने लगता है।

उन्हें क्लर्क से फोटो के बारे में कहते हुए अच्छा लग रहा था। यह तस्वीर अकसर वे और शालिनी ही देखते रहे हैं। वे दोनों ही इस पर बात करते रहे हैं। उन्हें नहीं याद कि यह तस्वीर उन्होंने किसी और को इस तरह दिखाई हो। पूरी संजीदगी के साथ।

खुलकर। कभी-कदास घर आनेवाले लोगों में से कुछ ने पुराना एलबम पलटते हुए एक उड़ती नजर से इस फोटो को देखा होगा। पर उन्हें नहीं याद कि किसी को उन्होंने इस फोटो की बात बताई हो। शायद ही किसी और को इस फोटो की बात पता हो। उन्होंने इस फोटो के बारे में आज पहली बार किसी बाहरी आदमी से बात की। हो सकता है, किसी और से भी की हो। पर उसे इस फोटो के बारे में इतना नहीं बताया होगा। बस इतना ही कहा होगा—यह जीवेन्द्र के जन्म के समय की फोटो है। ये जो मेरी गोद मैं है। यह बच्चा जीवेन्द्र है।...या ऐसी ही कोई बात। यह क्लर्क पहला आदमी है जिसे वे इस फोटो के बारे में इतना कुछ बता रहे हैं। बहुत विस्तार के साथ बता रहे हैं। वे इस फोटो को बहुत सँभालकर रखते हैं। उस समय ब्लैक एंड व्हाइट फोटो ही खिंचती थी। कितनी अद्‌भुत है, यह फोटो...।

क्लर्क बेपरवाह था। वह उनकी बात सुन भी रहा था और नहीं भी। वह कभी फाइल गोदने लगता, तो कभी बीच में उनकी ओर देखकर मुस्कुराता। उसकी मुस्कान बनावटी थी। वह उन्हें टालने के कुछ संकेत दे रहा था जिस पर उनका ध्यान नहीं गया। वे फोटो और उसकी बातों में डूबे रहे।

बहुत दिनों से उन्होंने खुद यह तस्वीर नहीं देखी थी। जीवेन्द्र की मृत्यु के बाद सारी फोटुएँ और एलबम बक्से में बन्द रहे। वे कुछ दिनों से उन फोटुओं को शालिनी के साथ शाम को चाय पीते हुए, पुराने दिनों की तरह देखना चाहते थे। वे कुछ दिनों से खुद को तैयार कर रहे थे। वे खुद को तैयार कर रहे थे कि वे किस तरह इस फोटो का सामना करेंगे। जीवेन्द्र के मरने के बाद इस फोटो के मायने बदल गए हैं। उन्हें लगता है यह फोटो उन्हें कमजोर बना देगी। उनके भीतर जो चीजें इकट्‌ठा होकर, नया आकार ले रही हैं, वे फिर से इधर-उधर हो जाएँगी। उनका मन करेगा कि वे शालिनी के कन्धों पर अपना सिर रखकर थोड़ा देर रो लें। जैसा वे यदाकदा अवसाद और पीड़ा के समय करते आए हैं। पर वे ऐसा नहीं कर पाएँगे। उन्हें अब शालिनी का कन्धा इतना कमजोर लगता है कि अगर उन्होंने उस पर अपना सिर रख दिया तो वह कन्धा टूट जाएगा। वे शालिनी के कारण खुद को रोक रखते हैं।

पुराने दिनों इस फोटो को देखकर वे और शालिनी लगभग एक-सी बातें किया करते। शालिनी कहती—तुम तो जीवेन्द्र को इस तरह गोद लिये हो जैसे तुम्हें बच्चे पालने का एक्सपीरियेंस हो। वे कहते—देखो, सबसे पहले माँ का रोल मैंने किया था।...एक-सी बातें। इस फोटो की बात कभी खत्म नहीं हुई। कभी रुकी ही नहीं। सोचा ही नहीं था कि एक दिन बात रुक जाएगी और फोटो बक्से में रख दी जाएगी। पूरे एक साल तक हम यह फोटो नहीं देखेंगे। इस फोटो पर कोई बात नहीं करेंगे।...कभी सोचा ही नहीं था।

फोटुओं का मतलब कितनी जल्दी बदल जाता है। उनका अर्थ कभी स्थायी नहीं रहता। फोटुएँ बहुत निर्लज्जता के साथ बदल जाती हैं। अब इसी फोटो को लो। कहाँ तो शालिनी अकसर इस फोटो को देखती रहती थी। वह कभी अघाती नहीं थी। गहराई से टकटकी लगाकर वह इसे देखती रहती थी। इसे देखकर हँसती थी। इस पर चहकते हुए बात करती थी। और आज...। आज वह इसे देख भी नहीं सकती। उसे डर लगता है। वह टूटकर दुखी हो जाती है। वह इस फोटो को देखकर अब नहीं हँस सकती। वह इस फोटो पर अब चहकते हुए बात नहीं कर सकती। और तो और वह इस फोटो का सामना तक नहीं कर सकती। वह इस फोटो को नहीं देख सकती। पूरे एक साल से यह फोटो लोहे के बक्से में अपने एलबम में दबी हुई पड़ी रही। जैसे इस फोटो के हाथों कोई पाप हो गया हो। शायद पाप ही हुआ है। इस फोटो ने एक पाप किया है। इस फोटो ने जीवेन्द्र की यादों को बनाए रखने का पाप किया है। वे यादें आज भी उस फोटो से निकलकर बाहर आ रही हैं। यह फोटो कभी जान ही नहीं पाई कि ये यादें जिन्हें वह इकट्ठा कर रही है, एक दिन उसके नियंत्रण के बाहर हो जाएँगी। और तब सब फोटो का यह पाप जान जाएँगे। एक दिन ऐसा ही हुआ। यादें उसके नियंत्रण से बाहर हो गईं। शायद यह नहीं सोचा गया था कि एक दिन सब कुछ खुल जाएगा। और यह फोटो एक अपराधी बन जाएगी। वे और शालिनी यह सब जान चुके हैं कि इस फोटो ने पाप किया है। जिस दिन उन्होंने यह जाना, बस उसी दिन, ठीक उसी दिन उन्होंने उस फोटो को लोहे के बक्से में बन्द कर दिया। यह उसके पाप का दंड है कि वह उनकी नजरों के सामने न आए। कैद रहे उन यादों के साथ, जो उसने इकट्ठी की हैं। पर वे इस फोटो को धोखेबाज नहीं कहते हैं। उन्हें इस फोटो से प्यार है। वे इसे धोखेबाज नहीं कह सकते।

उनके हाथ हलके-से काँप रहे थे। उनकी उँगलियों में दबी वह तस्वीर भी काँप रही थी। उस तस्वीर के ग्लेज्ड पेपर पर पड़ रही ट्यूबलाइट की रोशनी भी काँप रही थी। पता नहीं वे उँगलियाँ क्यों काँप रही थीं? शायद बुढ़ापा या शायद कुछ और...। यूँ उँगलियाँ बेवजह नहीं काँपतीं।

"ही वाज एक लवली चाइल्ड।"

उन्होंने धीरे-से कसमसाते हुए कहा। इतना धीरे कि क्लर्क नहीं सुन सकता था। वास्तव में यह बात उन्होंने अपने आपसे कही।

उनका ध्यान 'ही वाज' पर नहीं गया। यह उन्हें अब सामान्य लगता है। यह कहते हुए उन्हें कोई हिचक नहीं होती। पर कई बार जब वे अकेले होते हैं, तब वे खुद से जीवेन्द्र के लिए नहीं कह पाते हैं–'ही वाज'। पर दूसरों से कह पाते हैं। वास्तव

में दूसरे के सामने खुद से भी कह पाते हैं। जीवेन्द्र के मरने के बाद एक साल में डाइल्यूट हो गया है–'ही वाज'। पर सिर्फ उनके लिए, शालिनी के लिए नहीं। उसके लिए ये शब्द आज भी जड़ हैं। उनका अर्थ समय नहीं बदल पाया है। वे इन्तजार कर रहे हैं कि चीजें शालिनी के लिए भी बदल जाएँ। पर अब इन्तजार करते-करते वे थक गए हैं। वे मानते हैं कि कुछ चीजें छूट जाएँ। जैसे ट्रेन से फेंका डिस्पोजेबल गिलास होता है, जिसके लौटने की कोई उम्मीद नहीं। एक दिन ठीक इसी तरह फेंक दिया जाएगा–'ही वाज'। शालिनी के लिए यह बहुत जरूरी है। पर कब? यह प्रश्न उन्हें थका डालता है।

क्लर्क से बात करते समय वे ये नहीं जान पाते हैं कि कौन-सी बात वे खुद से कह रहे हैं और कौन-सी क्लर्क से। ज्यादातर वे खुद से ही कहते हैं। खुद से कहना अजीब है। लोग प्रश्न खड़ा करते हैं। भला कोई खुद से बात करता है। जब हम कहते हैं, तो माना जाता है कि हम किसी से कह रहे हैं। यह नहीं माना जाता कि हम जो कह रहे हैं, वह हम खुद से कह रहे हैं। अजीब-सी दादागिरी है। अगर हम खुद से कहें तो भी कहा जाता है कि हम किसी और से कह रहे हैं। हमारी हमसे ही कही बात, किसी और से कही बात बताई जाती है। उस बात पर से हमारा हक छीन लिया जाता है। पर कई बार हम भूल जाते हैं कि ऐसा है। कि यही माना जाता है। हम जान-बूझकर भूल जाते हैं। हम भूलने का नाटक करते हैं। और खुद से बात करने लगते हैं। हमें खयाल ही नहीं आता कि वह बात हमारी बात नहीं मानी जा रही है।...वे खुद से बात करते समय, क्लर्क तक अपनी बात जाने देते हैं। उनके लिए इस बात का मतलब नहीं है कि वे किससे बात कर रहे हैं। उन्हें खुद से कुछ कहना है। क्लर्क का वहाँ होना उनके लिए बेमानी-सा है।

वे क्षण भर को चुपचाप क्लर्क की टेबल के पास खड़े रहे। क्लर्क अपने काम में मगन था। फिर भी वे चुपचाप टूटे हत्थे वाली कुर्सी पर बैठ गए। वे दोनों फोटो उनके हाथ में थीं। उन्हें क्लर्क का यूँ अनरिएक्टिव होना अजीब-सा लगा। जिस फोटो को लेकर वे और शालिनी घंटों बातें करते हैं, जो उनके लिए बहुत अहम हो गई हैं। उस फोटो पर कोई इतना अनरिएक्टिव कैसे हो सकता है?

फिर उन्हें यह भी महसूस हुआ कि वे कुछ ज्यादा ही बोलते हैं। ज्यादा ही चबड़-चबड़ करते हैं। उन्होंने क्लर्क को परेशान कर डाला। पूरे समय खुद ही बक-बक करते रहे। क्या जरूरत थी, पूरी राम-कहानी कहने की? उन्हें क्लर्क पर थोड़ा तरस आया।

वे बैठे रहे। क्लर्क ने अपनी फाइलों से अपनी आँख ऊपर करते हुए उन्हें उड़ती नजर से देखा। फिर बेपरवाही से कहने लगा–

"बाबा। फोटो नहीं चलेगी। कोई डाक्यूमेंट लाना पड़ेगा।"

उनका भ्रम क्षण भर को टूटा। फोटुओं को सबसे बेहतर मानने का भ्रम। पर दूसरे ही पल वे सँभल गए। वे जानते हैं इन फोटुओं से बेहतर कुछ नहीं। उन्हें यकीन है, इनसे बेहतर कुछ नहीं। उन्होंने पल भर सोचा। बस वे क्लर्क को समझा नहीं पाए हैं। इतनी-सी तो बात है। बस समझाना है कि ये फोटुएँ सबसे बेहतर कैसे हैं? उन्हें उस क्लर्क पर थोड़ा गुस्सा भी आया। उनके मन में आया कि कह दें–ये फोटुएँ बेहतर हैं। बेहतर हैं उन सब चीजों से जिन्हें तुम रोज देखते हो। क्योंकि तुम्हारे देखने में छलावा है। तुम्हारा देखना डरी हुई आँख का देखना है। उस आँख का देखना है, जो तुम्हारे मन के पैरों तले नाक रगड़ती हैं। उस आँख का देखना है, जो हर बार देखने से पहले तुम्हारे मन से पूछती हैं कि यह देखूँ या नहीं। और अगर देखूँ तो इस दृश्य से क्या-क्या काट दूँ। क्या-क्या छुपा दूँ। छिः कितने गन्दे तरीके से देखती है, आँख...। आँख का देखना भी कोई देखना है। देखना है तो इन फोटुओं को देखो। ये उस कैमरे से खींची गई हैं, जिसका कोई मन नहीं है। जिस पर किसी के मन का बस नहीं चलता। जो वही दिखाता है, जो है। और इन फोटुओं के बाद भी तुम कहते हो कि कोई डाक्यूमेंट लाओ।...पागल हो गए हो क्या? तुम्हें शर्म नहीं आती।...पर वे चुप रहे। उन्हें लगा मामला कहीं बिगड़ न जाए।

"डाक्यूमेंट वाला प्रॉब्लम तो आपको पता है।"

"फिर तो बड़ा मुश्किल है।"

"अच्छा तो आप ये वाली फोटो देख लो।"

"अरे बाबा...।"

"आप देख तो लो। मुझे यकीन है कि आपके बड़े अधिकारी इस फोटो पर सहमत हो जाएँगे। फिर किसी चीज की जरूरत नहीं पड़ेगी।"

"देखिए, ये काम करते हुए मुझे दस साल हो गए हैं। मैं जानता हूँ ऐसा नहीं हो सकता।"

"अच्छा आप देख तो लो...।"

क्लर्क ने उनकी ओर हिकारत भरी नजर से देखा। पर इससे उन्हें कोई फर्क नहीं पड़ा। वे उठे और क्लर्क की टेबल के सामने खड़े हो गए। उन्होंने दूसरी तस्वीर उस क्लर्क के सामने रख दी। क्लर्क उस फोटो को देखने लगा। उन्हें अच्छा लगा कि वह अबकी बार वह फोटो को देख रहा है। उन्हें लगा बात बन जाएगी। वे क्लर्क को बताने लगे।

"ये जीवेन्द्र की आखिरी फोटो है। देखो, ये मैं हूँ। मैं नहीं चाहता था कि शालिनी उसके क्रेमनेशन में जाए। हमारे यहाँ औरतें नहीं जाती हैं। पर वह जिद करके गई थी। स्ट्रांग लेडी...। देखो, ये वही है। जीवेन्द्र की चिता के पीछे खड़ी है...।"

उन्होंने बहुत सपाट ढंग से कहा। क्लर्क उनकी ओर देखने लगा। वे इस फोटो को नहीं लाना चाहते थे। वे पहली वाली ब्लैक एंड व्हाइट फोटो भी नहीं लाना चाहते थे। पहले वे कुछ दूसरी फोटुएँ ला रहे थे। उन्होंने कुछ दूसरी फोटुएँ लोहे के बक्से से निकाल भी ली थीं। वे उन्हीं फोटुओं को लानेवाले थे। उनमें से एक फोटो इंडियन मिलिटरी एकेडमी में खींची गई थी। उस रोज एकेडमी में जीवेन्द्र की पासिंग आउट परेड थी। वह अपनी मिलिटरी वाली ड्रेस में था। उसने अपनी ड्रेस में वे तमगे लगा रखे थे, जो उसे कुछ देर पहले मिले थे। उसकी शर्ट की बकल पर एक तमगा शालिनी ने भी लगाया था। वह मिलिटरी का अफसर बन चुका था। फिर उन तीनों ने वह फोटो खिंचवाई थी। वे, जीवेन्द्र और बीच में शालिनी। वह फोटो बड़ी सपाट थी। उस फोटो में स्पष्ट था कि यह जीवेन्द्र है और ये वे। पूरे बाईस साल का जीवेन्द्र। उनका पूरा परिवार। स्पष्ट सबूत। ये वे हैं, जीवेन्द्र के पिता। कितना स्पष्ट।...ऐसी कई फोटुएँ हैं उनके पास। बिलकुल स्पष्ट। पर वे उन फोटुओं की जगह ये फोटुएँ ले आए। फोटुओं को टटोलते वक्त वे इन फोटुओं पर रुक गए थे। फिर उन्हें ही उठा लिया। वे जानते हैं ये फोटुएँ स्पष्ट नहीं हैं। एक सबूत के तौर पर स्पष्ट नहीं हैं। पहली फोटो में गोद में एक बच्चा है। सामने वाला पूछ सकता है कि यह बच्चा जीवेन्द्र कैसे है? वह कोई और बच्चा भी तो हो सकता है। दूसरी फोटो में जीवेन्द्र की चिता है। उसमें जीवेन्द्र की शकल नहीं दिख रही है। दोनों ही फोटुओं में जीवेन्द्र छुपा हुआ है। फिर वे कैसे कह सकते हैं कि यह रहा जीवेन्द्र और ये वे। कितनी अस्पष्टता कि वे कह भी नहीं सकते कि अब कोई गुंजाइश नहीं...यही सबूत है कि वे ही जीवेन्द्र के पिता हैं।

पर फिर भी वे उन्हीं फोटुओं को ले आए। वे दूसरी फोटुएँ ले आए। उनका मन हुआ कि वे इन्हीं फोटुओं को ले चलें। उनके लिए फोटो का एक सबूत होना बेमानी हो गया। फोटो का स्पष्ट होना बेमतलब की बात हो गया। वे बस इन्हीं फोटुओं को ले जाना चाहते थे। ये फोटुएँ उनकी पसन्दीदा फोटुएँ जो हैं। फिर उन्होंने अर्से से इन फोटुओं को नहीं देखा था। इन फोटुओं पर किसी से बात नहीं की थी। उनका मन हो रहा था कि वे इन फोटुओं को किसी को दिखाएँ। किसी से इन फोटुओं पर बात करें। अगर जीवेन्द्र मरा नहीं होता और शालिनी इस तरह दुखी नहीं होती कि पूरा समय चुप बनी रहे तो वे शालिनी से ही बात करते। हमेशा की तरह शाम की चाय के साथ इन फोटुओं के बारे में बतियाते। पर यह सम्भव नहीं है। लेकिन आज उन्हें ऑफिस के क्लर्क से इन पर बात करने का बहाना मिल गया। इन फोटुओं के बहाने, इन फोटुओं पर बात। उनके भीतर कुछ कुलबुला रहा था, जैसे पतीले में खौलता पानी और उसकी भाप से ढक्कन पर जमा लटकती पानी की बूँदें...। गरम और गीला, दोनों एक साथ। उनका खुद पर नियंत्रण नहीं रहा। उन्हें

वे फोटुएँ ही ले जानी पड़ीं। इन फोटुओं को लाते वक्त उनके मन में एक बात और थी। उन्हें लगता इन फोटुओं को देखकर क्लर्क पसीज जाएगा। क्लर्क को उन पर दया आ जाएगी। वह उनकी पीड़ा महसूस कर पाएगा। उसका मन खुद उससे कह देगा कि बहुत हो गया इस दुखी आत्मा को भटकाते। फिर वह उनसे जीवेन्द्र का पिता होने का सबूत नहीं माँगेगा। वह माँग ही नहीं पाएगा। और यूँ बात आसान हो जाएगी। उनका काम हो जाएगा। रास्ता सुगम हो जाएगा। पर जब-जब उन्हें यह खयाल आता उन्हें खुद पर शर्म आती। वे ग्लानि से भर जाते। यूँ एक चोर उनके भीतर दुबका बैठा था। उन्हें लगता वे अपना रास्ता निकालने के लिए इन फोटुओं का सहारा ले रहे हैं। उन्होंने कभी इन फोटुओं को अपना रास्ता साफ करनेवाली चीज के रूप में नहीं देखा था। उन्हें इन फोटुओं से लगाव था। उन्हें इन फोटुओं से प्यार था। उन्होंने इन फोटुओं को लाभ वाली किसी चीज की तरह नहीं देखा था। उन्हें लाभ वाला गणित सूझा ही नहीं। और जब एक क्षण को यह खयाल आया कि इन फोटुओं के सहारे उनका रास्ता सुगम हो जाएगा तो वे खुद को जैसे बर्दाश्त नहीं कर पा रहे हों। कितना गन्दा खयाल है। जब भी वे ऐसा सोचते तो खुद को झटकारने का बेतुका सा प्रयास करते, जैसे कीचड़ से सनी भैंस अपने शरीर को झटकारती है, पर हर बार झटके के साथ उड़नेवाले कीट-पतंगे फिर से उसके शरीर पर आकर बैठ जाते हैं। जब जीवेन्द्र मारा गया था, उन्हें यकीन नहीं हुआ था। उन्होंने जीवेन्द्र को हटाकर नहीं सोचा था। उन्हें नहीं सूझा कि जीवेन्द्र को हटाकर भी सोचा जा सकता है। तभी उन्हें लगा था जैसे किसी ने उनसे भद्दा मजाक किया हो। फिर जब लगा कि मजाक नहीं है, तब वे देर तक यकीन करते रहे कि बात गलत है। वह सुबह थी। करीब छह बज रहे थे। जीवेन्द्र की ब्रिगेड के ब्रिगेडियर का फोन आया था। वह उन्हीं का फोन था। उन्होंने बिना कुछ इधर-उधर की बात किए स्पष्ट बताया था कि सेकंड लेफ्टिनेंट जीवेन्द्र माथुर एक एम्बुश में मारा गया। उन्होंने कुछ और जगह से फोन पर इस बात को कन्फर्म किया। जीवेन्द्र के एक साथी का भी फोन आया। फिर टी.वी. पर न्यूज में भी आया...। शालिनी सो रही थी। वे देर तक शालिनी से कह नहीं पाए कि जीवेन्द्र अब नहीं है।

उन्होंने वह फोटो अपने हाथ में उठा ली।

"ये जो शालिनी के पास खड़ा है। ये देखो...। ये साँवला-सा लड़का। यह जीवेन्द्र का दोस्त है। एस. पिल्लई। आजकल लेफ्टिनेंट हो गया है। जीवेन्द्र अगर जिन्दा होता तो वह भी लेफ्टिनेंट होता।...लड़ाई में जाने से पहले जीवेन्द्र वोदका की एक बोतल लाया था। आप जानते हो वोदका। एक रूसी शराब होती है। उसने कहा था, जब हम जंग जीत लेंगे तब वह बोतल खोलेंगे। हम जंग जीत चुके हैं। मेरे पास आज भी वह बोतल है। वह बन्द है। मैंने उसे नहीं खोला। मैंने उसे सँभालकर रख लिया है।"

उनकी उँगलियाँ फिर से काँप रही थीं। उन्होंने वह फोटो क्लर्क की टेबल पर रख दी।

उन्हें वह दिन याद आया जब जीवेन्द्र को मरणोपरान्त सम्मान दिया गया था। वे और शालिनी दोनों साथ-साथ थे। मिलिटरी का बैंड बज रहा था। शालिनी रो रही थी। वे शालिनी को समझा रहे थे। कुछ लोग उनसे हाथ मिला रहे थे। जीवेन्द्र उनकी एकमात्र सन्तान थी। उन्हें इच्छा हो रही थी कि वे लोगों को जीवेन्द्र के बारे में बताएँ। पर हर मौका जाता रहा। जब लोगों ने पूछा, वे चुप रहे।

वे क्लर्क से कहने लगे—

"पता नहीं क्यूँ सब अविश्वसनीय-सा लगता है। जैसे कुछ भी नहीं हुआ हो। बचपन में जब जीवेन्द्र छोटा था, मैं उससे बहुत कम बात कर पाता था। मेरी नौकरी कठिन थी। मैं अकसर देर रात घर लौटता। अकसर जब मैं रात को लौटता, वह सो चुका होता था। सुबह-सुबह वह जल्दी स्कूल चला जाता था। मैं थका होने के कारण अकसर सुबह जल्दी नहीं उठ पाता था। मैं उससे बहुत कम बात कर पाता था। उन दिनों जीवेन्द्र तीन-चार साल का था। रात को सोने से पहले मैं थोड़ी देर बिस्तर पर लेटे-लेटे कोई नॉवेल पढ़ता। तब यदा-कदा जीवेन्द्र नींद में ऊँघता-सा अपने कमरे से दबे पाँव चलकर मेरे कमरे के दरवाजे तक आता और धीरे-से पर्दे के किनारे से झाँककर मुझे देखता था। मैं उसे अपने पास बुला लेता। फिर वह नॉवेल के पन्ने पलटता और उसके बारे में मुझसे पूछता।...आज भी एक भ्रम-सा होता है। जैसे घर के किसी पर्दे के पीछे से वह झाँककर मुझे देख रहा है। कितनी पुरानी है यह बात। पर लगता है जैसे वो अभी आ जाएगा। जैसे वह आ सकता है...।"

कहते-कहते वे अचानक रुक गए। उन्होंने अपना चेहरा दूसरी तरफ घुमा लिया। दूसरी तरफ एक कोरी सफेद दीवार थी। वहाँ कुछ भी नहीं था।

वे अपने आपको समझाते रहते हैं। वे खुद को समझाते हैं कि कुछ भी तो नहीं हुआ। वे कोशिश करते हैं कि उनका चेहरा सामान्य ही दिखे। पर कुछ है जिस पर वे नियंत्रण नहीं कर पाते हैं। जब मुट्ठी भींचते हैं तो वह पिचड़कर उँगलियों को सानता हुआ, उँगलियों के बीच से बाहर निकलने लगता है। उनके चेहरे पर कुछ रेखाएँ उभर आती हैं। वे रेखाएँ उनका कहना नहीं मानती हैं। आँखों में उतरनेवाला पानी सब कुछ धुँधला देता है। यह सब वे दूसरों को नहीं दिखाना चाहते हैं। यह सब उन्होंने शालिनी से भी छुपाया है। पर वह सब छुप नहीं पाता है। दूसरों के सामने उन्हें खोल देता है और तब एक बात छूट जाती है। जीवेन्द्र की बात। जिसे वे बता रहे थे। जिसे वे बता नहीं सकते।

फोटो की बात, जिसे वे कह रहे थे, अधूरी छूट जाती है। एक लाइन है जिसके पार वे नहीं जा पाते हैं। एक लाइन जहाँ फोटो की बात खत्म होती है और उनकी

अपनी बात शुरू होती है। जिसे वे पूरे एक साल बाद भी किसी से कह नहीं पाते हैं। शालिनी को तो कभी कह ही नहीं सकते। बाकी लोग अजनबी हैं। उनसे क्या कहना? इस क्लर्क से जाने वे कैसे कह गए। वे खुद को रोक नहीं पाए। शरीर के साथ-साथ मन में भी एक कमजोरी आ गई है। फिर यह फोटो का जादू है। फोटो कहलवा देती है। उन्हें कहना पड़ता है। उन्होंने कह दिया। फोटो के कारण वे रुक नहीं पाए।

कई बार उनका मन करता है वे अपने को बिखर जाने दें। सिर्फ एक बार। फिर बहता पानी खुद ढाल ढूँढ़ लेगा। चीजें फिर से उन्हीं जगहों पर जमने लगेंगी, जहाँ से वे हटी हैं। पर वे खुद को ढाढस बँधाएँ रहते हैं। अभी नहीं। यह ठीक नहीं है।

उनका चेहरा दूसरी ओर था। क्लर्क उनका चेहरा नहीं देख सकता था। पानी से भरी उनकी आँखों ने सामने के दृश्य को धुँधला बना दिया था।

"बाबा...। परेशान मत हो।" क्लर्क ने धीरे-से कहा।

वे उठ खड़े हुए। उन्होंने अपने आँसू पोंछे। वे जाने लगे। जाते-जाते उन्हें क्लर्क की बात सुनाई दी–

"बाबा...इस काम में फोटो की कोई वैल्यू नहीं है। कोई कागज-पत्तर हों तो ले आना...।"

वे चले गए। क्लर्क अपने काम में लग गया। पता नहीं वे भूल गए या छोड़ गए...वे दोनों फोटो क्लर्क की टेबल पर कुछ दिनों तक पड़ी रहीं।

मृत्यु उत्सव

राजीव कुमार

अपने असबाब के साथ कुनबा आगे बढ़ रहा था, जिसमें अपने शिथिल कदमों से जयकिशोर चाचा भी शामिल थे। अपनी मन्थर गति से काका खुद को पीछे छोड़ने का असफल-सफल प्रयास कर रहे थे। घर की चौखट से सब साथ चले थे लेकिन घर से बस वाले मोड़ के बीच की चार फलांग की दूरी सम्बन्धों के हर फासले को दर्शा रही थी। काका को आज जयकिशोर चाचा को छोड़ना था या खुद पीछे छूट जाना था।

भूगोल के उस टुकड़े में सभ्यता अभी, मार्फत शोभा डे, एकता कपूर तक नहीं पहुँची थी (है)। दोपहर निबटाने के लिए 'क' ट्रेडमार्क का सास-बहू का लक-दक झगड़ा बुद्धू बक्से में नहीं आया था। ऐसे झगड़े माँची की जिन्दगी में चक्कर लगा रहे थे। जब दोपहर होती और खेत-पथार से थककर लौटे पुरुष नींद की गिरफ्त में चले जाते, तब टोले भर की औरतें पीपल के पेड़ के तले इकट्ठा होतीं। दोपहर परनिन्दा की सबसे बड़ी संसद थी, जिसका विधेयक ऊब भरा वक्त होता था, जिसे निबटाने की दैनिक मजबूरी थी। मानेचौक वाली दादी निन्दा-संसद में अकेली प्रतिपक्ष होतीं जब वे काका के बारे में कहतीं–'बुढ़वा चाँई है।' निन्दा-संसद में समवेत असहमति छा जाती।

काका! अगर कभी किसी कारण से–जिसके बारे में आज की तिथि में किसी को कुछ पता नहीं है–माँची का कोई इतिहास लिखा जाएगा, शासक एवं विश्लेषक नक्शे पर नामालूम बिन्दु को रक्त, सफेद या स्याह रंग से उकेरने को विवश हो जाएँगे, तब काका को जरूर याद किया जाएगा–ऐसा चुम्मन बाबा का फौजी एवं रामआधार सिंह का राजनीतिक विश्वास है।

इधर लोकतंत्र चाहे जितना ज्यादा लोकतंत्र बन गया हो, पिछले पाँचेक चुनावों से इस गाँव के

बूथ पर वोट तभी श्री गणेश को पहुँचा है जब काका ने दातून-पानी करने के बाद पहला वोट डाला। पार्टी चाहे लाल हो, तिरंगा हो, हरा हो अथवा भगवा, काका ने ट्रेडिशन चला दिया—जो एडवांस में पैसा देगा पूरा गाँव उसी को वोट देगा। जो इधर-उधर के लिए तड़फड़ाते हैं उन्हें काका का टका-सा जवाब होता है—'आप ही ज्यादा लाइए फिर अपनी ओर ले जाइए सब वोट।' और सबका कहना यही कि 'उचित बात है।' काका को कुछ नहीं चाहिए। विचार कर लीजिए रोड पर माटी गिरवाइए या पुस्तकालय में छड़की दिलवा दीजिए। जन्म से शुरू करके श्राद्ध तक, बीच में पढ़ाई-लिखाई, विवाह-शादी, मामला-मुकदमा, खेत-खलिहान, पर्व-त्योहार, पंचायत-फैसला—सब कुछ काका के इकबाल से ही सधता है। मानेचौक वाली दादी कहती है, सब गड़बड़ वही करवाता है, इसलिए सबका काट भी जानता है। लेकिन गाँव में सबका मानना है कि काका को क्या कमी है। हैरी अमेरिका से जो रुपया भेजता है, उसके एक (डॉलर) का पचास (रुपया) बनता है। स्वयं मानेचौक वाली दादी कितनी ही गाली क्यों न दे ले, काम के लिए काका से ही निर्देश लेती है। हाँ, उनकी शैली हवाला वाली है। वे काका की राय का लाभ सीधे न लेकर मार्फत लेती हैं। राम सिरीठ चाचा बिचौलिया बनते हैं। गाँव में 'मसल' चलता है—'कहत कबीर सुनो भाई सन्तो, काका के बिना केकरो न बनतो।'

अरे, सुभई महाराज वाले मुकदमे को तीन पुश्त में कौन नहीं जानता है। गाँव भर का ही नहीं, चौहद्दी भर का हिसाब है। अंग्रेज बहादुर चले गए, कांग्रेस का राज कई बार उलटा-पलटा, लेकिन एरिया में सुभई महाराज का रुतबा आज भी फर्स्ट क्लास है। कहिए तो माथा पर एक बित्ता जोत की जमीन नहीं है, पर आज भी दो सौ बीघा जमीन का भोग कौन करता है। जमीन जिनके नाम से है वे उनके नौकर-चाकर हैं। दामाद क्षेत्र का एम.एल.ए. है। जब पटना में अधिवेशन ठनता है तो साढ़े सात के प्रादेशिक समाचार में रामआधार सिंह का नाम जरूर आता है। पटना से लौटनेवाले लोग बताते हैं कि मुख्यमंत्री भी रामआधार नेता को बुलाकर प्राइवेट में बात करता है। उसी सुभई महाराज से ठन गया माँची का। काका भी एक ही जिद्दी हैं। एक ओर सुभई महाराज का नाम, धन और एक से एक कनेक्शन, दूसरी ओर काका का हौसला—'भला पोखरी कैसे दे दें। स्टेट गवर्नमेंट का कब्जा नहीं हो पाया तो सुभई महाराज क्या चीज है। सेवैत रामजानकी है तो सेवैत राम-जानकी रहेगा।'

पोखरी मूँछ नहीं रखनेवाले काका के लिए मूँछ का सवाल बन गया। गाँव के दिल्लगीबाज अनजान लोगों को उकसाकर काका से पुछवाते हैं कि उनके पास मोंछ क्यों नहीं है। जवाब फौजी-रोबदार मूँछ वाले गाँव भर में काका की उम्र के सिंगल आदमी चुम्मन बाबा देते हैं—'रीट गोरका की संगति में 'बलगोबिना' बन गया।' काका, 'बलगोबिना'! कहने की हिम्मत सिर्फ चुम्मन बाबा को है। गाँव में बात-

बात में लजा जानेवाले, दाढ़ी-मूँछ नहीं रखनेवाले 'उस टाइप' के लोगों को बलगोबिना कहा जाता है। खैर रीट साहब वाला पेंच यह है कि रीट, अंग्रेज बहादुर, स्वराज से पहले दस मील चौहद्दी का हाकिम था तथा बेलसंड में उसका ठिकाना, उसके ठिकानेवाला चौक आज कोठी कहलाता है, न जाने काका से कैसे उसका हेम-खेम हो गया। इस घटना को मिसाल बनाकर मानेचौक वाली दादी कहती हैं– 'बुढ़वा जादू-टोना जानता है, नहीं तो हाकिम-हुक्काम को अपनी उँगली पर नचाना दाल-भात का कौर है क्या?' खैर, रीट साहब जंग के चेहरे पर फॉरेस्ट देखने नहीं माँगटा था इसी सब घाल-मेल में काका की दाढ़ी-मूँछ गायब हो गई, नहीं तो दालान में टँगे फोटो में क्या लहक-लहक चेहरा है। चुम्मन बाबा के फौजी चेहरे के मुकाबले में तनिक भी उन्नीस नहीं है। हमारी पीढ़ी के लोग जिसने काका की जवानी नहीं देखी है, दालान वाला फोटो देखकर रोमांचित हो जाते हैं।

चुम्मन बाबा को साइड कर दिया जाए तो काका सबके काका हैं–अपने भाई के भी, पोता के भी, दामाद के भी, नौकर के भी। एक वही हैं जो सबके लिए बराबर हैं। घर-बाहर, दोस्त-दुश्मन, हकीम-हरवाह। तो पोखरी के मुकदमे के कारण पूरा टेंशन था। काका की मूँछ का सवाल था। मीन-मेख निकालनेवालों का कहना यह है कि पोखरी बचा लें तब 'हरदी-चूना' मानेंगे। हो गया फैसला। गाँव भर जमा हुआ मठ के चबूतरे पर। काका का फरमान–इस बार सब कुछ 'फूल-अच्छत' होगा। बरह्म स्थान का खीर भोजन, महरानी स्थान का नवाह, होली का हुड़दंग–दसों उँगली जोड़कर और तुलसी चढ़ाकर देवता से माफी माँग लिया जाएगा। इस साल पोखरी की मछली भी भंडारी के सहनी से बेच दिया जाएगा और रोकड़ इसी महाल में जाएगा। गाँव की इज्जत का सवाल है। पन्द्रह कोस जमीन छोड़कर कोई आएगा और पोखरी को ले जाएगा, हँसी-ठट्ठा है क्या?

पूरा गाँव एक मत। काका जो विचार कर दिए सो फाइनल। और तो और वकील साहब भी सेट। उनकी कंजूसई को कौन नहीं जानता। अपना चचेरा भाई मरा था लेकिन उनके खटाल का दूध समिति वालों से बिका था। कारण? दो पैसा लिहाज करना पड़ता है। पूरा गाँव सनक गया था। बाइकाट। सारा अरेंजमेंट काका ने किया। क्या माँची? अथरी, रून्नी सैदपुर, बेलसंड, परसौनी से लेकर सीतामढ़ी तक हर गाँव फिक्स हो गया। बौराए हुए वकील अपने दरवाजे से टुकुर-टुकुर ताकते रह गए। लाख कोर्ट-कचहरी, मंत्री-संत्री जोतते हैं, चौहद्दी में क्या इज्जत रही। काका का जै–जैकार। वकील का गाँव में किचाइन होने लगा। गाँव पर रोब ठाँसने के लिए जज, कलक्टर, मंत्री, ठेकेदार को बुलाते रहते हैं, लेकिन कभी किसी का भला भी किया है? कह कहा के एकाध को 'जगह' दिलवा देते सो नहीं। अरे रामखेत वाले सुन्दर बाबू जब आई.जी. थे, तब उन्होंने पत्नी की टोका-टोकी के बावजूद गाँव को

सिपाही से भर दिया। सिपहिया गाँव कहलाता है रामखेत। गाँव में आ जाएँ सुन्दर बाबू तो उनके कुत्ते के लिए दूध का टेंशन भी हेडमास्टर साहब को हो जाता है। हेडमास्टर साहब के बड़के लड़के को वही लगवाए थे न। कोई एक केस है। तब न सैकड़ों बीघा जमीन में से सिलिंग में एक धूर भी नहीं गया। कागज पर नाम बँट गया, जमीन चकाचक। लेकिन कानूनबाज होकर भी वकील क्या बचा पाए?

मठ पर की मीटिंग में जब वकील साहब बिना बुलाए आ गए तो उनके उपहास में हे, हे ऽ ऽ इहो, इहो ऽ ऽ होने लगा। हर कोई अचम्भित, हर कोई पिनका हुआ। लेकिन काका ने सब कंट्रोल कर लिया। काका का फरमान–'चुप रहिए सब, कोई कुछ नहीं बोलेगा। अच्छा-बुरा, अपने भाई हैं।' मुन्ना डॉक्टर उर्फ मुन्ना झोला को काबिल बनने की आदत है। उसने काका को टोका–'काका आप भी...?' मुन्ना झोला इतना ही बोल पाए थे कि सारा गुस्सा उस पर ट्रांसफर हो गया। मुन्ना, बी.एस-सी., जूलॉजी ऑनर्स, बेरोजगार, गाँव में चुटपुटिया डॉक्टरी करता है, मिलता क्या है बदले में, दो-चार रुपया और गाली। उसके कन्धे पर एक झोला हमेशा रहता है। इस कारण लोग उसे मुन्ना झोला कहते हैं। डॉक्टर की जगह झोला कहलाए जाने के कारण बहुत सॉरी फील करता है। उसका मानना है कि गाँव में हुनर की कद्र नहीं है। सीतामढ़ी में डॉ. डे उसे बुलाते हैं, जब चला जाएगा तब सबको बुझाएगा। और 'गैप'? गाँव का अपना डिक्शनरी है। माँची में रहस्य शब्द के लिए 'गैप' चलता है।

किसी को एक बार में विश्वास ही नहीं हुआ कि पोखरी महाल में वकील ने बीस सैकड़ा रुपया चन्दा दिया है। सब काका का इकबाल। 'गैप' को बाद में चुम्मन बाबा ने पब्लिक में सर्कुलेट किया। बकौल चुम्मन बाबा, वकील को रामआधार नेता के विरुद्ध टिकट का चांस है। लेकिन इससे बड़ा 'गैप' यह है कि इस सेटिंग में काका का भी हाथ है।

वकील साहब और काका माँची से लेकर पटना को एक कर दिए। एक ओर वकील का अनुभव और काका का इकबाल और दूसरी ओर सुभई महाराज के दामाद रामआधार नेता का रुतबा। लेकिन रिजल्ट क्या हुआ? वही जो चौरासी के इलेक्शन में कहवैत चला था–'कितना भी कर लो बाप रे बाप, फिर भी जीतेगा हाथ छाप।'

डुमरा कोर्ट में वकील साहब जब अपनी गोटी लाल करने में सक्सेसफुल हो गए तो वकील साहब की सो भद्द पिटी थी। एक और 'गैप' तब खुला था। पोखरी वाला मामला वकील साहब की ऐतिहासिक चूक का परिणाम था। कभी सुभई महाराज वकील साहब से टकराए थे, तब वकील साहब ने ही सुभई महाराज को याद दिलाया था कि माँची के मन्दिर के बगल में सुभई महाराज का जिरात था, जिस पर सुपर सीनियर सुभई महाराज ने पोखरी खुदवाया और व्यवस्था बना दिया था कि राम-जानकी के उस मन्दिर सेवक को पोखरी से लाभ प्राप्त होगा। इसी कारण

पोखरी सेवैत राम-जानकी है। अब पुजारी क्या मछली खाएगा। तो पोखरी-लाभ गाँव को और गाँव से सीधा-सब्जी मठ को अब इतने वर्षों बाद जब सरकारी लाट वाला कागज लोगों को दिखा-दिखाकर सुभई महाराज के चमचों-बेलचों ने गाँव की पोखरी पर महाराज सुभई का अधिकार जतलाया तो गाँव में हाहाकार मच गया। इधर वकील घबराए कि टिकट का चांस है, कहीं हवा न बिगड़ जाए।

तो डुमरा कोर्ट में सुभई महाराज को डिग्री मिलने के बाद और नया 'गैप' खुलने के बाद वकील की लानत-मलामत हुई ही, काका भी हत्थे चढ़ गए। मानेचौक वाली दादी ने पूरा मोर्चा खोल दिया–'बुड्ढा गाँव पर गिद्ध बनके बैठा है।' लेकिन औरों ने अभी उम्मीद नहीं खोई थी–'काका कोई रास्ता निकालेंगे।' वही हुआ। डुमरा कोर्ट का फैसला 'दूध-भात' साबित हुआ, अन्तिम फैसला तो पटना के इजलास में हुआ। कहते हैं कि वकील ने सो जिरह किया कि गाँव से तमाशा देखने गए एकाध लोगों ने गाँव लौटकर कहा–'वकीलबा भी कोई चीज है।' उन्हीं तमाशाबाजों ने यह न्यूज भी फैलाया कि काका के तर्क एवं गवाही से जज सिटपिटा गया। अन्त में उसने काका से ही पूछा कि कहिए, फैसला में क्या लिख दें। इसके बाद तो गाँव में निर्विरोध मान लिया गया कि काका में सत्य का अंश है, वह बरह्म है।

पटना की जीत के बाद तो पूरा गाँव मारे खुशी के अगिया-बैताल बन गया था। लौटने पर काका का जो स्वागत हुआ कि रामआधार नेता का एम.एल.ए. बनने पर भी क्या हुआ होगा। काका का सर गर्व से उन्नत था, छाती एक बित्ता चौड़ी हो गई।

जब कभी किसी कारण से–जिसके बारे में आज के दिनांक में किसी को कुछ मालूम नहीं है–माँची का कोई इतिहास लिखा जाएगा, तब ऐसी अनेक दिग्विजयी चर्चाओं में काका बार-बार आएँगे। लेकिन शायद ही वह चर्चा आएगी जब काका और जयकिशोर चाचा के बीच रास्ते के चार फर्लांग की दूरी उम्र भर लम्बी दूरी बन गई थी। तब काका का सर पहली बार झुका था। जीवन में पहली बार। न जाने उनके मन में कौन भाव उठ रहे थे जो हिम्मत से अपने बेटे अभय किशोर की मौत को झेल गए थे, आज वे टूट रहे थे।

किसी गाँव के किसी भोज में एक बिल्ली बार-बार इधर-उधर कर रही थी। लोगों ने उसे पकड़कर बाँध दिया। वह बिल्ली मर गई थी। माँची में काका के दादा खून की उलटी से मरे थे। 'किसी गाँव' के अगले भोज में बिल्ली वाला वाकया फिर से हुआ। काका के पिताजी फिर खून की उलटी के बाद ही मरे थे। फिर 'किसी गाँव'

में यह परम्परा बन गई कि भोज में बिल्ली को पकड़कर बाँधा जाता और वह मर जाए तो बेहतर। काका के परिवार में यह मान लिया गया था कि जिसे खून की उलटी हो चुकी है, दुनिया में उसकी भूमिका भी अदा हो चुकी है।

काका को खून की उलटी हुई है। उनके दरवाजे पर पूरे गाँव का मजमा लगा हुआ है। पता चला कि मानेचौक वाली दादी चौखट पर माथे पर हाथ रखकर बैठी हुई है। आने-जानेवालों से 'बुढ़वा' का कुशल पूछ रही है। चुम्मन बाबा बहुत दुखी हैं। वे कराह उठते हैं–'अब गाँव का इकबाल चला जाएगा। ये लौंडे-छौंडे गाँव की नाक क्या बचाएँगे, कटवा जरूर देंगे। टेका (ओझा-भगता का लीला चलता है) पर जाकर लड़की का दुपट्टा उड़ाएँगे और पिटाएँगे।'

आश्विन नवरात्र की अष्टमी को राम अघोर भगता के टेका पर बड़ा भारी जलसा होता है। पिछले जलसे में चौहद्दी में मशहूर विसम्भर कम्पनी का नाच आया था। खुद विसम्भर औरत का पार्ट सॉलिड खेलता है, एकदम से जमा देता है। इसे देखने के लिए गाँव-गाँव से भीड़ उमड़ी थी। लड़कियाँ भी आई थीं। अपने गाँव के टेका पर आई लड़कियों को देखकर गाँव के उचक्के बौरा गए। मोहन चश्मा (हमेशा काला चश्मा पहनने के कारण उसे यह नाम दिया गया था) ने एक का दुपट्टा खींच लिया। यार लोगों का दुर्भाग्य कि लड़की का चाचा, जो स्वघोषित नेता था, कुर्ता-पाजामा एवं छींटदार गमछा में वही मौजूद था। वह तुरन्त तमंचा, थ्रीनट एवं सिक्सर की बात करने लगा। एकदम से तक-धिना-धिन मच गया। वहाँ काका फौरन पहुँचे और चाचा-नेता को 'गुप्ति' (एकान्त) में ले जाकर समझाया कि आपकी लड़की है न, फसाद होने पर किसकी बेइज्जती होगी? बात सँभल गई, नहीं तो दो-चार लाश गिरनी ही थी।

हाँ कुछ भी हो, दो-चार लाश गिराने की बात फौरन चल पड़ती हैं। अरे नेता सिक्सर वाला था तो इधर भी कोई कम 'समान' है? गाँव में 'व्यवस्था-बात' तो रखना ही पड़ता है। गाँव के डिक्शनरी में असलाह के लिए 'समान' या 'व्यवस्था-बात' शब्द तय है। माँची को नजर न लगे, 'व्यवस्था-बात' एवं 'समान' सिर्फ बातचीत एवं चर्चा में ही चलता है, बाकी निबटारा तो बोली-बात-मध्यस्थता से ही हो जाता है।

कराह उठे सरपंच रमेश चाचा–'अब पोखरी पर सरकार का कब्जा हो जाएगा।' जिस पोखरी वाले मुकदमे के कारण 'गहगड्ड' (हो-हंगामा) मचा और अगर माँची का कभी कोई इतिहास लिखा जाएगा तो उस घटना के एवज में कई सफे रँगे जाएँगे। न जाने क्यों प्रशासन उसे 'सेवैत राम-जानकी' से 'बिहार सरकार' करने पर तुली हुई है। कहना सरपंच रमेश चाचा का कि इस पोखरी के कारण ही यह गाँव जिलाजीत है। वकील तो चुनाव निकालने के बाद कभी आया नहीं; हरूआ रामआधार नेता प्रशासन को उकसाता रहता है।

काका ही हैं जिनके कारण माँची की होली एरिया में फेमस है। काका ने परम्परा गढ़ दी है। उधर सम्वत जला इधर पोखरी में महाजाल गिरा। सुबह से ही काका के दालान पर मछली, पुआ और भाँग तैयार मिलेगा। जो चाहे आए। जो चाहे रंग खेले। जो चाहे रस चढ़ाए। गाँव के लोग हों या राही-बटोही, कोई भेद-भाव नहीं। आ-हा-हा। जो जिए सो खेले फाग।

उस वर्ष के सीतामढ़ी वाले दंगा के बाद जरा भेद-भाव बढ़ गया है, अब कोई मुसलमानों पर रंग नहीं डालता। पहले तो 'हलाल' और 'झटका' का कोई झगड़ा नहीं था। होली पर सुलेमान ही बकरा मारता था। बशीर दर्जी अब भी गाँव के कुछ लोगों को ईद की सेवई दे जाता है, भले ही लोग उसे मारे अविश्वास और नफरत के कुत्ते को खिला दें।

यह सब फूटफाट नया है, नहीं तो पहले, आह! पड़ोसी गाँव के मुसलमान भाई, माँची के हिन्दू और कोठी बाजार पर टेंट लगाए करोरबा, होली के दिन तो सत्यनारायण की पूजा के तिल-जौ अक्षत हो जाते। वह डफ और वह झाल–'भऽऽर फाऽऽगुन बुढ़वाऽऽ देओऽऽर लागेऽऽ' की तान चुम्मन बाबा फौजी उत्साह के साथ छेड़ते तो काका 'लऽऽइड़काऽऽ होऽऽ गोऽऽपाऽऽल कूदऽऽ पड़े जमुनाऽऽ में।' पूरा गाँव उत्साह बढ़ाता–'वाह-वाह-वाह-वाह; हो हो।' कहना चुम्मन बाबा का कि यह सब जंग तक ही है। काका को नाम से सिर्फ चुम्मन बाबा ही बुलाते हैं। गाँव के लोगों का कहना है कि इसमें भी 'गैप' है। चाचा पीढ़ी के लोग इसे समझते हैं, पर आगे की पीढ़ी के लोगों को समझा नहीं पाते। समय-समय पर माँची की फिजा में कुछ शब्द तैरने लगते हैं तथा माँची की निजी डिक्शनरी में शब्दों की श्रीवृद्धि करते हैं। लोग-बाग उसे लेकर विभोर रहते हैं। न उसकी पैदाइश का पता चलता है न उसके प्रसार की गति का। कुछ शब्द तो आश्चर्यजनक रूप से व्यंग्यार्थ हैं, गुप्ति का अर्थ एकान्त है, 'गैप' का रहस्य, 'मोहन आपसे' का अर्थ चूतिया, हरामी जो लगा लीजिए, 'चिअरभउका' का क्या अर्थ है? किसी को नहीं मालूम, 'पहिले' का अर्थ यौन-संसर्ग है खासकर 'गे' टाइप का; यह शब्द कुछ ऐसे चलता है।–'पहिले से आराम है।' यह सब हरि अनन्त हरि कथा अनन्ता है। जब कभी किसी कारण से माँची का इतिहास लिखा जाएगा तो शायद ही इन इबारतों में से कोई उसमें स्थान पाएगी। परन्तु आज यह नहीं है तो माँची नहीं है, यह है तो माँची है। सपाट इतिहास में इनके मर्म का निवेश कैसे होगा। कौन यहाँ चलनेवाले कार्य-व्यापार को सुलझाएगा। वह जीवन, वह उल्लास। गाँव में जहाँ दस लोग इकट्ठा हुए कि कोई किसी का बाल खींच लेगा और शोर का एक झोंका गुजर जाएगा–'एक रिल कट गेल।' बाहरी आदमी इसे समझने का प्रयास करता है कि चुल्हाई भाई बड़ी सफाई से एक ढेला खींच लेंगे। आगन्तुक आगे-पीछे, अगल-बगल देखता रह जाएगा और फिर एक झोंका–

'एक रिल कट गेल।' अगर वो ज्यादा परेशानी शो करता है तो बगल से गुजरते हुए राम सिरीठ चाचा मोटर साइकिल के शॉक-अब्जर्बर की तरह कन्धा उचकाते हुए कहेंगे–'क्या भाई 'पहिले' से आराम है।' फिर एक झोंका–'एक रिल कट गेल' अगर कें-पें चलता रहा तो वे अपने दरवाजे से 'बगरैत-बगरैत' कहकर मामले की समाप्ति की घोषणा करेंगे। अब 'बगरैत-बगरैत' का अर्थ करते रहिए।

अपने पूर्वजों से सुनी बातों को चाचा की पीढ़ी के लोग सुनाते हैं। काका एवं चुम्मन बाबा दोनों का जन्म बड़का भूकम्प वाले साल में हुआ था। होली के आस-पास काका का एवं छठ के आस-पास चुम्मन बाबा का। इस लिहाज से काका ही बड़े हुए। लेकिन माँची में हिसाब के नियम को कौन भैलू (Value) देता है। माँची में तो 'गैप' पर 'गैप' है। बुजुर्गों में पहली गिनती और ऊँचा ओहदा चुम्मन बाबा का है। और तो और काका भी उन्हें बाज दफे दंडवत् कर लेते हैं और चुम्मन बाबा मोटी-सी टाँक देते हैं। मुँह पर तो नहीं पर पीठ-पीछे लोग उन्हें 'सामा-चकेबा' तो कोई 'तोता-मैना' भी कहता है। इधर वकील साहब का लौंडा (पूरे गाँव में किसी बच्चे को फलान का बच्चा, बेटा या बेटी कहा जाता है, पर वकील साहब के बेटे को सब वकील का लौंडा ही कहता है) सिद्धान्त ने इन दोनों को 'इलेक्ट्रॉन की निर्जन जोड़ी' कहना शुरू किया, पर गाँव में एक वही गुनी समांग थोड़े ही है। बेलसंड हाई स्कूल के स्कूलिया लड़कों ने किताब में चिह्न लगा लिया कि 'इलेक्ट्रॉन की वह जोड़ी जो हमेशा साथ रहती है पर किसी प्रतिक्रिया में भाग नहीं लेती...।' भला काका और चुम्मन बाबा गाँव का ऐसा कौन-सा काम है जिसमें भाग नहीं लेते। यह नाम रिजेक्ट।

काका के दरवाजे पर लोगों का आना-जाना लगातार बना हुआ है, जैसे कोई कॉर्निवाल चल रहा हो। लेकिन इस कॉर्निवाल में केवल आवागमन है, उत्साह नहीं है। गाँव भर के बच्चे काका के दालान पर मँडरा रहे हैं, कोई चबूतरे पर लेटा हुआ है तो कोई जयनन्दन की नजर से बचकर आम के पेड़ पर एक ढेला चलाकर मंजर गिरा देता है। आम के पेड़ पर ढेले की झड़झड़ाहट सुनते ही बारह साल का जयनन्दन उसके फेंकनेवाले के सात पुश्तों में बिना किसी एक पर रहम किए हर किसी को पुरातात्विक गाली से नवाजने लगता है। लोग उसे समझाते हैं तो वह बिफर पड़ता है–'मेरा आदमी भी मर रहा है और मेरी ही चीज का नुकसान भी कर रहा है। सब।' वह सबको हड़काता है।–'सिनेमा चल रहा है क्या?' बच्चे एक-दो कदम इधर-उधर करते हैं, फिर वहीं गोलबन्द हो जाते हैं।

युवाओं में काका के पैर दबाने की एक होड़ लगी हुई है, मानो इसी से काका के इकबाल का कुछ-कुछ अंश हर किसी में चला जाएगा। चुम्मन बाबा नौजवानों के चाल-चलन से चिरत्रस्त हैं, बार-बार अपना फौजी गुस्सा दर्शाते रहते हैं, पर इधर उस साइड से कुछ नरमाए हैं। उन्हें कोई और उपमा नहीं सूझती तो कहते हैं–

'रावण मर रहा था तो लक्ष्मण...', बीच में ही चुल्टाई भाई रोक देते हैं–'काका रावण हैं।' चुम्मन बाबा झेंप जाते हैं। इस गमगीन माहौल में भी शोर का एक झोंका सबको घड़ी भर के लिए तरंगित कर जाता है। –'एक रिल कट गेल।'

हाईस्कूल के हेडमास्टर, रे, कौन नहीं आया काका को देखने। चौहद्दी की दो पीढ़ियों के गुरु जो आज के डेट में पढ़ रहे छात्रों को प्राय: उसके पिता के और कभी-कभी उसके दादा के नाम से ही बुलाते हैं, वे सोहन कुमार (वल्द सीताराम मिश्र) को सीताराम ही कहते हैं। दमामी मठ के महन्थ आए और बेलसंड से मौलवी साहब। सुभई महाराज अपने भूतपूर्व एम.एल.ए. दामाद रामआधार नेता के साथ आए। चुनाव कोई कुम्भ का मेला है कि बारह वर्ष बाद आएगा। पाँच साल बीतते न बीतते हाजिर। अब तो लोकतंत्र फेल हुआ है। कौन जाने साल-डेढ़ साल में ही आ जाए। काका की शरण में आया है तो कुछ वोट तो पा ही लेगा। वकील तो जीत के नशे में ऐंठा हुआ है, लेकिन उसकी पत्नी रधाउर वाली क्षमा-प्रार्थना कर गई है। बस नहीं आए तो एक दीवार पर रहनेवाला आना भाई। शोभित मिश्र। कारण? कारण कुछ नहीं। चुम्मन बाबा कहते हैं–'बुरबक नम्बर दस।' आगे गिरिजा भाई जोड़ देते हैं–'रहे औरत के बस।' डाह, और क्या?

जा चुके लोगों की कही गई कथा अभी बाकी है। काका बेटा की तरह पाले-पोसे हुए हैं शोभित बाबा को। अरे, शोभित बाबा जयकिशोर चाचा (काका का बड़ा लड़का) से दसेक साल बड़े होंगे और क्या? लेकिन शोभित बाबा की पत्नी–मानेचौक वाली दादी–गाँव भर कहता है–'एक नम्बर की नट्टीन है।' स्नेह के कारण सगे भाई से शादी कराए। चुम्मन बाबा कहते हैं–'डाह का क्या करिएगा।' डाह का भी कोई प्वाइंट है। धन-सम्पत्ति का कोई क्लियर झगड़ा भी नहीं। बात सिर्फ इतनी सी–'हर जगह बुढ़वा की ही पूछ क्यों है।' चुम्मन बाबा कहते हैं–'तू जल-जल के मरेगी।' लेकिन काका को विश्वास है–'वन के गीदड़ जईहन किधर।' आएँगे ही।

एक हृदयविदारक चीख सघनता से बसे इस गाँव की हर दीवार को भेदते हुए हर कान तक पहुँच गई। उनतीस सौ उनचालीस नम्बर बस जब गाँव के मोड़ पर रुकी तो जो महिला बस से उतरी वह दहाड़ा मार-पछाड़ खाकर गिर पड़ी। यह राधा बुआ थी। काका की एकमात्र बेटी। नैहर नहीं आने का महोबा हठ था उनका जो आज पन्द्रह वर्ष बाद टूटा है। शिवनगर वाली दादी यानी राधा बुआ की माँ मर गई, लेकिन यह बेटी नहीं न आई। रे, छोटका भाई से किस बात का बैर।

विवाह पंचमी के दिन मठ के ठाकुर को पूरे गाँव से भेंट कराया जाता है। बैलगाड़ी पर ठाकुर के आसन को लगाया जाता है तथा उस बैलगाड़ी को पूरे गाँव में घुमाया जाता है। उस विवाह पंचमी का वह काला दिन। ठीक काका के दालान के आगे से जब ठाकुर की बैलगाड़ी गुजर रही थी, बेलसंड वाले एल आई सी के

एजेंट रामसेवक साह की मोटर साइकिल की आवाज से बैल भड़क गया। रामकिशोर चाचा (काका का दूसरा लड़का) गाड़ीवान के ठीक पीछे बैठकर घड़ी-घंटा बजा रहे थे। गाड़ी से गिर गए, लकड़ी का चक्का पैर पर से गुजर गया, पैर भुजरी-भुजरी उड़ गया। दस महीना बिछावन पर पड़े रहे, लेकिन हाय रे पत्थर-दिल, संवाद मिलने पर भी राधा बुआ नहीं आई। कारण? अपना स्वार्थ। स्वार्थ क्या?

पंचायत का मुखिया चिरंजीव शर्मा, हर किसी का कहना है कि सही आदमी है। कोई मरण-हरण हो जाए उसकी गाछी से लकड़ी और कफन के लिए उसके खाते पर भंडारी के सुखी साह की दुकान से मारकिन फ्री। सतासी की बाढ़, ऊँचकी सड़क पर भी मनुष्य भर पानी चढ़ गया था, चील गड़ी (हेलीकॉप्टर) से खाना का पैकेट सरकार ने बाद में गिराया, चिरंजीव मुखिया पहले मुस्तैद हो गया। पूरी पंचायत को जितना मन हो रोटी-सब्जी फोकट में। दो पुश्त से मुखिया है पर अपने लिए क्या बनाया है। दरवाजे पर उतना बड़ा जामुन का पेड़ था, न जाने कहाँ से मिस्त्री लाकर दो दिन में नाव टाइट करवा दिया। यह अलग बात है पानी उतर गया, उसकी जरूरत नहीं पड़ी, फिर भी बिध के लिए नाव को पानी में उतार दिया गया। आज भी वह नाव पुस्तकालय में उलटी पड़ी हुई है और उसका लोहा-लक्कड़ लोगों के शनिग्रह को शान्त करने के काम आ रहा है।

चिरंजीव मुखिया का दस बीघा जिरात महाकौल में था। आजादी के बाद जब एक तय सीमा से अधिक जमीन रखने पर सरकारी पाबन्दी लगी थी, तब चिरंजीव मुखिया के बाबूजी को काका ही एकमात्र विश्वास के आदमी सूझे। खतियान में सकलदेव शर्मा की जगह जंग मिश्र बैठ गए, जमीन अपनी जगह है। वर्षों बाद जब राधा बुआ के ससुर रेलवे के पार्सल विभाग से अरजे हुए धन के साथ नौकरी से रिटायर हुए तो उनकी नजर में चिरंजीव मुखिया की जमीन धँस गई—'समधी हमारे नाम से जमीन कर दें और जो पैसा कहेंगे शर्मा को दे दिया जाएगा। पर काका का कहना था कि चिरंजीव कोई निरवंश है। क्या बचा है उसके पास। उसका बाल-बच्चा क्या खाएगा। सब तो सकलदेव बाबू बर्बाद कर दिए। चुम्मन बाबा का कहना ससुरा को विनोबा ने सनका दिया। सब बर्बाद कर लिया।' राधा बुआ छटपटाकर चली गई पर काका ने साफ कर दिया कि यह अनीति हमसे न होगी। राधा बुआ कसम खाकर निकली तो पन्द्रह वर्ष तक नैहर का पानी भी पीने नहीं आई।

राधा बुआ की दहाड़ सुनकर पूरा गाँव जुट गया। मानेचौक वाली दादी यह कहती सुनी गई कि बाप की बीमारी सुनकर रह नहीं पाई। गाँव के भावुक लोगों का कहना है—'चाकू से कहीं पानी कटता है।' लोगों का मानना है कि खून का रिश्ता और काका का इकबाल ढहने वाली चीज नहीं है। परन्तु राधा बुआ के मामले में चुम्मन बाबा काका के इकबाल से सहमत नहीं हैं—'सब लोभ-लाभ का खेल है।' वे बमकते हैं—

'बेटी को जायदाद देकर जंग नया फैशन चला रहा है।' काका की हर सम्पत्ति में उत्तराधिकारी वाले कॉलम में उनकी सभी सन्तानों का नाम है। अभय किशोर ईश्वर को प्यारा हो गया तो उसका हिस्सा ईश्वर को ही जाएगा। सेवैत राम-जानकी कर दिया जाएगा। चुम्मन बाबा कहते हैं–'जंग सनक गया है।' राधा बुआ के आने के बाद से वे भी तैश में हैं–'जयकिशोर को तो बैंक का पैसा है, हैरीयवा अमरीका ठेकाए हुए हैं। रामकिशोर को क्या है? वह लोथ-लाँगड़ है, उसका कैसे निभेगा। रधिया का विवाह कौनो फ्री में हुआ था। पार्सल बाबू पाँच बीघा रजिस्ट्री करा लिये थे तब लड़का उठाने दिए। विदाई में मूस के अँतड़ी जैसी धोती दी थी।' उन्होंने अपने भतीजे राजधर चाचा को, जो जयकिशोर चाचा के दोस्त हैं, समझा दिया है कि किचाइन नहीं होना चाहिए। एक तो रामकिशोर को ईश्वर ने विपत्ति दे दिया है और तब भाई-बहिन को डाह नहीं आया तो 'रास्ता पूत का, वही रास्ता मूत का; हुआ सपूत तो पूत नहीं तो मूत।' और चुम्मन बाबा ने गाँव भर को सेट कर लिया है कि घरारी पर मूत नहीं महकना चाहिए। उसका बँटवारा और बिक्री नहीं, जिसको चाहिए वो अटारी बनाए।

घरारी तो नाम है दस धूर जमीन को छेके हुए एक कमरे का दालान एवं सामने चबूतरा है, बाकी पर रामकिशोर चाचा सब्जी उगाते हैं, इससे उनको दो पैसा नकदी प्राप्त होता है। अवसर-अवसर पर होली का धमाल यहीं मचता है। वाह-वाह-वाह-वाह, हो-हो। चुम्मन बाबा बार-बार तनते हैं–'इस पर कोई आँख गड़ाएगा तो गोली चलेगी।' राजधर चाचा उन्हें फौजी गुस्से में आते देख हँस पड़ते हैं–'है, चुपिए। कुछ नहीं होगा। जय किशोर अताई नहीं है। मेम मुम्बई छोड़ माँची में बसेगी?'

जाने कितने वर्ष हुए जब विदेशी बैंक में नियुक्त होकर जयकिशोर चाचा मुम्बई चले गए थे। वहीं उन्होंने अपनी एक मराठी सहकर्मी से शादी कर ली, जयकिशोर चाचा के लँगोटिया दोस्त राजधर चाचा उनकी पत्नी को मेम कहते हैं।

राधा बुआ के मन की बात किसी को नहीं मालूम। अब कौन जाने! जो बेटी मरी माँ को 'कौरा' देने नहीं आई, दस महीने तक बिस्तर पर हगते-मूतते भाई को देखने नहीं आई, उसके मन की कौन जाने! चुम्मन बाबा जुलूम की धमकी देते हैं पर राजधर चाचा को विश्वास है कि जब राजकिशोर मान जाएगा तो राधा दिदिया भी मान जाएगी। हाँ, हैरी को कॉल कर सब क्लियर पूछना होगा। दिदिया शब्द सुनते ही चुम्मन बाबा की देह में आग लग जाती है।

काका ने ठोस अन्न त्याग दिया है। सूखते पेड़ की पत्तियों की तरह उनका चेहरा हो गया है। देह गल जाने से लम्बा शरीर कठपुतली-सा लगता है। किसी को भी उजबक-से निहारते हैं। हाँ, चेतना एवं याददाश्त दुरुस्त है, लेकिन दिल चटख रहा है।

'शोभित नहीं आया हो।' काका कराहते हैं।

राजधर चाचा झूठ बोलकर सान्त्वना देते हैं–'शिवहर मेला गए हैं, बैल बेचने।' लेकिन काका को कोई ठग सकता है भला। वह रोग-शय्या पर लेटे-लेटे अपने पास आने के लिए छटपटाते भाई की बेबसी देख रहे हैं। छोटे बेटे को याद करते हैं–'वह यहीं नौकरी कर लेता, उसका...।' बीच में ही रामकिशोर चाचा बमक जाते हैं–'एअरकंडिशन छोड़कर आएगा तार का पंखा झलने...बीमार हुए हैं तब से साफे भसिया गए हैं।'

शोभित बाबा एवं मानेचौक वाली दादी में जबर्दश्त झंझट हुआ है लेकिन इकलौते बेटे के नाम पर दी गई शपथ का क्या करें। बेटा भी ऐसा जो न जाने कहाँ है। है भी या नहीं। चौरासी छः नब्बे दस सौ और आठ–चौबीस वर्ष गुजर गया जब से बेटा लापता है। किसी का कहीं चौरासी के दंगे में...। आगे कुछ बोलने की हिम्मत किसी की नहीं होती। शोभित बाबा भूले नहीं हैं कि काका ने क्या-क्या नहीं करवाया था शम्भू चाचा का पता लगाने के लिए। अखबार में फोटो तक छपवाया था। काका कराहते हैं–'अब हम कितने दिन हैं, चला-चलन्ती के समय किस बात का वैर।'

टोले भर में सार्वजनिक उदासी है। गाँव ऐसे मुरझाया है मानो पकी फसल पर बारिश हो गई हो। लेकिन मानेचौक वाली दादी गाँव भर में अपना ही जाप किए जा रही है–'बुढ़वा किस मुँह से बोला कि हमारा सर्वनाश हो गया।' पुरानी बात है। एक रोज राम सिरीठ चाचा काका से चर्चा कर रहे थे कि मानेचौक वाली दादी उनकी पत्नी के पास बैठकर काका को गाली दे रही थी। काका ने कह दिया कि जैसा करेगी वैसा पाएगी। गाली वाली बात जिस रास्ते काका तक पहुँची थी, 'जैसा करेगी वैसा पाएगी' वाली बात मानेचौक वाली दादी तक पहुँच गई। शम्भू चाचा की गुमशुदगी के बाद काका की इसी बात को लेकर उन पर घात करने लगी। जब कि राम सिरीठ चाचा का कहना है कि एक दिन जब मानेचौक वाली दादी और शम्भू चाचा की पत्नी बंगाही वाली चाची के बीच झगड़ा हो रहा था, तब शम्भू चाचा ने दोनों को डाँटा, इस पर मानेचौक वाली दादी ने उन्हें 'मउगा' कह दिया। तंग आकर वे निकल चले थे।

काका अब दिमाग से भी लड़खड़ाने लगे हैं। किसी की आहट सुनकर किसी और को पुकारने लगते हैं। राम सिरीठ चाचा की आहट पाकर कहते हैं–'कौन? शोभित?' इस पर रामकिशोर चाचा तिलमिला जाते हैं–'इस दशा में तो ठीक से आराम कीजिए। माँची में कोई शोभित मिश्र नहीं है।' इन दिनों काका हृदय की जिन वेदनाओं से गुजरे उसे, अगर माँची का कभी कोई इतिहास लिखा जाएगा, दर्ज नहीं कर पाएगा। जब काका हैरी को याद करते हैं, तब भी रामकिशोर चाचा का गुस्सा देखने लायक होता है–'डौलर आता हो तो भी क्या, उसको चाटिएगा। यहाँ था तो एक लोटा पानी भी कभी दिया? आए भी क्यों? मुनमा झोला का हाल देखते हैं।'

जयकिशोर चाचा को आए हुए दो दिन बीत गए हैं। मराठी चाची के नाक-भौं सिकोड़ने के बावजूद उन्होंने कोई कसर नहीं छोड़ी है। मुजफ्फरपुर तक से डॉक्टर बुलवाया गया। बेलसंड सरकारी अस्पताल का कम्पाउंडर दस रुपया खेप पर सुबह-शाम चक्कर लगा जाता है। मुन्ना झोला स्थायी सेवा में है ही। वैद्य जी भी जब-तब आकर चबूतरा पर बैठ जाते हैं और किसिम-किसिम का जड़-पत्ता घोटने लगते हैं। हकीम साहब ने भी दुआ वाली ताबीज भेजी है। रामअघोर भगता ने कहा है कि सब ठीक हो जाएगा। आसीन में एक बकरा की बलि देनी होगी।

हैरी को तार गया था। उधर से उसका जवाबी तार आया है कि कम्पनी में उसकी तरक्की होनेवाली है, इस वक्त वह नहीं आ पाएगा। उसने कुछ डॉलर भेजा है और लिखा है कि जरूरत होने पर और भेज देंगे। रामकिशोर चाचा बिफरते हैं कि 'हमारा वश चलता तो जमीन बेचकर इलाज कराते। डौलर पर मूतते भी नहीं।'

चबूतरा पर बच्चों का मेला लगा हुआ है। आठ वर्षीय गीते मिश्र (जयकिशोर चाचा का लड़का) बहुत उत्साह में है। उसने श्राद्ध के भोज के बारे में अपने डैड से सुन रखा है। वहाँ पार्टियों में बूफे...यहाँ पाँच सौ-हजार लोग एक साथ बैठकर खाते हैं, कितने लोग भाग-भागकर परोसते हैं।

"मैं सब्जी परोसूँगा।" बाल सम्मेलन में गीते ने घोषणा की।

यह तो ठीक है कि वह जयनन्दन का भाई है। मुम्बई से आया है और वहाँ से 'स्टोरी' लाया है और पजल गेम भी। इस कारण से गाँव के सभी बाल-बुतरू उसके साथ लगे रहते हैं, पर गाँव में बच्चों का मुख्तार तो खुद जयनन्दन है। वह गीते की घोषणा को सीधे कैसे स्वीकार कर ले। वह संशोधन करता है–

"तुमसे नहीं होगा। तुम चटनी बाँटना।"

"नहीं मैं सब्जी..." गीते ने मनुहार किया।

"नहीं गिरा दोगे। चाँपाकल तो चला नहीं पाते हो।" जयनन्दन अड़ गया।

"तब मैं पापड़ बाँटूँगा।"

"ठीक है। सबको एक-एक देना।"

सुकान्त और छाया (राधा बुआ की सन्तति) की चिन्ता दूसरी है। वे जानते हैं कि श्राद्ध में जो सामग्री दान होगी, उसे वे ले सकते हैं हालाँकि पुरोहित राम आसरे चाचा का परिवार है। "मैं गाय लेकर भाग जाऊँगा। बूढ़ा क्या करेगा? जयनन्दन तू मेरा हेल्प करना।" सुकान्त बोला।

"नहीं, हम दान की चीज नहीं छुएँगे।" जयनन्दन बोला।

"मैं छाता लूँगा।" गीते मचला।

"तू चुप्प। पुरोहित लेता है कि पोता। बकलेल कहीं का।" जयनन्दन भड़क गया।

जयकिशोर चाचा अपना कर्तव्य निभा रहे हैं। चुम्मन बाबा कहते हैं–"देह से

दौड़-भाग कर रहा है। रोकड़ा तो हैरीयबा का है।'' डॉक्टर, वैद्य, हकीम–सबको काका की देखभाल में झोंक दिया गया है। पर गाँव में हँसी-मजाक के बावजूद असली चलती मुन्ना झोला के हाथ में है। इंजेक्शन लगाना और गाँव भर की रिपोर्ट शाम को काका को देना उसी के जिम्मे है। मुन्ना झोला आकर पुकार लगाता है।

''काका!''

''कौन? शोभित?''

रामकिशोर चाचा ऐंठकर कुछ बोलने को उद्यत होते हैं, पर चुम्मन बाबा उन्हें चुप रहने का कहकर खुद रुक नहीं पाते और अनुपस्थित शोभित बाबा के लिए चुभता-सा व्यंग्य बाण छोड़ते हैं–''माँ करे धीया-धीया, धीया करे पिया-पिया।''

उम्मीद थी कि वह सब बाद में होगा, उस घटना के बाद जिसकी तिथि का जिक्र शायद तब भी होगा जब कभी माँची का इतिहास लिखा जाएगा। लेकिन उसके घटने में देर हो रही थी। सब्र का बाँध मिट्टी का था। मिट्टी बलुई थी। निहित उद्देश्य का कटाव तेज था। लिहाज का बाँध टूट गया। लिजलिजी इच्छा तेजी से बहने लगी।

आँगन में बिना प्रयास के ही कुटुम्ब-पंचायत लग गई है।

''राजधर की राय है कि घरारी की पूरी जमीन रामकिशोर को मिलनी चाहिए। मुझे तो कोई आपत्ति नहीं है। तुम?'' यह जयकिशोर चाचा थे।

''पहले हैरी से बात कर लीजिए।'' राधा बुआ बोली।

''नहीं, अब वह नहीं लौटेगा। कल सीतामढ़ी गए थे तो फोन किया था, वह बोला उसे कुछ नहीं चाहिए, वहाँ से लिखित भेज देगा।'' जयकिशोर चाचा ने सूचना दी।

''हम आप लोगों से बाहर थोड़े ही हैं।'' राधा बुआ को हवा की प्रतिकूलता का आभास था।

''घर वाली जमीन छोड़कर गाछी और खेत तो हम बेच लेंगे। वैशाली (उनकी बेटी) का 'निफ्ट' में सेलेक्शन हो गया है। उसका फी हमें जुटाना है। खोली का लोन है। अगर रामकिशोर चाहे तो उसे ही...।'' जयकिशोर चाचा अपनी योजना सामने लाए। ''मैं कहाँ से लूँगा। औरत का गहना भी पैर में झोंका गया। भले ही हैरीया चला गया, पर पैसा भेजता है तो...।'' रामकिशोर चाचा कहीं दूर से बोल रहे थे।

''जमीन और गाछी आप लोग ले लीजिए और मुझे डाकघर वाला पैसा दे दीजिए। आपके बहनोई तो दिल्ली में रहते हैं। यहाँ जमीन कौन देखेगा, कौन बोएगा।'' राधा बुआ बोली।

''नहीं; आप लोगों को जो करना है, आपस में कीजिए, हमें सबमें अपना हिस्सा चाहिए। इतना हिसाब-किताब कौन करेगा। मेरे पति कौन दिल्ली-मुम्बई से कमाकर लानेवाले हैं। हमें भी तो चन्द्रकला (बेटी) है।'' यह अधरी वाली सीता चाची थी, रामकिशोर चाचा की पत्नी।

सुबह काका को एक बार फिर से खून की उलटी हुई है। अब मामला कन्फर्म है। माया चाची (राजकिशोर चाचा की पत्नी) एवं राधा बुआ की बेचैनी बढ़ गई है। उनकी आपसी सन्धि में प्रस्ताव पास हुआ है–''बँटवारा काका की जिन्दगी में ही हो जाना चाहिए, बाद में चुम्मन चाचा बारह बात निकालेंगे।''

मुम्बई से वैशाली का फोन आया है–

''डैड, तुम मुम्बई कब आ रहे हो। आई फील वेरी अलोन हिअर। आया डैड नॉट कम टूडे।''

''बेटा, यू केन अंडरस्टैंड हेयर्स प्रॉब्लम्स।''

''ओके, बट व्हेन विल ही एक्सपायर? यू नो, यू कान्ट अन्डरस्टैंड माई प्रॉब्लम्स। मेरे फी का क्या होगा...काका का डेथ कब होगा? कम सून न! आप कामत अंकल से लोन की बात कर लो न।''

''काका का डेथ कब हो।'' वैशाली से बातचीत का यह टुकड़ा जयकिशोर चाचा को बेचैन किए हुए है। उन्हें अपना बचपन याद आने लगता है–''दादी की मृत्यु हुई थी तब क्या था, उनका श्राद्ध भी कर्ज लेकर हुआ था। काका ने कितने मुकदमों का गवाह बनकर, सकलदेव शर्मा का मैनेजर बनकर...चुम्मन चाचा उन दिनों अपनी सेना की नौकरी के कारण बाहर थे, उनकी जमीन एवं परिवार की देखभाल कर घर को सँभाला। बस था क्या? माँड़-भात तो छह-छह दिन बाद मिलता था। माई के हिस्से में सिर्फ माँड़ आता था। पहिला क्लास में जब बेलसंड स्कूल में एडमिशन हुआ तब मैं रोने लगा था, इतनी दूर नहीं जाऊँगा, तब दो वर्षों तक–लगातार दो वर्षों तक–जाड़ा गरमी बरसात–बिला नागा काका कन्धा पर बैठाकर स्कूल छोड़ने आते थे। बरसात में ऊपर छाता लिये मैं, नीचे भीगते काका। एक वर्ष बाद राधारमण (चुम्मन बाबा का लड़का)'' भी स्कूल जाने लगा था। एक वर्ष तक काका की गर्दन के आगे दो पैर लटकते थे, फिर दोनों कन्धों पर एक-एक जोड़ी पैर लटकने लगा। स्कूल से हम लोग खेलते-कूदते लौट आते। काका न जाने उन दिनों कहाँ-कहाँ का चक्कर लगाते रहते थे। आज कचहरी में यह हुआ आज वह। खुद का कोई मुकदमा न होने पर भी केवल मुकदमों की ही खबर। माँ खीजती कि झूठ-सच बोलकर अपना परलोक बिगाड़ते हैं। पर जब इहलोक फँसा है, तब कहाँ तक कोई परलोक की चिन्ता करेगा। कचहरी आते-जाते ही रीट साहब की संगत बनी, फिर सब सुधरा।'

अवसाद इतना गहरा हो गया कि जयकिशोर चाचा फूट-फूटकर रोने लगे। दौड़कर आए चुम्मन बाबा, दौड़े राजधर चाचा, राधा रमण चाचा, राम सिरीठ चाचा, बदहवास भागा आ रहा था मुन्ना झोला और अद्‌भुत था शोभित बाबा का आना। रोने की आवाज दौड़ते-भागते लोग, एकबारगी पूरा गाँव सहम गया–काका उठ गए दुनिया से। माया चाची और राधा बुआ जो उस समय चुम्मन बाबा के आँगन में थीं,

वहीं रोने लगीं। बाद में चुम्मन बाबा सब कुछ सही पाकर माया चाची एवं राधा बुआ पर मुस्कुरा पड़े थे।

आँसू की अविरल धारा बह रही थी काका की आँखों से। शोभित बाबा कभी बेटा कहकर जयकिशोर चाचा का आँसू पोंछते और कभी भइया कहकर काका का।

बिना आँसू के रोते हुए मानेचौक वाली दादी भी आई कि "झगड़ा तो भाई-भाई का होता है मेरा क्या झगड़ा है।"

सुबह माया चाची एवं जयकिशोर चाचा में बक-झक हो गया है–

"क्या कहा वैशाली ने? सब बुड्ढे की डेथ का वेट ही कर रहा है। अठारह दिन बीता, आप बोला था कि पन्द्रह दिन लगेगा...इडियट ने फोन कर दिया...मरता है...किधर मरता है...।" माया चाची गुस्सा में थी।

"तमीज से बात करो। बुड्ढा मत बोलो। तुम्हारा बाप आता है तो घर को सर पर उठा लेती हो...पापा को गुरुकृपा रेस्टूरेंट का बटाटा बड़ा ला दो...मेरा बाप मर रहा है तो...।" जयकिशोर चाचा भी ताव खा गए।

"मेरे को कंटाल नहीं माँगता। तुम्हारा फादर है, अपना जॉब को लात मारो...मैंने पन्द्रह दिन का एप्लिकेशन दिया था...दो-चार दिन कामत देख लेगा...मेरे को अब जाना है।"

"मरते हुए बाप को छोड़कर चला जाऊँ। बन्द करो बकवास, तुम और तुम्हारा कामत...।"

"तुम कामत से जेलस क्यों हो?"

"मुझे बहस...। बकवास...। तुमको जाना है...।" पूरा-पूरा बोल भी नहीं पा रहे थे जयकिशोर चाचा।

"बकवास? इसीलिए न इधर के लोगों को सब भइया बोलता है।"

अन्दर-अन्दर सुलग उठे जयकिशोर चाचा। अनर्थ कर डालने की इच्छा होने लगी, पर गम खा गए कि सब बोलेगा जयकिशोर समझदार होकर भी...।

मानेचौक वाली दादी कहती है–"बुढ़वा नहीं मरेगा। ब्रह्मकिंटास है। नहीं मरेगा, देख लेना।"

"पर अपने खानदान में खून की उलटी के बाद कोई नहीं बचा है।" राधा बुआ बोली।

"यह नहीं मरेगा, देखना।" माया चाची बोली।

"काका नहीं मरेगा तो भोज कैसे होगा?" अब तक चुपचाप सब कुछ सुन रहा गीते उदासी के साथ बोला।

उस त्रिगुट ने जो बात खीझ में विचारी थी, वही हो गई। चमत्कार हो गया। जुलुम हो गया। काका की स्थिति सुधरने लगी।

ठट्ठा-ठिठोली फिर शुरू। चुल्हाई भाई कहते हैं–"यह तो भाई वियोग था...हिस्ट्री में राम-भरत वाला मामला साइड कर दीजिए तो सिंगल मामला ऐसा नहीं मिलेगा...हे हेऽऽ।' राम सिरीठ चाचा ताली देते हैं–'फैक्ट बात...हे हे...एक रिल कट गेल।"

शाम में मुन्ना झोला आया तो यह बोलते हुए कि साइड हो जाइए, सीधे काका के रूम में घुस गया। नब्ज देखी, माथा देखा, पलक उठाकर देखा और बोला–"रिटेन ले लीजिए...अब दो दिन में खेत न तामने लगे तो पेशाब से मूँछ मुड़ा लेंगे...आज दोपहर में सो गया था तो देखा कि...सपना में देखा कि...काका होली गा रहे हैं...मेरा दोपहर का सपना कभी फेल नहीं हुआ है।"

गाँव के लोगों का कहना है कि मुन्ना झोला में बरक्कत है। मीट-मछली नहीं खाता। पूजा करता है। मंत्र पढ़कर अच्छत से भी बहुत को ठीक कर देता है। इन्द्रजाल सिद्ध किए हुए है। थोड़ा 'उस' साइड से गड़बड़ है। कोई लड़का इससे दोस्ती नहीं करता। माँ-बाप नहीं है। पटीदार शादी का चांस बनने नहीं देता। झोला पर कौन लड़की देगा। ये नहीं कि शहर निकल जाए। जब तक पढ़ाई करता था रामकिशोर चाचा से गाढ़ी दोस्ती थी। डॉक्टरी शुरू हुई तब भी ठीक-ठाक चल रहा था। जब से अपनी डॉक्टरी में मुन्ना डॉक्टर ने दोपहर का सपना, अच्छत, भभूत, इन्द्रजाल को मिक्स किया है, रामकिशोर चाचा भड़के रहते हैं–"शहर निकल जाएगा, सो नहीं। यहाँ क्या उखाड़ रहा है?"

काका पर भी मुन्ना झोला दोपहर का सपना अप्लाई किया तो रामकिशोर चाचा भड़क उठे–"चुप्प। भभूत-अच्छत निकाले न, तो टाँग चीरकर सुखा देंगे। रे मुनमा, तू कभी रात में भी सपना देखता है...रात को सोया करो।"

गीते उदास है। उन लोगों के लौटने का कार्यक्रम बन गया है, पर गीते का मन यहाँ लग गया है। उसके डैड ने फिर छुट्टी में आने का प्रॉमिस किया है। तब वह ग्रैंडपा से बहुत कुछ पूछेगा। तब ग्रैंडपा 'ब्रॉन्ज क्वाइन' भी देंगे। रिट साहब ने लन्दन से जो लेटर काका को भेजा था उस पर ओल्ड स्टाम्प होगा–"दैट्स क्लासिक।" वह भी उसे चाहिए। जयनन्दन ने उसे कहा है–"जाते वक्त तुम्हें तीन-चार तम्मा (ताँबा) का पैसा देंगे।" गीते उसे अभी ही लेने के लिए मचल रहा है। पर जयनन्दन उसे कहता है–"कोई ठग लेगा।" उसकी एक शर्त भी है–"पहले वो कॉमिक्स और पजल गेम ही दे दे। हम पहले क्यों दें? गाँव के हैं तो कोई बुरबक हैं?"

यह मुरली का घर हैं। मुरली चुम्मन बाबा का पोता एवं राधारमण चाचा का बेटा है। राधारमण चाचा आसाम में पुजारी हैं पर बकौल गाँव के लोग "पुजारी नाम का है। असल में वहाँ कोई दूसरा काम करता है।" दूसरा काम क्या है, किसी को

मालूम नहीं, पर लोग तर्क देते हैं–''उसकी फाइव स्टार शान देखिए...पुजारी का तो पेट चल जाए वही बहुत है।''

कल राधारमण चाचा पहुँचे हैं। उन्हें मुरली का जनेऊ करना है। काका अभी बिस्तर पर हैं तो सबके मन में धुकधुकी है, पर सुबह काका ने ओके कर दिया है।

दो बैठकें लगी हुई हैं। जनाना महल अन्दर आँगन में है और मर्द लोग बाहर दरवाजे पर। आँगन में माया चाची, राधा बुआ, मानेचौक वाली दादी का त्रिगुट बैठा है, सीता चाची विशेष आमंत्रित हैं। अन्दर की बातें दरवाजे तक रिसकर आ रही है–

''वहाँ तो खूब काम-धन्धा मिलता होगा?'' मानेचौक वाली दादी माया चाची से पूछती है।

''हाँ मिल जाता है।'' माया चाची बोली।

''हमारे शम्भू के बेटा विकास को ले जाओ न।''

''वह तो अभी बहुत छोटा है।''

''किसी सेठ के यहाँ रखवा देना। कुछ पैसा भेज देगा तो यहाँ...।''

''अच्छा कामत को बोलेंगे।''

''बुढ़वा ने हमको वाजिब हक नहीं दिया। अच्छा खेत खुद चुन लिया। अच्छा तुम लोग भी अपने ही हो।'' मानेचौक वाली दादी बोली।

त्रिगुट की बैठक में बातचीत का यह टुकड़ा जो मानेचौक वाली दादी के श्री मुख से निकला था, उस त्रासदी को चरम की ओर ले जानेवाला था। जो बात काका के दिल में थी और जिसका जिक्र माँची के इतिहास में कभी नहीं होगा। फिर यह त्रासदी एक पैटर्न बन गया। जैसे जयकिशोर चाचा को मुम्बई लौटना था, वैसे ही राधारमण चाचा को आसाम। कहीं राधा बुआ की भूमिका में चुल्हाई भाई आ गए थे तो कहीं गिरजा भैया खुद माया चाची जैसी भूमिका में थे। हरिकिशोर जैसे हैरी बना और जिसे कभी लौटना नहीं था, इसी तरह एक दिन वकील का सिद्धान्त सैंडी बनकर नहीं लौटा। माँची में रह गया जयनन्दन। जयनन्दन चशमा, झोला या क्या बनेगा पता नहीं। मुन्ना झोला तो अधपगला हो गया है। माँची की निजी डिक्शनरी को दीमक चाट रहा है। पुस्तकालय उदास है। चौपाल उजड़ा हुआ है। डाकिया का आना कम हो गया है। बचे-खुचे लोग-बाग कभी इकट्ठा होते हैं तो कहते हैं...जब काका का कोई नहीं हुआ तो...

मानेचौक वाली दादी की बात सुनकर काका के चेहरे पर वीरानी छा गई। चुम्मन बाबा बुदबुदाने लगे। आँगन की वार्ता जारी थी–

''आपका ब्रदर बोला कि मेरे इधर खून की उलटी के बाद कोई नहीं बचता।'' माया चाची थी।

"हाँ, मेरे बाबा की मृत्यु ऐसे ही हुई थी। मेरा भाई अभयकिशोर भी...।" राधा बुआ रुआँसी हो गई।

"जाने दीजिए काका के मरने की बात। सीता को बुरा लगेगा।" माया चाची ने कटाक्ष किया।

"हाँ...नहीं...। मेरे पति तो और भी...। बँटवारा हो जाता तो कुछ बेचकर बैंक में रख देते। कुछ सूद बनता। बेटी की शादी के वक्त एकाएक कहाँ से आएगा! हम तो आपके भाई से भी पूछ लिये हैं।" सीता चाची बोली।

"हम लोगों का बार-बार आना...ए.सी. में एक आदमी का फेयर ही दो हजार है...मेरी तो कम्पनी की ड्यूटी है। इस बार फिर भी कामत ने देख लिया है पर...।"

बाहर रामसिरीठ चाचा राजकिशोर चाचा से पूछते हैं–"भइया कामत कौन है?" राधारमण चाचा आँख तरेरते हैं।

"मुझे भी बड़ी लड़की नीलम की शादी करनी है। लड़का दिल्ली में वकील है।" राधा बुआ बोली।

"हमको चैन हो गया था कि वैशाली की फी की व्यवस्था...ऊपर से आने-जाने का खर्च।"

"पता नहीं उनको और क्या देखना बाकी रह गया है!" मधकौल वाले फूफा बोले, जो कल ही आए हैं राधा बुआ को ले जाने तथा दामाद होने के नाते अन्दर बैठे हैं।

काका का चेहरा स्याह हो गया।

जयकिशोर चाचा जा रहे हैं। जयकिशोर चाचा मोड़ पर पहुँच गए हैं। माया चाची मोड़ पर पहुँच गई है। गीते जयनन्दन के हाथ में हाथ डाले मोड़ पर पहुँच गया है। इन्हें छोड़ने आए स्त्री-पुरुष भी मोड़ पर पहुँच गए हैं। आखिर काका भी उम्र भर की दूरी पार कर मोड़ पर पहुँच ही गए।

माया चाची एवं गीते स्त्री झुंड के पास हैं। उनतीस सौ उनचालिस बस के आगमन का हॉर्न सुनाई देता है। पुरुषों के झुंड से छिटककर जयकिशोर चाचा काका के पास आ जाते हैं। काका कहते हैं–'अगर दुलहिन की इच्छा है तो अपना हिस्सा निबटा लीजिए। हाँ, अभय किशोर का सेवैत राम जानकी ही होगा।' बस पास आ जाती है। जयकिशोर चाचा जो कुछ बोले उसे बस का हॉर्न लील गया। वे काका का चरण छूने के लिए झुके तो कुछ बूँदें उनकी आँखों से काका के पाँव पर टपक पड़ीं। काका ने उन्हें गले लगा लिया–'अरे नहीं।' बस पास आ गई। जयकिशोर चाचा का कुनबा उस पर चढ़ गया। पीछे काका रह गए थे और उनके मुँह पर बस का धुआँ। छोड़ने को आए और लोग वहाँ थे, पर वे न थे।

□□□